Libertad Financiera con ETFs
Hágalo Usted Mismo

Will y Fog

12/06/2025

Índice General

Prólogo

Apreciado lector, gracias por leer este libro.

Lo hemos escrito según nuestra visión, según lo que nosotros hemos hecho, porque creemos que puede serle útil a otras personas.

En su momento nos preguntamos cómo podíamos ahorrar para la jubilación, y fuimos buscando información. Al ir aprendiendo fuimos tomando notas como recordatorio. Pasado el tiempo nos dimos cuenta de que era mucho lo que habíamos aprendido, que toda esta información podía servirle a otras personas, y que tenía sentido publicarlo. Al menos como reto, porque ambos tenemos nuestros trabajos que nada tienen que ver con las finanzas.

Para cuando nos dimos cuenta, estábamos muy metidos en la idea de la Libertad Financiera. Ahorrando mucho, invirtiendo y recibiendo ingresos pasivos, de forma que podíamos plantearnos cosas como cambiar de trabajo o mudarnos sin preocuparnos de vaciar la cuenta corriente. Y los ingresos pasivos crecían año a año, ¿cuál es el límite?

Para nuestro plan, nosotros hemos usado ETFs (también llamados fondos cotizados), pero puede que el lector tenga otras ideas. Hay múltiples maneras de conseguir ingresos pasivos, ingresos que vienen con mínimo esfuerzo por su parte, mientras usted se dedica a otra cosa. En nuestro caso, ahorramos la mayor parte de nuestro salario y luego lo invertimos. Usted busque, compare, y si encuentra algo mejor, hágalo.

Puede considerar este libro como una introducción a la Libertad Financiera. Esperamos dejar al lector con ganas de seguir buscando más información sobre estos temas, y por ello hemos incluido una infinidad de enlaces a páginas webs, artículos y libros para seguir profundizando.

¡Buena suerte!

Aviso

El presente libro no pretende que compre un determinado producto ni que contrate los servicios de una determinada empresa. No tenemos relación con ninguna empresa financiera particular, no damos recomendaciones en ese sentido y desde luego no nos llevamos comisión por ningún producto ni sugerencia proporcionada.

Tampoco tenemos ninguna capacidad de predecir el comportamiento de la bolsa de valores. El valor de las inversiones en bolsa puede bajar. De hecho, en algún momento lo hará, seguro. Recuerde por tanto el lector que "rentabilidades pasadas no garantizan rentabilidades futuras".

Este libro solo muestra la visión de sus autores, está escrito con la mejor de las intenciones, y con la información disponible para pequeños inversores. Pero no somos asesores financieros, lo aquí mostrado es lo que hemos aprendido en cursos de finanzas, leyendo libros y documentándonos en internet.

Hacemos mucho hincapié en los ETFs indexados como forma de inversión, como obtener información sobre ellos y como usarlos. Esta es la ruta que nosotros hemos elegido, sin embargo el lector puede tener otras ideas. Sea como sea, documéntese, nunca deje de leer. Los ETFs aportan múltiples ventajas, como ser la estructura más común de los fondos de inversión en la Unión Europea, son muy transparentes y uno se siente seguro al minimizar la posibilidad de ser engañado. Por otro lado, nadie puede asegurar que la inversión pasiva, que al fin y al cabo es lo que se propone en este libro, siga siendo una buena idea para siempre. Nadie puede adivinar el futuro. Sea consciente de que lo que hoy es excelente puede ser un desastre en el futuro. Prepárese para los cambios, por si acaso.

Durante el texto además, escribimos algunas expresiones en inglés. Tenga en cuenta que en un mundo globalizado, lo mejor es aprovechar la lengua en la que se escribe la mayor parte de la documentación. Esto permite tener información mas abundante y actualizada.

Hemos hecho todo lo posible por proporcionar información fidedigna y revisar concienzudamente este libro, esperamos le sea de utilidad.

Este libro esta muy basado en Europa porque es aquí donde viven sus autores. El objetivo es que el texto sea genérico y extrapolable a muchos países. Sin embargo, cada país tiene sus particularidades (como por ejemplo el pago de impuestos), así que no se puede generalizar.

Web con Enlaces

Este libro contiene infinidad de referencias a webs, artículos, vídeos, etc. Para hacerle la vida más fácil, hemos agrupado los enlaces más relevantes en la página web indicada en el siguiente código QR.

Figura 1. Enlaces sobre Libertad Financiera.

Capítulo 1. Introducción

En este capitulo proporcionamos información general sobre el libro, acerca de lo que hemos hecho, cómo lo hemos hecho, y por qué lo hemos hecho.

1.1. ¿De Qué Trata Este Libro?

Este libro trata de la llamada Libertad Financiera, la capacidad de las personas de ser económicamente independientes y de no depender de terceros. Esta idea está relacionada con la de jubilación anticipada como veremos mas adelante.

Es importante recalcar que el lector no va a encontrar aquí una forma de hacerse rico. No hay camino fácil para ello, y desde luego este libro no trata de eso.

Este no es un camino directo, no es una ruta clara que hay que recorrer. Cada persona tendrá que tomar sus decisiones y elegir dentro de sus propios margenes. Con respecto al libro, cada capitulo contiene lo siguiente:

- El Capítulo 1 (introducción) es este mismo.
- El Capítulo 2 (planificación) presenta una visión general de lo que queremos conseguir. Cuál es el objetivo, y cómo conseguirlo. Los detalles se presentan en los capítulos posteriores.
- El Capítulo 3 (la teoría) expone los argumentos relacionados con el ahorro y la inversión. Este capitulo puede ser un poco árido para muchos lectores, pero es de gran importancia porque justifica que lo que queremos hacer es posible y realista.
- El Capítulo 4 (inversiones) da una visión somera de los diferentes instrumentos de ahorro de que dispone un pequeño inversor.
- El Capítulo 5 (ETFs) explica cómo funcionan los fondos cotizados. Al conocer sus fuerzas y debilidades podremos aprovecharlos mejor.
- El Capítulo 6 (carteras) muestra cómo utilizar los ETFs como bloques para construir una cartera de inversión.
- El Capítulo 7 (crisis) reúne ideas relacionadas con superar crisis. Es algo importante por sí mismo, así que hemos decidido dedicarle un capítulo entero.
- El Capítulo 8 (recetario) proporciona los pasos a seguir. El objetivo del capítulo es servir de referencia, de guía rápida.

- Y finalmente, el Capítulo 9 (el Panteón de las Personas Ilustres) presenta a varias personas que son importantes dentro de las comunidades de inversión pasiva y Libertad Financiera.

Fíjese el lector que aportamos una enorme cantidad de referencias. Este libro trata de comentar muchos temas, dejando las puertas abiertas para que el lector con interés siga los enlaces o lea los libros indicados. Fórmese por su cuenta, estas fuentes son un buen primer paso.

1.2. ¿Qué es la Libertad Financiera?

Este es el objetivo del libro, mostrar que es posible alcanzar la Libertad Financiera. Pero, ¿esto qué es?

La Libertad Financiera es el estado que alcanza una persona cuando consigue unos ingresos suficientes para cubrir sus necesidades, independientemente de que trabaje o no. Esto es, ingresos automáticos, sin necesidad de trabajar.

Esta libertad es, como veremos, proporcional al tiempo que se puede vivir de lo ahorrado. Y es muy interesante saber que hay un límite en lo que hay que acumular, pues si llegáramos a ahorrar 25 años de gastos, ya no nos haría falta ahorrar más. En otras palabras, un capital equivalente a 25 años de nuestros gastos, invertido en fondos pasivos, genera al año una cantidad comparable a un año de nuestros gastos. Ponga ahora márgenes de seguridad y todas las precauciones que quiera, pero eso no cambia las matemáticas.

Estos ingresos pasivos, generados de forma independiente, sin tener que trabajar por ellos, pueden obtenerse por varias vías. Algunos ejemplos son alquilar pisos, derechos sobre libros o música, ingresos financieros, o simplemente ser un jubilado y cobrar una pensión. En este libro nos centramos en un tipo de ingresos financieros: inversión en fondos pasivos, en particular a través de fondos cotizados, conocidos como ETFs (del inglés *Exchange Traded Funds*). Esta ha sido nuestra elección por ser lo que mejor se ajusta a nuestras necesidades.

De esta forma, trabajar se convierte en algo opcional. Algo que nos hace sentirnos mejor, o complementar nuestros ingresos. O mejor aún, nos permite elegir en lo que queremos trabajar.

Este tema de la Libertad Financiera tiene dos ramas: por un lado la parte de los ingresos, pero por otro lado la parte de los gastos. Cuanto menos necesidades tengamos (menos gastos) menos ingresos necesitaremos, y antes llegaremos a la Libertad Financiera. Este libro no está escrito específicamente para ricos, sino para personas de clase media que pueden modificar su forma de actuar, ahorrar, y cambiar su destino.

Esto además implica la posibilidad de dejar de trabajar, de retirarse. La sociedad occidental está construida alrededor del trabajo. El no tener trabajo, estar en paro, es algo negativo. La sociedad persigue el pleno empleo. Por ello, el que alguien se plantee el dejar de trabajar porque no le hace falta es algo chocante. Trataremos mas adelante este tema.

Cuando nos referimos a dejar de trabajar, mas que retirarnos queremos decir jubilarnos. Pues retiro tiene un sentido negativo, de estar apartado, y eso no es cierto. Lo que queremos es tener la libertad para hacer las cosas que nos gusten en nuestro tiempo libre, porque trabajar ya no es algo obligatorio para nosotros. Jubilación por júbilo, fiesta.

¿Por qué todo el mundo compra una casa? Y si les va bien, la casa en la playa. ¿Por qué hay que comprar más y más cosas? Todos criticando el consumismo y todos gastando hasta el último euro ingresado en cualquier cosa ¿Por qué trabajar hasta los 67? ¿Por qué no parar antes, o después?

Uno ve a la gente de alrededor, amigos y familiares. Casi nadie se siente satisfecho con su trabajo, y sin embargo pocos hacen algo por cambiar. Sirva este libro para indicar una vía de escape, algo que podemos hacer para modificar nuestra vida y ser mas felices. Nosotros nos lo propusimos y lo conseguimos. Y en este libro lo vamos a contar.

Esto no va para ricos, cualquier persona lo puede conseguir. No hay mas que gastar menos de lo que se ingresa durante un número de años. Ahorre mucho, invierta sencillo, gaste poco.

1.3. ¿Por Qué Escribir este Libro?

Las ideas que hemos descrito en estas paginas no se estudian en la escuela, no son temas de conversación habituales, no se debaten en tertulias televisivas. Es un conocimiento que en gran medida esta al margen de la sociedad. Hablar de dinero está mal visto y el mundo financiero es la maldad en estado puro.

Que no se traten estos temas en escuelas e institutos provoca infinidad de problemas. Esto nos lleva a que los engaños financieros estén al orden del día, que el ciudadano de la calle no tenga claro el significado de conceptos económicos y financieros generales. Por ejemplo las *stock options* o los bonos preferentes, o si un porcentaje de rentabilidad de un producto financiero es normal o por el contrario sospechosamente alto.

Este conocimiento nos ha llevado a nosotros los autores mucho tiempo conseguirlo. El aprendizaje, en cualquier aspecto de la vida, es un proceso lento y azaroso. Nos ha requerido esfuerzo, y este libro sirve primeramente como resumen. En el hemos ido escribiendo las cosas que hemos ido aprendiendo, con la intención de tenerlas siempre a mano como un manual de referencia (y el mejor ejemplo es el recetario del Capítulo 8).

Todo esto surgió como una forma de ahorro para la jubilación. Teníamos que prever cómo ahorrar si nos íbamos a vivir a otro país y esto nos hizo tener que considerar la normativa de diferentes países de la Unión Europea. Las diferentes legislaciones son muy locales, relativamente arbitrarias, y pueden cambiar en cualquier momento; y al final tomamos nuestra decisión: los ETFs indexados, que son sencillos, transparentes, y aceptados internacionalmente.

En algún momento fuimos comentando con nuestro entorno estos temas. Despacio, con precaución, al fin y al cabo uno no quiere involucrar a terceros en una aventura que puede estar mal vista. Al tener que explicar los diferentes temas y argumentar contra objeciones habituales es cuando uno se da cuenta del conocimiento que uno tiene. Que no son cinco minutos, sino que requiere tiempo.

Poco después surgió la idea de hacerlo público. Si la información aquí disponible es valiosa para nosotros, también puede serlo para otras personas. Seria una gran alegría que este libro fuera de utilidad para otros, y que otras personas alcanzaran la Libertad Financiera.

También deseamos fomentar el debate sobre las ideas, métodos, objetivos en este libro mostrados. Tal vez de este modo consigamos una mejor ruta hacia la Libertad Financiera.

En cualquier caso, no tenemos otra salida. Nosotros, ciudadanos, no podemos dejar en manos de otros algo tan importante como nuestra propia jubilación. Si así lo hiciéramos, nuestras condiciones empeorarían año tras año. Así lleva décadas sucediendo con las pensiones públicas en España. Dejarse llevar y dejar en manos del estado esta responsabilidad de proporcionarnos una pensión es la ruta que menor esfuerzo nos exige como personas, lo mas cómodo, pero sin embargo también nos lleva a la dependencia.

Si no puedes obligarte a ahorrar a ti mismo, ¿cómo vas a obligar a otros a pagarte una pensión en el futuro?

— Gregorio Hernández Jiménez, inversor, autor, y promotor de la Independencia Financiera.

Finalmente, la sociedad occidental ha alcanzado un nivel de libertad que era impensable para nuestros padres. Hoy en día un ciudadano medio puede plantearse objetivos en su vida que unos años antes habrían sido imposibles. En el pasado los ciudadanos teníamos que contentarnos con sobrevivir, hoy sin embargo podemos elegir qué hacer con nuestras vidas, nuestro tiempo, nuestros recursos. Los jóvenes actuales, incluso con sus dificultades, tienen a su alcance herramientas que sus padres no pudieron ni soñar (internet, teléfonos móviles, medicina moderna, vuelos *low-cost*, etc). Y la oferta disponible para invertir nunca ha sido tan amplia y barata, y aquí entran la inversión pasiva y los ETFs, que han revolucionado el mundo financiero. Los ETFs representan el "hágalo usted mismo" de la inversión. Diversificados, sencillos y baratos; los ETFs son a la inversión lo que IKEA a los muebles.

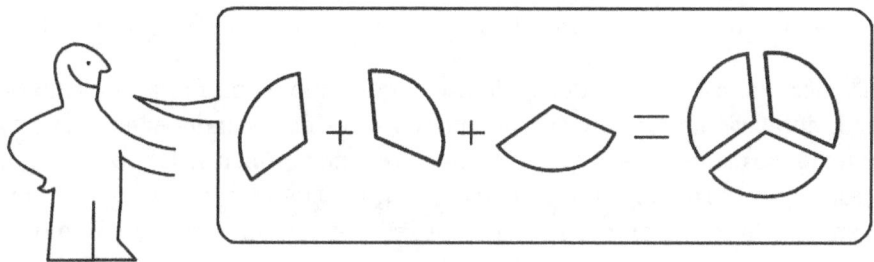

Figura 2. Construyendo una cartera de inversión.

1.4. ¿Quién Ha Escrito Este Libro?

Este libro lo hemos escrito una pareja que, como todos los demás, en un momento dado nos preguntamos que sería de nuestra jubilación ¿Qué pensión de jubilación vamos a tener? ¿Cómo podemos ahorrar para la vejez? Tras darle muchas vueltas, llegamos a la conclusión que mostramos en este libro.

Sin grandes pretensiones económicas, la jubilación parecía un sueño lejano e inalcanzable. Retrasándose año tras año, según envejecíamos. A las preocupaciones habituales se le une que hemos vivido en varios países, y la forma de ahorrar para la vejez es siempre distinta, compleja y en gran medida arbitraria ¿Qué podemos hacer? Este libro muestra nuestras conclusiones, nuestras respuestas a estos problemas. Estas respuestas variarán de persona a persona, pero nos pareció razonable dejarlas por escrito en forma de libro, en principio para nosotros, después porque le podría ser de utilidad a alguien.

1.5. ¿A Quién Va Dirigido Este Libro?

Al principio fuimos tomando ideas para nosotros mismos. Ideas que vimos que nos eran útiles desde un punto de vista financiero, respuestas a preguntas que todos nos hacemos ¿Debemos de comprar casa? ¿Es mejor comprar o alquilar casa? ¿Si ahorramos, cuánto podríamos llegar a acumular? ¿Cómo deberíamos ahorrar para la jubilación? Intentando responder a estas preguntas, nos dimos cuenta de que hemos tenido que aprender muchas cosas. Que el conocimiento financiero (gasta menos de lo que ingresas, ahorra, no te endeudes) es muy poco común. Que no es complejo, y que un poco de esfuerzo da grandes beneficios (no necesariamente pecuniarios, sino válidos para la vida en general).

Luego nos dimos cuenta de que esto que hemos aprendido le puede ser de utilidad a otras personas. Así que hemos terminado escribiendo este libro pensando en dar a conocer todo lo que encontrará en los próximos capítulos.

Diríamos que este libro va dirigido a personas que empiezan a preocuparse por la jubilación, cosa que sucede cuando se es de mediana edad y uno ya lleva muchos años trabajando. Pero por otro lado también es cierto que tanto el estilo del libro como el acercamiento al problema y la solución es más joven. Y de hecho, cuanto antes piense en este problema y establezca un plan, mejor. Así que probablemente el lector sea adulto en lo laboral pero joven de corazón, o simplemente un joven precoz.

Diríamos que este libro va dirigido a todas aquellas personas que se sientan insatisfechas con su trabajo, que no les llene. También a aquellas que se planteen qué va a ser de su jubilación, que la vean como inalcanzable. Esperamos que este libro sirva de reflexión, como punto de inicio para leer mas sobre el tema. ¡Ojalá les sea de ayuda!

Lo que es seguro es que este libro está escrito para gente de la calle. Personas corrientes que toman decisiones extraordinarias de ahorro e inversión. Personas que notan que gastan buena parte de su salario en un coche para ir a la oficina, traje, teléfono, comida en la cantina de la oficina... todo para recibir un salario a cambio del trabajo, con en el que pagar todos esos gastos... que son necesarios para trabajar ¿Se puede escapar de esta pescadilla que se muerde la cola?

1.6. ¿Hay otras Personas Haciendo lo Mismo?

Como se ira comentando en el texto, la Libertad Financiera no es algo nuevo o extraño. Hay muchas personas que ya están siguiendo preceptos similares en sus vidas. Por ejemplo Jacob Lund Fisker (tiene su página web *Early Retirement Extreme* y un excelente libro del mismo título) y Mr. Money Mustache (cuyos seguidores se autodenominan "mustachians"). Ambos viven en EEUU, donde estas cosas son mas comunes. Al fin y al cabo allí los ciudadanos tienen que construirse su propia pensión de jubilación.

Figura 3. El símbolo de Mr Money Mustache, uno de los creadores del movimiento de Libertad Financiera.

En Europa, considerando blogs de habla inglesa, tenemos a la holandesa Econowiser, al holandés *Cheesy Finance*, al belga *No More Waffles*, al italiano Mr. RIP (*Retire In Progress*), al escocés Monevator, al irlandés *Irish Financial Independence Podcast*, al español *One Million Journey*, el inglés FIRE v London, *The Escape Artist*, *Banker on Fire*, y muchos otros que se pueden encontrar a través de la web FIREhub (que se hace llamar el *Financial Independence Hub of Europe*).

En España por ejemplo a La Hormiga Capitalista (que es el nombre online de Guillem Roig), Pepe Peseta Patilla, Sergio Yuste de Gestión Pasiva, Inversor Millennial, Josan Jarque de Enorme Piedra Redonda, y el blog de Impuestos Libertad Financiera, entre muchos otros.

La idea de usar ETFs (también llamados fondos cotizados), en particular indexados, proviene en gran medida del blog de Bogleheads.org (y su versión española, muy recomendable, Bogleheads.es). En estos foros encontrara el lector multitud de personas que los utilizan, ya sea como forma de ahorro o para vivir de los dividendos que producen.

Y hay una enorme cantidad de personas que invierten buscando los dividendos de las empresas. De comprar acciones de empresas seleccionadas, y vivir de los dividendos. La Sección 4.1.6 proporciona una lista interesante de blogeros. Tenemos objetivos y problemas similares, así que es bueno tener los ojos abiertos a lo que comentan.

1.7. ¿Por Qué Lo Que Comenta Este Libro Es Tan Poco Habitual?

Esta es una buena pregunta y hay varias buenas razones.

Como hemos visto en la sección anterior, en EEUU hay mas margen para que los ciudadanos resuelvan su problemas por ellos mismos. Allí hay multitud de personas que ya han elegido este camino. Pero en Europa es el estado el que proporciona servicios básicos como las pensiones, y no estamos acostumbrados a ahorrar para la pensión. Es que parecía que no hacía falta en Europa preocuparse por estos temas.

Ante la falta de eficiencia de los sistema públicos de pensiones los ciudadanos tenemos que intentar resolver nuestro futuro. Ya que las pensiones públicas quiebran recurrentemente (pues cada pocos años el estado cambia las condiciones unilateralmente, y siempre a peor para los ciudadanos), algo tenemos que hacer. Este es un gran incentivo, por que el no hacer nada es receta perfecta para el desastre.

Hasta hace pocos años no había bancos de inversión que trabajaran con pequeños inversores. O teníamos unos pocos bancos grandes que no tenían competencia, una situación de monopolio, en la que no tenían ningún incentivo para proporcionar un buen servicio a sus clientes (la Sección 4.1.4 detalla qué se obtiene cuando se confía en un banco). Sin embargo, hoy en día, gracias los bancos online, hay multitud de posibilidades, y a cuál mejor.

Antes en Europa no teníamos una moneda común, con lo que los movimientos de dinero eran lentos y complicados. Ahora con el euro podemos invertir donde queramos en Europa, en la compañía que queramos. O mejor aun, contratar a cualquier empresa europea para proporcionar el servicio. Muchas mas opciones, mejor para los ciudadanos.

La globalización no se había generalizado a todos los niveles. Esto hacia muy complicado el invertir internacionalmente, y este es uno de los puntos fuertes de los mercados financieros: la capacidad de invertir en todo el mundo.

Internet es ahora ubicuo y omnipresente, esto lo ha cambiado todo. El poder comprar o vender a través de plataformas web, en cualquier momento, casi instantáneamente, y con unos costes insignificantes.

La información está ahora disponible para cualquier persona y en cualquier momento. A todos los niveles, por ejemplo el valor de activos financieros, noticias o cursos de formación. Los detalles sobre cualquier producto financiero están rápidamente accesibles a través de la web. Y también a través de la web se puede encontrar infinita información sobre economía, finanzas, blogs y foros sobre Libertad Financiera.

Además, la aparición de los ETFs es relativamente moderna. Los primeros ETFs surgieron en EEUU y Canadá a principios de los años 90, y llegaron a Europa a primeros de la década del 2000. Tras una década disponibles en Europa han ganado fuerza, y es ahora cuando el pequeño inversor puede aprovechar sus ventajas.

En resumen, ha habido una serie de acontecimientos que han revolucionado la forma en la que las personas podemos procurarnos ahorro e inversión. Se ha llegado a una situación en la que los ciudadanos tenemos muchas mas posibilidades que hace unos años. Ahora podemos ser autosuficientes, resolvernos nosotros mismos los problemas. Es la filosofía del hágalo usted mismo. Nunca antes hemos tenido los ciudadanos tanta capacidad para lograr nuestros sueños. Ahora es el momento de aprovecharlo.

1.8. Pero, ¿Es Esto Moralmente Aceptable?

Lo que se expone en este libro es muy sencillo: ahorrar para invertir en bolsa, para obtener ingresos pasivos de forma que suplan los ingresos del trabajo. Y alguien podría plantearse si esta es una actitud reprobable.

Por un lado hay quien podría argumentar que "vivir sin trabajar" es inmoral. Dada una ética del trabajo a la que estamos acostumbrados, no trabajar es algo malo. Nosotros no lo vemos así, ya que si hay capital hoy es porque se ha trabajado en el pasado. No es capital surgido de la nada, sino que ha sido ahorrado. Por lo tanto no queremos fomentar zánganos haraganes, no, la base de nuestro capital se ha conseguido con mucho esfuerzo durante años. El trabajo ha sido lo primero, la inversión después.

Además, podríamos dilapidar todos nuestros ingresos mensuales en grandes coches, viajes, caprichos, restaurantes, etc. Pero si no lo hacemos así, si ahorramos nuestros ingresos, estaremos mejor protegidos contra imprevistos futuros. Ahorrar es una actitud responsable, y no hacerlo así sí que sería inmoral.

Si las inversiones generan ingresos pasivos no es por que sean inmorales, sino porque reciben una contraprestación por el riesgo tomado. Si no recibiéramos una compensación al invertir entonces nadie invertiría. Y eso sería muy negativo para la sociedad en conjunto, porque es la inversión en empresas productivas lo que mejora la economía y nos lleva a vivir mejor. El inversor está aportando a la sociedad, y no de forma etérea o confusa, con dinero contante y sonante. Por lo tanto invertir es muy positivo para las personas (por recibir dividendos) y para la sociedad (por mejorar los bienes y servicios disponibles).

Se puede argumentar también que la empresa no recibe beneficio ni perjuicio del hecho de que le compremos sus acciones. Que al comprar acciones, salvo el caso excepcional de que sea una oferta pública de acciones, siempre se compran en el mercado secundario (esto es, siempre se compran a otro inversor que las poseyó antes). Y del mismo modo que al comprar un coche de segunda mano el fabricante de coches no recibe ningún dinero, si alguien compra sus acciones en el mercado secundario la empresa no recibe ningún dinero. Si bien esto es cierto, no hay que olvidar que el valor de las acciones es como un termómetro del estado de la empresa, y que las empresas quieren que haya demanda y precios altos por sus acciones. Por dos razones:

1. Primero porque si la empresa quisiera hacer una ampliación de capital, podrían ofrecer nuevas acciones a un precio similar al de las actuales, y de esta forma a mayor demanda de sus acciones, mayor precio, y mayor fuente de financiación para la empresa.

2. En segundo lugar, el valor total de una empresa es su capitalización en bolsa menos su deuda. Si el valor de las acciones queda en cero, eso quiere decir que en caso de quiebra todo el valor de la empresa si iría a pagar deudores y nada a los accionistas. Y lo último que quiere una empresa es dar a entender que tiene excesiva deuda, que puede quebrar, y que no va a pagar a sus propietarios (accionistas).

Por estas razones las empresas están muy interesadas en que el valor de sus acciones sea lo más alto posible, ofreciendo incentivos (dividendos) para que haya interés en comprarlas.

Por otro lado, enfocando el problema por otro lado, también podríamos plantearnos si todas las inversiones son moralmente aceptables. En este caso entramos en el campo de la "Inversión Socialmente Responsable" y del ESG (*Environmental, Social and Governance*). Este tema está muy tratado, normalmente por personas de convicciones religiosas[1], o en tiempos más recientes por el interés en el cuidado del medio ambiente. Existe una enorme variedad de posibilidades para invertir según principios morales.[2] Así que si lo que usted quiere es enfocarse en un grupo de empresas positivas, o evitar otras negativas, lo que tiene que hacer es invertir según el índice apropiado. Más sobre este tema en el Capítulo 5.

1.9. Nuestra Historia

Antes de empezar los capítulos centrales del libro, quizás sea interesante para el lector saber de nuestras vidas ¿Cómo hemos llegado a escribir este libro? Seguramente encuentre paralelismos con usted mismo que le ayuden a ponerse a la tarea.

Somos pudorosos, permita el lector que nos refiramos a nosotros mismos como Will y Fog.

Para empezar, diremos que somos una pareja perteneciente a la generación Erasmus, así que por "h" o por "b" hemos podido viajar mucho por Europa. Ya sea por estudios, por trabajo, o simplemente por turismo en plan mochileros.

Mirándolo en retrospectiva, podría decirse que fuimos buenos estudiantes. De esos de ciencias puras ¡bellas matemáticas! Y luego cuando empezamos nuestras vidas profesionales nos metimos en el mundo de la ciencia y la tecnología.

Nos conocimos siendo compañeros de trabajo, en los años previos a la crisis de 2008. Todo parecía indicar que pasaríamos nuestras vidas en el mismo lugar, así que empezamos a comprar un piso en las cercanías. No nos gustaba la idea, pero parecía razonable, al fin y al cabo era lo que todo el mundo hacía. Esta ha sido la peor decisión de nuestras vidas, al menos hasta el día de hoy. Comprar piso te atrapa a un lugar, te obliga a tener gastos fijos y encima sufrió una perdida de valor por la crisis (lo comentamos en la Sección 4.1.2). Pero desgraciadamente todo esto lo supimos *a posteriori.* 15 años después vendimos el piso por la mitad. Menuda experiencia.

Fog no estaba satisfecha en el trabajo, así que se puso a buscar otro. Vio una vacante en los Países Bajos, la solicitó, y la consiguió. Una cierta carambola que no nos esperábamos ¿Qué hacer? ¿Dejar la seguridad de tener un puesto fijo a cambio de la incertidumbre de un nuevo trabajo? ¿Y con una hipoteca recién comenzada? No importaba, era una aventura, y allá que se fue Fog. Así que Will se puso a buscar también, y unos meses después encontró trabajo en la misma ciudad.

Los Países Bajos son un lugar encantador, pequeño, y muy abierto al exterior. La vida allí es relativamente fácil. Uno aprende el idioma local por cortesía, pero todo el mundo habla inglés, y dado que hay muchos extranjeros uno nunca no se siente ajeno. Así que vivir allí fue sencillo y una muy recomendable experiencia.

De hecho guardamos buenos recuerdos, especialmente en lo laboral.

Contratos laborales como Dios manda (¡adiós a las becas!). Por fin derecho a paro, pensión, seguro sanitario e incluso vacaciones.

Es curioso el mundo de la ciencia. Uno llega a aceptar condiciones laborales absurdas e incluso trabajar gratis. "No te quejes", me decían, "al fin y al cabo trabajas en lo que te gusta". O también se acordaban los "dinosaurios" del lugar de que "en sus tiempos no se hablaba tanto de vacaciones y seguridad social". Pasados los años, los jóvenes rebeldes han pasado a ser ellos mismos los dinosaurios. Este será tema para otro libro.

Fueron pasando los años y Will agotó su contrato temporal. Así que antes de que se acabara se puso a buscar trabajo. Después de buscar por cualquier lugar del mundo, surgió una posibilidad en Alemania, relativamente cerca. Una vez más había que tomar una decisión. Fog tenía un puesto fijo ¿Merecía la pena arriesgarse a cambiarse de nuevo de país? Pues sí, allá que nos fuimos.

Una cosa que ha facilitado mucho las cosas es que tenemos una norma en la pareja: Viviremos allá donde esté el mejor puesto de trabajo de los dos, y el otro seguirá al que lo haya conseguido. Y hasta ahora nos ha funcionado.

Así que Will se fue a Alemania. Y de nuevo, Fog se puso a buscar, y al cabo de unos meses encontró trabajo en la misma ciudad. Todo perfecto.

Durante la etapa alemana también ha habido cambios. Si había problemas en la empresa y no había forma de solucionarlos, pues nada mejor para la salud mental que buscar otro trabajo. E iterar hasta encontrar la solución. Así van pasando puestos de trabajo y países.

Y tantos cambios al final han salido bien. Si no salieron bien a la primera, pues se vuelve a intentar. Porque el tomar riesgos tiene premio. Siempre nos dijeron que había que buscar un puesto fijo para toda la vida, colocarse en una buena empresa, y luego dejar de preocuparse por el trabajo. Pues eso puede hacerse, pero no nos interesa a nosotros. Hemos dimitido de unos cuantos puestos fijos, y a cada cambio nos ha ido mejor. Si nos hubiéramos conformado con lo que teníamos, ¿dónde estaríamos ahora? Seguro que no escribiendo este libro.

Las personas solemos a pensar en un futuro lineal donde vamos progresando paso a paso hacia un objetivo predeterminado. Sin embargo, las decisiones que fuimos tomando nos han ido llevando por rutas que simplemente no pudimos imaginar, que estaban fuera del rango de posibilidades que creíamos que teníamos. El estar abierto a nuevas ideas nos ha permitido llegar más lejos de lo que jamás pudimos soñar, y mirar atrás da vértigo.

Un argumento interesante es que aunque se mejora con los cambios, los cambios no son fáciles. Las mudanzas, el rehacer la vida en un nuevo país, los vuelos a ver a la familia, nuevos amigos, pagar un nuevo alquiler mientras se paga la hipoteca del piso vacío en España; todo esto son costes. Merece la pena a largo plazo, pero a corto plazo es agotador y un desastre económico.

En un momento dado empezamos a preocuparnos por la jubilación ¿Qué podíamos esperar en el futuro? ¿Dónde hemos contribuido y cuanto? Teníamos pequeñas contribuciones de diferentes países, con sistemas públicos y privados ¿Hemos cotizado el mínimo número de años? Habrá que ver el día de mañana cómo se ponen de acuerdo las diferentes administraciones.[3]

Dada la incertidumbre sobre las pensiones, estuvimos formándonos, leyendo y atendiendo a diversos cursos sobre inversiones. No trataron específicamente sobre planes de pensiones, pero fueron muy buenos para aprender cómo funciona el gremio. Y con esa información uno puede luego revisar sus propios planes de pensiones, y acto seguido gritar de horror.

Por ejemplo, gracias a saber sobre inversiones nos dimos cuenta de que el asesor nos la había colado. Teníamos contratado un plan de pensiones internacional, que no permitía desgravación de impuestos, que estaba cobrando un 6% de cada nuevo ingreso (de cada 100 euros enviados al plan, solo 94 llegaban al fondo, 6 se los quedaban como comisión) y luego los gastos de gestión eran del 2.5% anual. Tal vez esto no le diga nada, pero no importa, ya se lo decimos nosotros: es *grosso modo* 10 veces más caro que lo que usted puede hacer por sí mismo. Imagínese que se toma un café y paga 2 euros. Imagínese ahora que va al bar de al lado y paga 20 euros por el mismo café ¿Qué le parece? Pues eso. Y para colmo, el gestor del fondo estimaba las comisiones durante toda la vida de la inversión, y la cobraba durante los primeros 5 años (esto es, durante los primeros 5 años prácticamente solo se pagan gastos, no se ahorra nada).

Y más aún, pues sólo con mucho esfuerzo conseguimos encontrar que el dinero se invertía en fondos pasivos con un horizonte temporal fijo (algo relativamente habitual: una parte en bonos, el resto en acciones, incrementándose la proporción en bonos según pasan los años; todo muy general y pasivo; fácil y barato para hacer uno mismo). Con un coste tan caro y estando en gran medida invertido en bonos, perdíamos poder adquisitivo año tras año. Para algo que podríamos hacer nosotros mismos hasta 10 veces más barato (que es lo que estamos haciendo ahora, lo que contamos en este libro). Era absurdo.

Y para añadir sal a la herida, pasado el tiempo leímos el libro *Millionaire Expat* de Andrew Hallam, que trata precisamente de las pensiones internacionales que suelen contratar muchos expatriados. Suelen ser un desastre, como ya hemos comentado, y no por casualidad, sino a propósito. Un libro muy recomendable, por cierto.

También gracias a haber aprendido sobre inversiones, uno puede hablar de igual a igual con los vendedores de las sucursales bancarias. Hablar de gastos, seguridad de la inversión, en qué se invierte, rendimientos pasados. Nosotros lo hemos hecho en varias ocasiones y hemos salido espantados al ver que no podían responder nuestras preguntas. Y es que la persona con la que hable será seguramente un vendedor, no un experto.

Así que aquí nos encontramos, saltando de país en país, pensando en cómo ahorrar para recibir una pensión cuando nos jubilemos. Y por casualidad descubrimos el mundo de la Libertad Financiera e ingresos pasivos.

Por otro lado, siempre hemos sido muy ahorradores. Aunque quizás más que ahorradores habría que decir que no tenemos gustos caros. Un ejemplo muy característico: ir de camping. Nos encanta ir de camping, ya sea en montaña, Camino de Santiago, rutas en bicicleta o lo que sea. Ya de adolescentes lo hacíamos, yendo al monte con la tienda de campaña. Ahora ha pasado el tiempo y cuando decimos que nos vamos de camping nos ponen caras raras ¡Agarraos! nos dicen. Se ve que es una forma de veranear que ha pasado de moda. La gente en general se va a un apartamento en la playa, o toma un avión para conocer lejanos lugares. Muy bien por ellos, pero es que a nosotros nos gusta ir de camping.

Tenemos a bien gastar menos de lo que ingresamos, y gracias a ello tenemos ahorros. Estos ahorros nos dan libertad. Libertad para vivir donde queramos, para trabajar donde queramos, para aprender lo que queramos. Siempre es posible gastar un poco menos de lo que se ingresa, y si no, no tiene mas que pensar en cuál era el nivel de vida de sus padres, que seguro que fue menor que el suyo ahora. Si usted puede vivir como vivían sus padres, con los gastos equivalentes que tuvieron ellos, entonces puede ahorrar. Y si ahorra hoy, será libre mañana. Es lo que nosotros hemos hecho en nuestra vida, que hemos podido tomar la decisión de cambiar de trabajo o cambiar de país, sin estar limitados por cómo pagar la factura del cambio.

Queremos además escribir este libro para infundir energía. Otro mundo es posible. Nadie está completamente contento con su vida. Pregunte a quien se pregunte, casi todo el mundo se queja de algo. A todo el mundo le pasan cosas desagradables. Pero pasado el tiempo, con esfuerzo, aquello quedó atrás. Todo se supera, ¡qué lejos quedan las preocupaciones juveniles!

Y es verdad que todo es mejorable, pero también es cierto que nunca será perfecto. Mas que buscar lo mejor en valor absoluto, nos ha ido bien buscando lo mejor relativo, dentro de las opciones que teníamos al alcance en ese momento. Nunca ha habido más opciones de las que hay hoy en día. La generación actual puede ahora viajar, trabajar, comprar, aprender más de lo que ninguna generación anterior pudo hacer. El rango de posibilidades es casi infinito. La geografía es ya irrelevante, pues con internet se tiene acceso a toda la información del mundo se esté donde se esté. Nunca se ha vivido mejor que ahora, optimismo no es una opinión, es un hecho.

La capacidad de elección que tenemos los ciudadanos de hoy, unido a la filosofía del "hágalo usted mismo" es lo que permite que usted tenga este libro en sus manos. Fórmese, estudie su situación, actúe en consecuencia, y tenga buena suerte. La inversión pasiva y los ETFs en particular nos han servido a nosotros en diferentes países, pueden ser útiles también para usted.

[1] Sobre inversión siguiendo normas islámicas ver por ejemplo el artículo *Islamic Finance and Ethical Investment*.

[2] Ver los índices ESG de MSCI.

[3] En el caso de países de la Unión Europea, existe la web pensiones públicas en el extranjero.

Capítulo 2. Planificacion

En este capitulo mostramos una visión global de nuestros objetivos, y unas indicaciones de cómo llevarlos a cabo. En los próximos capítulos profundizaremos los pormenores para conseguirlo. La siguiente historia representa muy bien el objetivo buscado.

> Estaba un día Diógenes de Sínope (412-323 a.C.) cenando lentejas cuando le vio el filósofo Aristipo, que vivía confortablemente a base de adular al rey.
>
> Aristipo le dijo:
>
> —Si aprendieras a ser sumiso al rey, no tendrías que comer lentejas.
>
> A lo que replicó Diógenes:
>
> —Si hubieras aprendido tú a comer lentejas, no tendrías que adular al rey.

2.1. Objetivo

Este libro se centra en conseguir libertad para hacer lo que uno quiera, sin tener que depender de otros. En ese "otros" entra un jefe para el cual hay que trabajar y de esta forma conseguir un salario a fin de mes. O clientes si uno es un pequeño empresario o autónomo. Otro ejemplo es el estado, que para cuando alcancemos la jubilación los que ahora estamos trabajamos no nos podrá proporcionar una pensión que mantenga nuestro nivel de vida actual.

Aquí nos centramos en mostrar cómo resolver el problema del almacenamiento de recursos durante la vida. Cómo de jóvenes convertir renta en patrimonio y, pasado el tiempo, deshacer el cambio y convertir el patrimonio otra vez en renta.

Pero, ¿cómo conseguir un sueldo para toda la vida? Suena a un anuncio televisivo, pero es posible. Lo primero que hay que reseñar es que no hay ningún camino fácil. Somos de la opinión de que si esto se consigue es porque con anterioridad se ha trabajado duro para ello.

Al lector de vendrán a la cabeza imágenes de premios de lotería, herencias sustanciales, familias acomodadas. Cualquiera de estos casos seria muy bienvenido y ese capital bien empleado aportaría mucho sin duda a la jubilación. Esos recursos extraordinarios podrían invertirse del mismo modo que vamos a explicar en las próximas paginas. Pero no queremos tratar aquí de milagros, de golpes de suerte que nos cambian la vida. No. Queremos hablar de personas corrientes que ahorran. Queremos hablar de planificación, esfuerzo y recompensa. De trazar un plan, seguirlo, y conseguir al final disfrutar de su resultado.

J.L. Collins lo comenta muy bien en su libro *The Simple Path to Wealth*. Es una combinación de gastar menos de lo que ingresa, invertir lo ahorrado, y evitar las deudas.

Una crítica habitual es que todo esto solo puede hacerlo una persona privilegiada, una persona que tenga altos ingresos. Que una persona "normal" no puede aspirar a la Libertad Financiera. No lo vemos así. O por lo menos, habría que definir qué se entiende por "normal". Si lo normal es cambiar de coche cada 5 años, vivir en un chalet con varios baños, veranear en un apartamento en la playa, ir de luna de miel al Caribe, o tener el último *gadget* electrónico en el bolsillo; entonces de acuerdo, así difícilmente se puede conseguir la Libertad Financiera. Pero si usted tiene un utilitario que gasta menos que un mechero, que compró hace años, vive en un sencillo piso, no se va al caribe de veraneo, y su teléfono móvil es un genérico; entonces usted tiene la Libertad Financiera al alcance de su mano. En este caso es cierto que no vale con ser normal, hay que ser excepcional, para tomar decisiones que rebajen el coste de vivir el día a día.

No hace falta ser ingeniero o un exitoso empresario que vende su empresa para vivir haciendo cualquier cosa que a uno le guste, sin necesidad de entrar en el habitual trabajo de 9 a 5. Hay muchos blogeros que ya lo han hecho y lo comentan online.

Y si tiene dudas, haga el favor de preguntarle a una persona que venga de un país menos favorecido. Pregúnteles qué opinan de la pobreza en Europa y en España en particular, y si ven alguna posibilidad de prosperar en España (o en el país desarrollado que sea). Hemos tenido varias conversaciones de estas, y son muy clarificadoras.

De hecho, compare una persona rica y famosa pero sin ninguna habilidad relevante, con alguien con habilidades valiosas (por ejemplo un médico o un ingeniero). Uno está predispuesto a suponer que el rico es mejor. Sin embargo note que esa persona con gran poder adquisitivo va a perder su riqueza tarde o temprano. Si no aporta ingresos extras acabará por agotar su fortuna. Sin embargo, la persona que tiene cualidades valiosas puede ofrecer más en el mercado laboral, y tiene mayores posibilidades de éxito a largo plazo. Este libro no va dirigido a personas de alto nivel adquisitivo, al menos no solo a ellas, sino a personas que trabajan y con su esfuerzo consiguen el objetivo de la Libertad Financiera.

¿Qué Hacer Si Tuviera Ingresos Extras?

Imagínese que llega fin de mes, ha pagado ya todos los gastos habituales, y le viene ahora el siguiente ingreso por su trabajo. Tiene 1000 euros en su cuenta que le han sobrado, dinero que no ha necesitado este mes ¿Qué haría con ello?

- Usted podría gastárselo. Por ejemplo en unas vacaciones en algún lugar exótico, algo excepcional, se lo merece. O en un nuevo teléfono móvil, que el suyo ya está viejo. O en ropa elegante, porque la que tiene en el armario ya está pasada de moda. En todos estos casos el dinero se consume, y no volverá.

- Usted podría comprar algo a crédito. Podría dar la entrada para comprar un coche nuevo, por ejemplo. Un coche que en teoría va a gastar menos combustible y que requerirá menos mantenimiento... en el futuro. Pero que en el corto plazo le obliga a pagar la entrada del crédito y luego una mensualidad. Esta decisión le ata.

- Usted podría invertir esos 1000 euros. En el banco a plazo fijo, en bolsa, o comprando una casa para alquilar. Un rendimiento típico (por ejemplo del alquiler) podría ser del 4% anual (véase la Sección 3.5). Ese porcentaje se convertiría en 40 euros al año que usted podría gastar en lo que quisiera. Parece poco, pero tenga en cuenta que serían 40 euros anuales durante el resto de su vida.

- Y usted podría invertir esos 1000 euros, y reinvertir las ganancias, para seguir acumulando. Dejando la inversión crecer lo más rápido posible. De esta forma, su inversión crecería exponencialmente durante una fase de ahorro. En el largo plazo, si ha acumulado lo suficiente, ese 4% puede ser suficiente para sus gastos. Ya no nos interesan los 1000 euros, ahora queremos medio millón, porque el 4% de medio millón son 20,000 euros anuales, unos 1,600 euros brutos al mes.

Lo que importa no es lo que su dinero puede comprar, sino las ganancias que puede generar.

Lo que queremos en este libro es mostrar cómo "vivir de las rentas". Ahorrar lo suficiente durante una primera etapa de la vida, para poder luego vivir de lo acumulado.

La expresión "vivir de las rentas" tiene un sentido peyorativo en el lenguaje de la calle. Siempre hay quien asegura que es injusto que alguien viva de esta manera, y que esas personas deberían ser expropiadas. Si usted vive en un país así, le deseamos mucha suerte. Intente cambiar su país o emigre a un lugar mejor. De aquí en adelante suponemos que el lector vive en un país donde se respeta la propiedad privada y donde los ciudadanos no son expropiados al arbitrio del político de turno.

El vivir de las rentas no es algo negativo. Al contrario, es muy positivo. Por un lado porque el ciudadano "se lo ha ganado". Ha sido el mismo gracias a su esfuerzo el que lo ha conseguido. Por otro lado porque un inversor "aporta a la sociedad". Es capital, entregado a empresas productivas, permite que la sociedad siga avanzando. No es dinero robado, al contrario, es capital invertido y que revierte en la sociedad.

Habiendo acumulado ingresos durante años, el lector dispondrá de un capital. Este capital no estará simplemente acumulado en la cuenta del banco o debajo del colchón. No, este capital estará sabiamente invertido, lo cual le reportara unos beneficios por ejemplo en la forma de dividendos.

Una forma paralela de considerar esta acumulación de capital es pensar en la compra de una vivienda. Requiere una inversión inicial para su compra, pero si posteriormente esta vivienda se alquila, proporciona una ganancia a su dueño. Y además, podemos contar con que en principio el valor de la casa varíe con la inflación, con lo que no se pierde dinero a largo plazo (aunque esto no es más que una aproximación).

El parámetro mas importante de esta ecuación no es cuánto se invierte y cómo se invierte. Lo mas importante es el ahorro, y de ello trata la siguiente sección.

2.2. Importancia del Ahorro

Este es el parámetro mas importante para conseguir la Libertad Financiera. Es tal su importancia, que la fracción de lo que se ahorra respecto al total que se ingresa (o su equivalente, lo que se gasta respecto del total ingresado) es el principal parámetro a tener en cuenta.

El ahorro actúa de dos formas:

1. En primer lugar lo obvio: Se gasta menos. Al gastar menos, una mayor proporción de los ingresos van al ahorro y la inversión. Esto nos permitirá tardar menos tiempo en acumular una cantidad de capital dada.

2. Y un efecto secundario: Se necesita menos para vivir. Al tener unas necesidades menores, es necesaria una menor cantidad de capital para cubrirlas. Este es el argumento fundamental, pues no es mas rico quien más tiene sino quien menos necesita. O, dicho de otro modo, se deben controlar los gastos o serán los gastos los que le controlen a usted.

Ambos efectos quedan detallados en el Capítulo 3, tanto por separado como de manera conjunta.

El concepto del ahorro esta íntimamente relacionado con el de preferencia temporal: se ahorra hoy para disfrutar de mas el día de mañana. Es un problema de actitud, de pensar en el largo plazo.

De hecho, este pensar en el futuro frente al día a día es una de las grandes diferencias de mentalidad entre ricos y pobres. Las personas que se autodefinen como pobres normalmente piensan en el corto plazo, en satisfacer sus deseos inmediatos. Esta es una cultura de pobreza, de vivir el momento, *carpe diem*, pues mañana estaremos muertos. Sin embargo, si se puede vivir por debajo de las posibilidades actuales, se puede ahorrar e invertir, y disfrutar de mucho mas en el futuro. Esto no es intuitivo y lo habitual es gastar todo lo que uno gana mes a mes, donde cada incremento salarial implica un incremento parejo del gasto, y de este modo uno acaba siendo pobre por no ahorrar[1]

Los diagramas de economía personal que mostramos en la Sección 2.5 toman mucho de esta visión.

Hágase usted mismo sus cuentas. Si usted y su pareja tienen unos 2000 euros netos de ingresos mensuales, eso equivale a unos 24,000 euros anuales, que totaliza más o menos un millón de euros tras una vida laboral de 40 años ¿Le parece mucho? ¿Le parece poco? Eso es lo que hay, no hay magia ninguna, el capital de que dispone son los ingresos que no se gaste. Primero ahorre y luego después ya veremos cómo invertirlo.

Pero no todo es ahorrar e invertir dinero. El ciudadano promedio sí que invierte en la compra de una casa, así como los estudios de los hijos. Ambos son formas de inversión, de tiempo y recursos, que empleados hoy darán sus frutos en el futuro.

2.3. Algunas Ideas para Ahorrar

Esta sección muestra algunas cosas que se pueden hacer para gastar menos. No estamos descubriéndole al lector nada nuevo, esta lista no es más que lo que nosotros estamos realizando. Probablemente usted esté ya haciendo lo mismo, sirva al menos para comentarlo y recapacitar.

Hay multitud de webs que proporcionan información sobre cómo hacer un presupuesto.[2]

Adoptar una forma de vida frugal. Esto es lo mas importante, pues el ahorro que consigamos será fundamentalmente lo que no nos gastemos ¿Necesitamos realmente el coche? ¿Merece la pena irse de vacaciones a una playa a miles de kilómetros para luego no salir del *resort*? ¿Cuándo fue la ultima vez que fue de camping?

- Vivir cerca del trabajo. El ir al trabajo es el principal motivo para desplazarnos que tenemos las personas. Podemos minimizar tanto el tiempo empleado como su coste. Si podemos ir al trabajo en transporte público, podremos así evitar el tener coche, con todo lo que esto implica en gasolina y aparcamiento. Ir en autobús o tren es mas barato y elimina un montón de preocupaciones (ITV, mantenimiento, aparcamiento, seguro). De hecho, compare cuánto le cuesta tomar un taxi o alquilar un coche ocasionalmente, es una fracción del coste anual del coche. Además, si en vez de comprar un coche de 15,000 euros, se invirtiese esa cantidad, ese fondo produciría el equivalente a 50 euros al mes (según la Regla de 300, ver caja de texto en la Sección 3.4),

- Siguiendo con el tema de los desplazamientos, un medio de trasporte muy útil es la bicicleta. Es muy común en países del centro y norte de Europa, y los ayuntamientos la están fomentando en sus municipios. Por ejemplo para hacer la compra, pues es fácil cargar la compra semanal si se ponen dos alforjas en la parte trasera. O para llevar a los chavales. Además, para desplazamientos cortos, se tarda prácticamente lo mismo en bicicleta que en coche. Y encima se hace algo de deporte.

Figura 4. Una bakfiets, la típica bicicleta holandesa donde cabe de todo.

- No fumar, que sólo por salud, ya es una buena idea. Además, si calculamos el coste de comprar un paquete de tabaco al día durante todos los días del año, el resultado final puede muy bien ser equivalente al salario neto de un mes de trabajo. Y tres cuartos de lo mismo se aplica a beber alcohol. En ambos casos el coste de estos bienes es fundamentalmente el de los impuestos extraordinarios que soportan.

- Los gastos fijos mensuales son también algo a evitar. O por lo menos a minimizar. Por ejemplo subscripciones a revistas o gasto telefónico. Según la Regla de 300, gastar 1 euro/mes requiere alrededor de 300 euros invertidos, como veremos más adelante.

- Casa bien aislada. Si va a comprar o alquilar una casa, este es un punto importante. Si le gusta dejar la ventana abierta para que entre y salga el gato, haga las cuentas del gasto en calefacción que esto supone.

- Comprar los últimos juguetes tecnológicos es muy caro. Teléfonos móviles, ordenadores, etc. Al comprar un dispositivo de ultima generación se está pagando un plus para compensar a la empresa por el desarrollo del producto. Son los que adoptan las nuevas tecnologías los que pagan su coste. Se pueden comprar dispositivos que no sean lo último de lo último, pero que cumplan perfectamente su función.

- Pagar todas las deudas pendientes (por ejemplo, coche). Los tipos de interés de los préstamos al consumo son muy altos. Busque un simulador de préstamos en internet, indique el capital prestado y el tipo de interés, y asómbrese de lo que terminara pagándole al banco. Las deudas son una sangría de dinero, cuanto menos crédito tenga mejor.

- Comprometerse a no volver a comprar a crédito bienes de consumo (por ejemplo electrodomésticos). Minimizar el uso de la tarjeta de crédito.

- Cuando esté ahorrando, o cuando ya haya terminado de ahorrar, tal vez le interese vivir en una zona más barata. Pero no ya mudarse del centro de la ciudad al extrarradio, sino cambiar de región o incluso de país. El llamado "geoarbitraje". Esta es una expresión relativamente común entre la comunidad de trotamundos, esos que se van a Tailandia de mochileros o que recorren el mundo en bicicleta. De una manera implícita, todos sabemos que algunos lugares son más baratos que otros para vivir. Así que estaría bien obtener ingresos en un país donde se paguen altos salarios y vivir en otro país donde las compras sean baratas. Una búsqueda en internet le mostrará muchas páginas webs de personas que están llevándolo a cabo. Una web interesante para empezar puede ser la de Numbeo, donde se puede comparar el coste de la vida en diferentes ciudades y países.

Y, muy importante, todo esto se puede conseguir también con hijos. Blogeros como Jacob Lund Fisker, Mr. Money Mustache, *Cheesy Finance*, y Econowiser así lo están haciendo.

Métodos para Devolver Préstamos

Es posible que usted tenga varios préstamos abiertos ahora mismo: quizás la hipoteca de la casa, un coche, una lavadora que le hacía falta, gastos de tarjetas de crédito, etc. Llegado el momento en el que ha decidido quitarse los préstamos de encima, hay al menos dos vías de hacerlo.

1. Existe la opción más eficiente, que consiste en ordenar sus préstamos según su tipo de interés, devolviendo primero el más caro. Cuando este se acabe, pase al segundo más caro, y así sucesivamente. Dejando para el final los más baratos. Este método es el más razonable porque minimiza los costes totales.

2. Por otro lado, existe la opción "avalancha". Ordene sus préstamos por su cuantía, primero los más pequeños y al final los mayores. Empiece pagando el menor, por ejemplo, el de un electrodoméstico. Cuando lo haya pagado, dispondrá de la cantidad mensual que ya tenía disponible el mes pasado, más lo que se ahorra por no pagar el crédito del electrodoméstico. De este modo, puede pagar una cuota mayor del segundo crédito, terminándolo antes. Y cuando el segundo crédito esté pagado, dispondrá aún de más ingresos mensuales para pagar el tercer crédito, de ahí viene lo de "avalancha". Y es que se puede argumentar que pagar los créditos no es un problema tanto de matemáticas como de actitud, de sentir que se está progresando y ser constante. Ver que se alcanzan objetivos ayuda a mantener el rumbo.

2.4. Ahorrar, ¿Para Qué?

Así que hemos decidido que queremos ahorrar, queremos gastar menos. Por ello tenemos que ver cómo gestionar nuestros ingresos. Suponemos además que queremos vivir por nosotros mismos, no de las migajas del estado.

En principio, podemos establecer tres niveles de ahorro:

• En un primer momento el esfuerzo financiero individual o familiar se centra en resolver los problemas del corto plazo, de llegar a fin de mes.

- Posteriormente el objetivo consiste en tener un colchón financiero que permita sobrellevar cualquier contratiempo, como un accidente con el coche o una enfermedad grave. Normalmente esto es lo que viene en llamarse un "fondo de emergencia" y requiere acumular el equivalente al gasto de varios meses, por ejemplo 3-6 meses.

- En último lugar se acumula patrimonio. El objetivo es hacer el recorrido inverso en el futuro, y ser capaz de convertir ese patrimonio acumulado en una renta.

Es la consecución de este último punto de lo que trata este libro.

Fíjese el lector que el objetivo es obtener rentas del patrimonio acumulado. No acumular sin ton ni son, no en ser capaces de comprar un coche de marca o una casa más grande, sino en tener ingresos pasivos que nos permitan no depender del trabajo asalariado. En no tener miedo a perder el trabajo, en poder trabajar en lo que a uno le guste aunque tenga menores ingresos, o incluso dejar de trabajar y pasar el tiempo con sus hijos. Este libro trata de mostrar cómo conseguir tener la libertad de elegir, porque su libertad depende de cuánto ingresa y cuánto gasta. O dicho de otro modo, cuanto más necesite el trabajo asalariado más dependiente será de terceros.

Pero fíjese, como dice Jake Desyllas en su podcast *The Voluntary Life, 288, Listener Question About Working*, que no solo importa el destino sino también el camino. Tenga un trabajo y una forma de ahorrar que le haga feliz. Algo que le ayude a levantarse por las mañanas, que le haga sentirse útil y que aporta algo a su familia y la sociedad. Algo que si le sucede algo como un accidente o una enfermedad grave, no tenga la sensación de haber pasado por la vida sin haberla disfrutado. En algún lugar está el justo medio, y tiene que encontrarlo.

2.5. Diagramas de Economía Personal

Esta sección clasifica varios tipos de personas según sus finanzas personales. Se muestran sus ingresos y sus gastos de manera gráfica, para tener una idea intuitiva de cuál es el objetivo del libro, la Libertad Financiera. Seguimos aquí el lema de que "una imagen vale mas que mil palabras".[3]

Se muestra a un asalariado normal en la Figura 5, una persona que derrocha en la Figura 6, diversas personas que gastan más de lo que debieran en Figura 7 y Figura 8, una persona que ahorra e invierte en la Figura 10, y finalmente nuestro objetivo en la Figura 12, donde en lugar de trabajar por dinero, tendrá dinero trabajando para usted. Además se muestran dos diagramas auxiliares: la utilidad de un fondo de emergencia en la Figura 9, y la Figura 11 que muestra la relación entre un ahorrador y una persona endeudada (y por qué le conviene ser el ahorrador).

Empecemos con la Figura 5, que muestra la situación de un asalariado. Una persona normal y corriente como usted, que trabaja a cambio de un salario, con el cual compra las cosas que necesita para vivir. Un típico ciclo de trabajo y consumo. En este caso simple, solo hay una fuente de ingresos y no se puede gastar el dinero que aun no se ha trabajado. La cantidad de ingresos de que puede disponer un trabajador es proporcional al tiempo y esfuerzo que dedica a su trabajo. Por ejemplo, si consigue un segundo trabajo, o trabaja el doble de horas, entonces su salario será el doble.

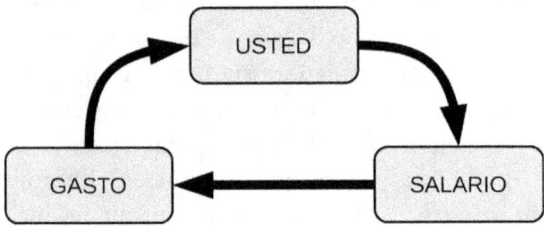

Figura 5. Trabajador asalariado.

Por otro lado, en la Figura 6 se muestra el ejemplo que tanto se ve, de una persona o familia que gasta en exceso. Que gasta en cosas innecesarias como grandes televisores, lujosos coches, o grandes casas. Ese gasto ni siquiera revierte en la persona, pues implica la compra de cosas innecesarias. No es necesario tener el teléfono móvil último modelo, probablemente uno genérico le proporcione el mismo servicio por un coste mucho menor.

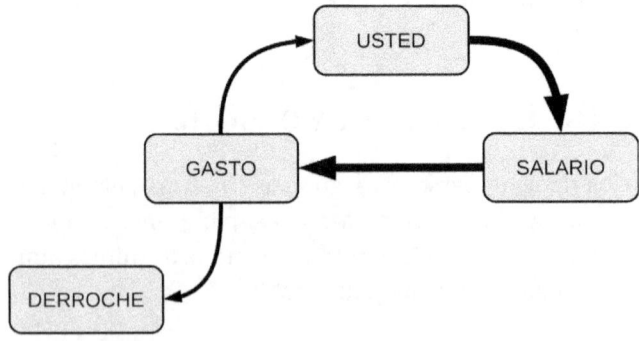

Figura 6. Derrochador.

Cuando una persona se endeuda, nos encontramos en el caso de la Figura 7. En este caso la persona gasta tanto que ha tenido que pedir créditos para complementar sus salario. Emplea parte de sus ingresos en la compra de cosas necesarias, y la otra parte en repagar la deuda que ha contraído (electrodomésticos comprados a plazos, coche, casa, vacaciones, etc.). Esta deuda ha permitido la compra de productos que posiblemente no habrían podido ser adquiridos sin deuda, de acuerdo, pero a cambio requiere el pago del interés. Una penalización que puede absorber buena parte de nuestros ingresos. Como ejemplo, haga una simulación del coste de compra de una casa y comprobará que con una hipoteca habitual puede acabar pagando varias veces el capital solicitado inicialmente.

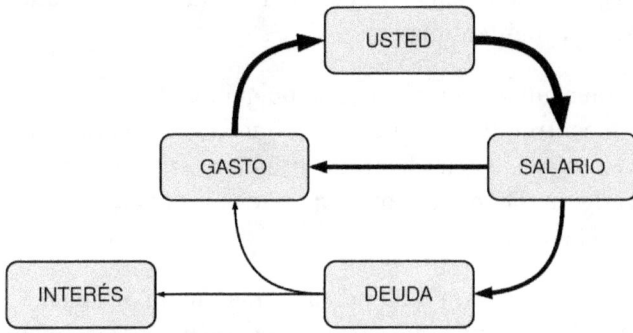

Figura 7. Persona endeudada.

En el caso extremo de una persona que utilice su tarjeta de crédito para los gastos diarios, nos encontraremos con la Figura 8. Todos los ingresos van al banco, y de allí se extraen comprando con la tarjeta de crédito. Esto quizás es más frecuente en EEUU que en Europa. Esto implica una gran ineficiencia, pues aunque la tarjeta tiene la ventaja de que permite retrasar los pagos, lo hace a cambio de elevados intereses.

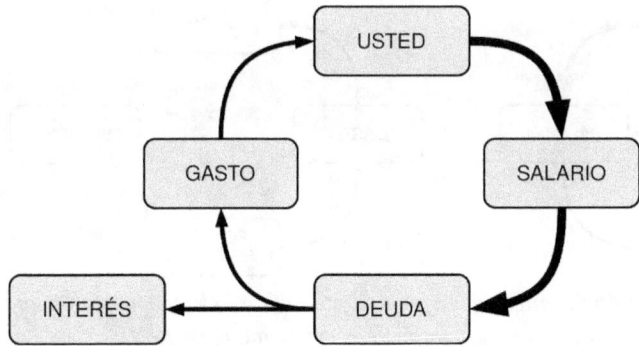

Figura 8. Persona muy endeudada.

Estos casos de personas endeudadas están muy bien descritos por Robert Kiyosaki en sus libros. Él habla de la "carrera de la rata", la locura en la que se embarcan muchas personas que aun disponiendo de ingresos elevados, realizan unos gastos inmensos, sin un presupuesto equilibrado, ahogándose en más y más deuda. El incremento continuo de más productos de consumo aumenta sus gastos sin límite. Esto lleva a trabajar todo lo posible, en una búsqueda nunca completamente satisfecha de más ingresos, pues por muchos incrementos de renta éstos nunca serán suficientes. Es una trampa consumista. Esto provoca estrés, falta de tiempo, la frustración de verse atrapado, y la preocupación porque verdaderamente cualquier gasto imprevisto provocaría que no se pudiera llegar a fin de mes. Ejemplo de esto es que todo el mundo tiene hoy en día tarjeta de crédito, incluso personas muy jóvenes, y sin embargo pocos tienen claro cuánto les esta costando tanto en intereses como en gastos de mantenimiento.

Puede ser razonable contraer una deuda si hay una buena razón para ello, si es algo excepcional y bajo control. Pero una persona que vive endeudada no es una persona libre. No puede elegir dejar de trabajar, está obligada a continuar hasta devolverle la deuda a aquel que le ha prestado. Vivir endeudado es vivir en la esclavitud.

Por otro lado, una idea importante para toda persona que quiera alcanzar la Libertad Financiera es tener un fondo de emergencia, representado en la Figura 9. Aquí nos encontramos que durante una fase de ahorro vamos acumulando en el fondo de emergencia (zona izquierda del diagrama), para que si el día de mañana hubiera algún problema (por ejemplo nos quedáramos sin empleo), podríamos extraer capital del fondo y seguir viviendo (ver zona derecha del diagrama). Una especie de seguro de desempleo (y de accidente, y de enfermedad), que nos permitiría seguir adelante sin cambiar nuestra forma de vida.

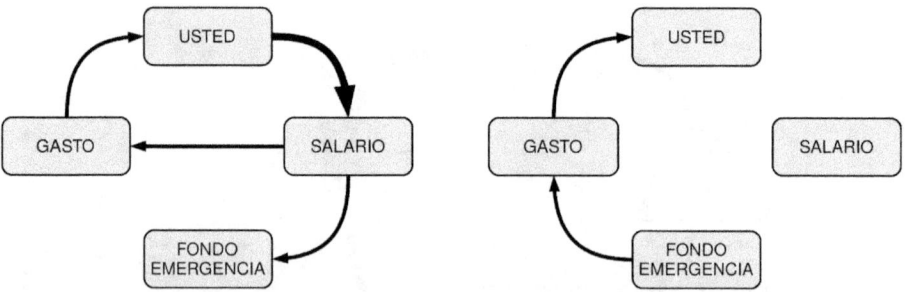

Figura 9. Utilidad de un fondo de emergencia: Se acumula cuando las cosas van bien (zona izquierda), y se utiliza cuando no tenemos ingresos (zona derecha).

Llegamos ahora al ejemplo del ahorrador, presentado en la Figura 10. Una persona que ha empleado sus recursos, pero como no gasto sino como inversión. Estos recursos invertidos proporcionan unos ingresos que le permiten comprar más bienes. Puede ser una casa, si es que se vive en ella o se alquila. Pueden ser también inversiones en bolsa. Sea como sea, se está comprando libertad.

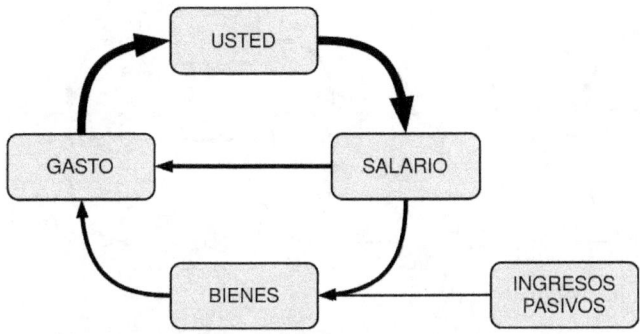

Figura 10. Persona que ha ahorrado e invertido.

El ahorrador podría invertir su renta en proyectos propios, sin embargo seria mucho mejor si pudiera hacerlo en proyectos grandes, fiables y estables ¿Cómo conseguir esto? Invirtiendo en la bolsa, en las empresas mas grandes y conocidas de la economía. Esos son los mejores proyectos. De hecho, estas empresas elegirán en qué proyectos quieren invertir el dinero. Son la mejor opción, y encima proporcionan una fuente de ingresos (sus dividendos).

Nótese además algo muy importante: la diversificación de ingresos. Al recibir rentas de varias fuentes independientes, su futuro está más protegido. Si perdiera el trabajo aún estaría percibiendo renta de su patrimonio. Y si hubiera una crisis y su patrimonio (si estuviera por ejemplo invertido en bolsa) se perdiera, aún tendría su trabajo. Pase lo que pase, el ahorrador está mejor protegido.

Hemos mostrado anteriormente los casos de la persona endeudada (Figura 7) y del ahorrador (Figura 10), y las combinamos ahora para mostrar el poder del ahorro en la Figura 11. Cuando una persona ahorra, ese capital no tiene por qué quedar escondido bajo el colchón. Con ese dinero en la cuenta, el banco concede préstamos a otras personas o empresas, proporcionándole un rendimiento al ahorrador. Por otro lado, el ahorrador podría comprar bonos del estado o corporativos, que son básicamente la misma idea del préstamo. O podría también comprar acciones, que en esencia es comprar una empresa con la esperanza de cobrar dividendos o a través del incremento en el valor de la acción. En todos estos casos hay un flujo de ingresos pasivos desde el endeudado hacia el ahorrador. Vaya por delante que esta es una relación completamente voluntaria, si alguien quiere vivir endeudado es su decisión. Lo importante es elegir a qué lado de la gráfica queremos estar.

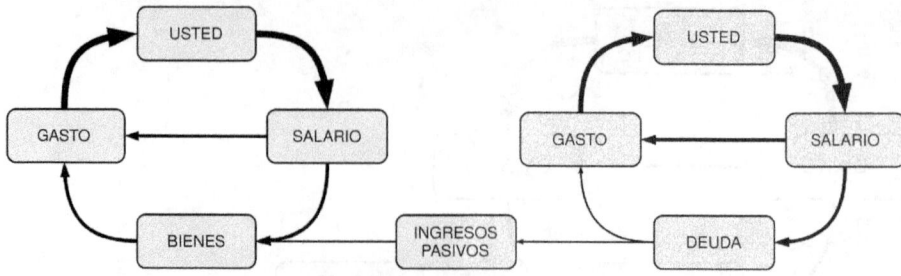

Figura 11. Relación entre ahorrador y deudor.

Finalmente mostramos el caso en el cual se ha alcanzado la Libertad Financiera, en la Figura 12. En un caso similar al ahorrador, pero ahora ya ni siquiera es necesario tener un trabajo. No hay ingresos por salario, solo a través del rendimiento de las inversiones.

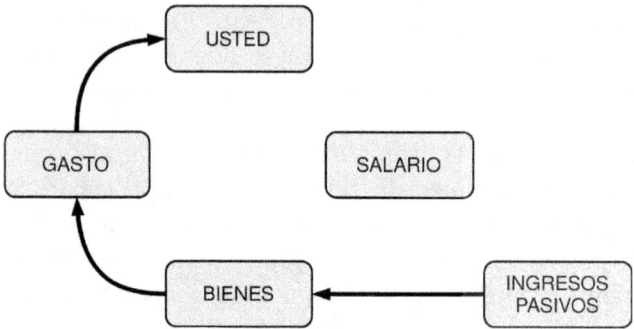

Figura 12. Libertad financiera.

La cantidad de ingresos que puede tener un trabajador es proporcional al tiempo y esfuerzo que dedica a ello. En el caso de un inversor, los ingresos son proporcionales al capital acumulado y no requieren plena dedicación. Son ingresos pasivos. Y es lo que a nosotros nos interesa. No buscamos unas inversiones que nos requieran atención, sino solo supervisión.

Podría pensarse que la persona que ha alcanzado la Libertad Financiera está menos diversificada que el ahorrador, pues recibe ingresos de una sola fuente (rendimientos del capital) y no de varios como el ahorrador. Es por tanto responsabilidad del inversor el diversificar convenientemente para evitar riesgos invirtiendo en bolsa, alquilando un piso, escribiendo libros, o realizando trabajos ocasionales. Se requiere de una cultura financiera desarrollada para poder obtener ingresos de varias fuentes.

Note que todo lo aquí explicado gira en torno a ahorrar los ingresos generados por el trabajo. Usted tiene su profesión con la que se gana la vida, y lo que le sobra es lo que va a invertir. Puede que le toque la lotería, reciba una herencia, o venda una empresa. En ese caso, lo que puede hacer es directamente comprar los ingresos pasivos. Veremos en las próximas secciones cómo hacerlo.

2.6. Tener un Plan

Ya hemos decidido que queremos cambiar nuestros hábitos de consumo. Podemos reducir nuestros gastos, para invertir lo ahorrado, y mas adelante recibir rentas del capital.

Es importante fijarse un plan a largo plazo y seguirlo paso a paso. No tanto para convertirse en una obligación y forzarnos a cumplir las fechas a toda costa, sino por poder saber si vamos por buen camino o no. Al fijar metas intermedias y celebrarlas al cumplirlas, uno se implica emocionalmente y se consigue una mayor posibilidad de éxito.

Una lista de objetivos nos puede ayudar a alcanzar el objetivo ultimo de la Libertad Financiera. Los objetivos intermedios se irán alcanzando poco a poco, y gracias a ellos sabremos si vamos a llegar a tiempo.

La Tabla 1 muestra una lista de ejemplo. En ella se supone que se alcanza la Libertad Financiera en 20 años. Es importante dejarla por escrito (o en una hoja de cálculo), para poder comparar lo planificado con lo realmente conseguido según van pasando los años.

Esta solo es una tabla indicativa, similar a la que hemos seguido nosotros. Modifíquela el lector a su gusto, especialmente en las fechas. Los objetivos intermedios pueden ser otros, pero conviene en cualquier caso ir consiguiéndolos paso a paso, cumpliendo por ejemplo uno o dos al año. El alcanzarlos será una alegría, ¡una inyección de energía para seguir con mas brío!

En la práctica estos objetivos se irán consiguiendo en paralelo, un poco todos a la vez. Lo que deseamos es fijar criterios que nos permitan detectar si todo transcurre según lo planeado. No es necesario ser estricto, pero sí al menos poder justificar si vamos en la buena dirección o nos hemos desviado de los planes.

Estos objetivos no indican si han de realizarse como persona soltera o en pareja, aunque ciertamente todo será más fácil en pareja.

La Tabla 1 presenta la fecha de consecución de los objetivos con respecto a la fecha inicial del comienzo. La Figura 13 presenta básicamente la misma información, la linea continua diagonal (que muestra cuándo la fecha real es igual a la planificada) muestra el caso en el que lo planificado es exactamente el caso real. La única diferencia con la tabla es que la gráfica considera 2016 como fecha de inicio de este proyecto.

La Figura 13 no es mas que la llamada "curva S" en gestión de proyectos. Se empieza despacio a conseguir éxitos, luego la mayor parte se obtienen a mitad de proyecto, y al final es difícil cerrar los temas.

Empiece ahorrando e invirtiendo poco a poco. Si se siente seguro, vaya subiendo las contribuciones mensuales. Pero no se apresure, no vaya al vaivén de las noticias, y tenga siempre un plan B preparado por si le surgiera un imprevisto.

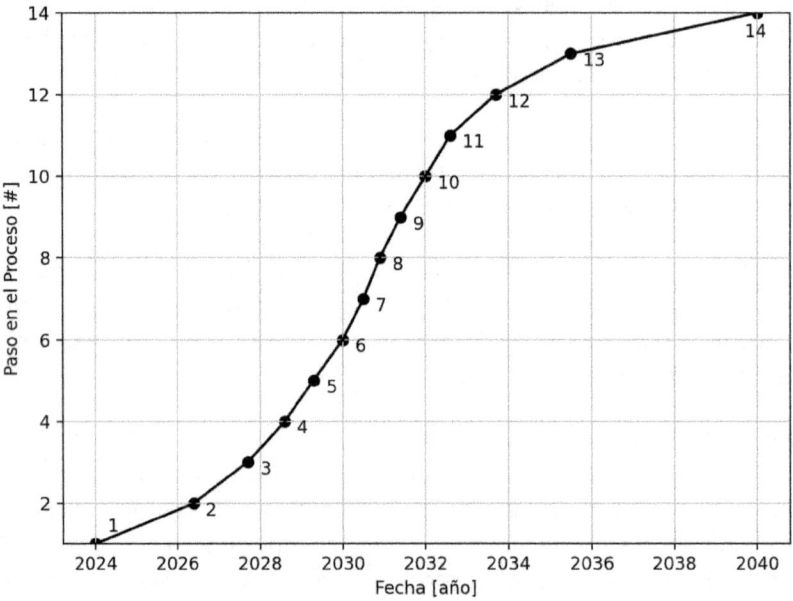

Figura 13. Evolución del plan de la Tabla 1. Según pasan los años (eje horizontal) se van consiguiendo objetivos (eje vertical).

Tabla 1. Planificación de como conseguir la Libertad Financiera con el transcurso de los años. La primera columna indica el número de objetivo, la segunda columna el año de consecución esperada, y la tercera describe el objetivo en sí.

#	Año	Objetivo a Cumplir
1	2024	Contabilizar los ingresos y los gastos anuales. Recortar gastos superfluos.
2	2026	Adoptar una forma de vida frugal. Por ejemplo usar la bicicleta para hacer la compra.

#	Año	Objetivo a Cumplir
3	2028	Ahorrar el 10% de los ingresos mensuales.
4	2028.5	Ahorrar un pequeño fondo de emergencia (por ejemplo el ingreso neto de un par de meses). En una cuenta del banco separada de la del día a día, que servirá de punto de partida para el futuro.
5	2029	Informarse sobre formas de invertir lo ahorrado (por ejemplo ETFs). Leer libros sobre finanzas personales, economía, ETFs; ver apéndice de la *Bibliografía*.
6	2029.5	Dedicar al ahorro y la inversión el 20% de los ingresos mensuales.
7	2030	Pagar las deudas pendientes (por ejemplo, coche o electrodomésticos), y comprometerse a no volver a solicitar créditos al consumo. Minimizar a su vez el uso de la tarjeta de crédito (por ejemplo, solo usarla para compras en internet). Si tiene una hipoteca, liquidarla le llevará unos años más, pero al menos ya va en camino.
8	2030.5	Irse a vivir cerca del trabajo, o a un lugar que permita llegar allí en bicicleta o transporte público. Vender el coche, si es que es posible.
9	2031	Dedicar al ahorro e inversión el 30% de los ingresos mensuales.
10	2032	Seguir un curso de finanzas personales, introducción a la economía, introducción a la inversión en bolsa o similar. Por ejemplo a través de universidades no presenciales como la *Open University*, la UNED, o cursos online como los de Coursera.
11	2033	Terminar de pagar la hipoteca de la casa, el mayor préstamo que tiene el ciudadano medio. Esto es un gran éxito, uno se siente flotar tras pagar la última mensualidad.
12	2034	Dedicar al ahorro e inversión el 40% de los ingresos mensuales.
13	2036	Las inversiones podrían generar unos ingresos hipotéticos (según la regla del 4%) de la mitad de nuestros gastos mensuales. Vamos por buen camino.
14	2040	Finalmente, las inversiones generan mas de lo que nuestro estilo de vida frugal requiere. En ese momento hemos alcanzado la Libertad Financiera.

La Tabla 1 y la Figura 13 son solo unas ideas. Usted tendrá su vida planificada a su modo, tendrá que ver qué es posible y qué no es posible. De hecho, uno podría empezar habiendo ya cumplido varios objetivos de la tabla (si ya se conocía el mundo de las inversiones, o se recibe una herencia).

Dentro de esta planificación, uno de los puntos importantes es tener claro cómo realizar las inversiones. Cuánto invertir, con qué frecuencia, de qué modo, con qué objetivo. Esto es importante en sí mismo y lo veremos más adelante con más detalle.

Como verá, proponemos que lleve usted mismo las riendas de sus inversiones. Para ello sólo necesita un poco de cultura financiera. Es posible que no se sienta cómodo y que prefiera dejarlo en manos de un experto o un roboadvisor. No hay problema, busque uno de su confianza. Pero sea consciente de que la industria financiera vive de nosotros, de aprovecharse de nuestro desconocimiento, y que para cuando sepa suficiente como para discernir un buen asesor financiero de otro malo, también será capaz de gestionar sus inversiones.

2.7. Problemas

Comentamos en esta sección algunos de los problemas con los que nos hemos ido encontrado en el camino. Tal vez el lector tenga mas suerte, tal vez encuentre otros, sirvan estas líneas como una introducción.

2.7.1. Nosotros Mismos

Nosotros mismos podemos llegar a representar un problema, por no tener una visión suficientemente amplia. Y es que uno no sabe de lo que es capaz hasta que lo intenta.

Las personas extrapolamos lo que conocemos en nuestro entorno cercano. Las experiencias que hemos vivido en nuestro pasado nos llevan a pensar de una manera y a planificar el futuro por unas vías particulares.

Podríamos plantearnos cuáles son los logros de los que somos capaces según pasan los años, tal y como muestra la Figura 14. Pero nuestras estimaciones de lo que somos capaces de hacer, de aprender, de viajar, de vivir, siempre se quedan cortas. Alcanzamos metas exponenciales, pero creemos que mejoramos linealmente.

Eche la vista atrás, por ejemplo a los tiempos en los que era un joven estudiante, e intente recordar cuál era su mentalidad, su visión del mundo

¿Habría podido imaginar que llegaría hasta donde ha llegado? A formar una familia, con hijos, a tener el trabajo que tiene, su casa, su coche. Nosotros desde luego no podríamos ni imaginarlo, cualquier expectativa ha sido ampliamente superada.

Por lo tanto, lector, no se deje llevar por la corriente. Planifique, haga planes a largo plazo, trace objetivos a cumplir, piense acerca de su futuro porque usted y los suyos serán los más beneficiados.

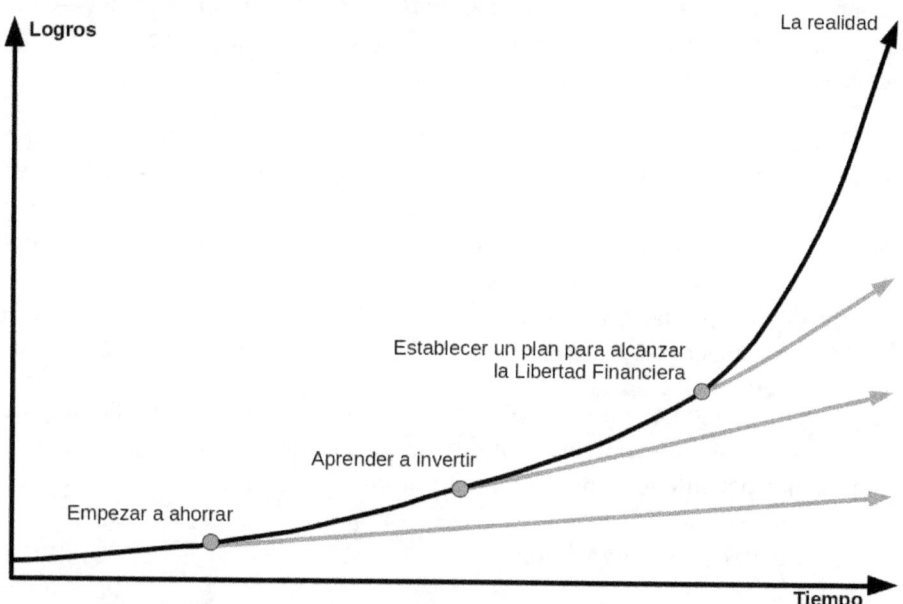

Figura 14. Las personas somos capaces de alcanzar mayores logros de lo que creemos, y nuestras estimaciones del futuro siempre se quedan cortas. Si en tres momentos de nuestra vida nos hubieran preguntado dónde nos veíamos en el futuro, habríamos extrapolado nuestro entorno cercano. Pero con el paso del tiempo siempre suceden acontecimientos imprevistos, aprendemos cosas nuevas, tenemos conversaciones que nos abren los ojos; y al final, al echar la vista atrás, uno siempre llegó más allá de lo que pudo imaginar.

2.7.1.1. Nuestra Capacidad de Ahorro

Como ya se ha comentado en la Sección 2.6, es primordial reducir el gasto a toda costa. Este es el parámetro mas importante.

Sin embargo, ahorrar supone decir "no" a muchas cosas. Supone tal vez no tener televisión, no tener coche, no tener vacaciones en el Caribe, no comprar joyas, no tener gustos caros en cuestión de ropa o comida, etc.

Esto es algo muy dependiente de cada persona. Desde nuestro punto de vista, y en algunos aspectos, no vemos problema en vivir como vivían nuestros padres. Ellos no podían disfrutar de los asombrosos avances tecnológicos de que disponemos hoy en día (internet... en el bolsillo, casi infinitos canales de televisión) ni de la infinita variedad de opciones que hay para elegir (alimentos en el supermercado de cualquier lugar del mundo, viajes en avión a playas paradisíacas). El ciudadano medio disfruta de estos avances, y bien hecho está si es eso lo que le gusta. Nosotros sostenemos que un poco de esfuerzo inicial puede proporcionar grandes ventajas en el futuro. No gastar en un primer momento para invertir y disfrutar de los beneficios en el futuro puede ser una decisión muy sabia.

De hecho, es esta visión de cómo gestionar los ingresos con respecto al tiempo lo que en gran medida condiciona la riqueza de las naciones. Las sociedades que viven el momento, *carpe diem*, que gastan sus ingresos según los consiguen, son sociedades que tienden a ser pobres. Sociedades que retienen su gasto hoy, para en su lugar invertirlo en su futuro (comprar una casa, ahorrar para la jubilación, asistir a cursos de formación), son sociedades que tienden a ser mas ricas.

No gaste lo que gane, sino que ahorre hoy para poder gastar mañana. Este libro trata de esto, de ahorrar, e invertir lo no gastado de forma que el día de mañana nos permita vivir de las rentas. Compre su libertad.

2.7.1.2. Nuestros Propios Miedos

Las ideas expuestas en este libro son chocantes ¿Pero de verdad que se puede ser autosuficiente sin necesidad de una pensión pública? ¿Pero es acaso posible vivir sin trabajar? Pues si, así es, y este libro se esfuerza en demostrar estas ideas.

Un primer problema es el afán por gastar cada vez mas, la "inflación del gasto". Las personas tendemos a gastar tanto como ingresamos. Estamos acostumbrados a ello. Se nos dice que hay que vivir el presente, no ser un aburrido, un tacaño. Sin embargo tenemos que ser conscientes de lo que gastamos, de lo que realmente necesitamos, y de todo aquello que es prescindible.

El primer gran cambio que se produce al dejar de trabajar por obligación, es la enorme cantidad de tiempo libre ¿Qué hacer? Una de las razones de ir al trabajo es para socializar, para estar con otras personas. Las personas somos felices cuando nos relacionamos con los demás. Por ello es importante tener cosas que hacer. Aficiones, colaborar en ONGs, etc. De hecho, ahora es cuando se puede emplear el tiempo en las cosas que a uno realmente le gusta hacer.

Sea como sea, seguro que tiene muchas cosas que hacer y no acabará como los abuelos mirando las obras ni echando miguitas a las palomas.

2.7.2. La Sociedad

En su entorno le acusarán de ser "un rentista que vive sin trabajar". Tal vez un DINK, un *Double Income No Kids*, una pareja sin hijos donde los dos trabajan. Uy, malo, las parejas deben tener hijos, y la mujer tiene que dejar de trabajar para cuidar de ellos ¿nunca lo escucharon?

Estas criticas además no se sostienen. No trabajar no implica no aportar a la sociedad. Las inversiones entregan capital a empresas que lo emplean en prosperar y dar mas y mejores servicios. Así es que esos inversores aportan mucho a la sociedad.

Relacionado con el efecto de la sociedad, del entorno familiar, en las personas que tienen ingresos por encima de la media, hay un documental muy instructivo: *Broke* del director Billy Corben en 2012. En el vídeo se muestran multitud de personas que ganaron fortunas rápidamente y luego no pudieron gestionar correctamente su riqueza, acabando en la bancarrota. Por ejemplo, en EEUU el 60% de los jugadores de la NBA, y el 78% de los jugadores de la NFL (liga de fútbol americano), han perdido todo lo que ganaron a los 5 años de dejar de jugar. Estos casos están plagados de derroche y malas inversiones, pero en lo que ahora nos atañe, también de aprovechados que surgen por doquier. Y en ocasiones el entorno cercano forma parte del problema, pues puede instar a gastar por encima de las posibilidades, incluso cuando se es millonario.

El entorno nos dice que tenemos que gastar prácticamente todo lo que ingresamos. Si algo va mal, no debemos preocuparnos porque siempre estará el estado para ayudar. Al fin y al cabo para eso está, ¿no? Nos dará un subsidio de subsistencia. Esto ayuda a que casi nadie ahorre. "Es que no llego a fin de mes, ¿como voy a ahorrar?", se dice. Diversos amigos y compañeros, con ingresos muy altos, dicen vivir al día ¿cómo es esto posible?

Cuando era pequeño, mis padres solían responder a mis demandas de gasto (juegos, ropa, chucherías, etc.) con la frase "¿pero tú qué te crees, que somos el Banco de España?". En aquella época, para aquellos padres, el ahorro era importante y no se podía gastar por encima de la capacidad familiar.

Ahorrar para el futuro ha dejado de ser una idea positiva.

De hecho, no gastar todo lo que se ingresa ahora se ve como algo negativo. Son habituales frases como "Vas a ser el más rico del cementerio", o "disfrútalo, no seas agonías" ¡Qué gracia! como si acumular riqueza al igual que hacía el Tío Gilito tuviera algún interés en sí mismo. En algún momento se perdió el esfuerzo por ahorrar, y se cambió por la alegría de consumir.

Así que hoy en día prima el consumismo, y el ir contra corriente es difícil. Es complicado explicar con palabras lo que implica, y cómo no es entendido por la familia y los amigos. Se ve ahorrar como algo negativo, y ahorrar es precisamente lo que queremos hacer.

2.7.3. Las Empresas Financieras

El sector financiero es un negocio formidable. Imagínese que sus vecinos le entregan su dinero para que usted haga lo que crea conveniente con él, a cambio de un porcentaje de lo entregado. Un porcentaje fijo, que de igual que la bolsa suba o baje, usted siempre cobra ¿Cuál cree que sería el resultado?

Mejor aún, imagínese que inventa una cosa llamada "plan de pensiones", se asegura de que el estado le envíe ciudadanos, y luego disfruta de tener esos clientes cautivos durante 40 años. Clientes que no saben cuánto les cuestan sus honorarios, y que si se enteran e intentan recuperar su dinero serán penalizados fuertemente, por ley ¿Cree que estos planes de pensiones darán buenos rendimientos o malos?

Desafortunadamente estas fuerzas son enormes y nosotros los ciudadanos acabamos bombardeados con mensajes que nos impiden pensar con claridad. El ciudadano medio está imbuido de la fiebre consumista, y por supuesto se repite a sí mismo que "no puede ahorrar nada". De hecho, si no se puede pagar directamente un producto, siempre se puede pedir un préstamo. Para la casa, el coche, las vacaciones, o la lavadora; gran filón donde los haya, haga el favor de calcular cuánto le está costando.

Nadie se plantea que pueda ahorrar. Y no es por una conspiración secreta, que mueve los hilos en la sombra. No es mas que el resultado de empresas guiándose por la búsqueda de su propio beneficio.

De hecho fíjese en un detalle curioso ¿Cuántas empresas cotizadas existen, y cuántos fondos de inversión? En España, el número de empresas cotizadas ronda el centenar, y el número de fondos de inversión en renta variable española es de 132 (véase las webs de BME y Morningstar). Y lo mismo sucede en EEUU, donde hay unas 3700 empresas cotizadas y unos 4600 fondos de inversión ¿No le parece sospechoso? ¿Cómo es que hay tanto o más fondos de inversión que empresas para invertir? Necesariamente están todos comprando las mismos activos. Es la demostración práctica de que los fondos de inversión proporcionan enormes beneficios... para sus gestores.

2.7.4. Los Impuestos

Los impuestos son probablemente la principal carga que va a dificultarnos alcanzar la Libertad Financiera, y merecen por ello una mención especial.

El estado es una institución curiosa, un compañero de viaje que a veces nos aporta beneficios y a veces nos complica la vida. En la medida en que el estado proporciona un entorno seguro donde vivir, trabajar e invertir, entonces es una idea positiva. Desgraciadamente los estados viven de los impuestos de sus ciudadanos, y al no tener un contrapoder que les limite, tienden a subir los impuestos todo lo posible.

Lo primero que hay que hacer es visualizar los impuestos, porque habitualmente el estado los toma sin avisar y antes de que lleguen a nuestra cuenta del banco. Por ello, lo normal es que no nos demos cuenta de lo que pagamos, y en todo caso nos sintamos felices si a final de año la declaración toca a devolver (¡pero nos habrían retenido durante el año más que no le correspondía!).

Un ejemplo muy instructivo para mostrar la cantidad de impuestos que se pagan es el llamado "Día de la Liberación Fiscal", que en España calcula la Fundación Civismo.

Estos informes son muy reveladores. Típicamente todo lo trabajado hasta mediados de año (junio o julio) se le entrega al estado vía impuestos. Y lo curioso es que es prácticamente la misma fecha para todas las personas, independientemente del nivel de ingresos.

La mayor parte de los impuestos van en el apartado de la Seguridad Social. Este viene a ser la tercera parte del sueldo bruto, y aunque es pagado por el empleador, es a beneficio del trabajador (fundamentalmente su pensión). Este es el mayor impuesto para los ciudadanos normales. Un impuesto bastante opaco, por cierto, porque permanece oculto a la mayor parte de los ciudadanos.

El español medio paga de manera oculta, a través de la empresa, 1/3 de su salario bruto a la Seguridad Social. Si ese dinero lo pudiera ahorrar el ciudadano, desde los 25 hasta los 65 años, a la hora de jubilarse tendría un capital total ahorrado mas que suficiente para vivir (ver Sección 3.1).

Por otro lado, una de las principales fuentes de impuestos es la vivienda. Los estados hacen grandes esfuerzos por "ayudar" a las personas a comprar casa, y claro, una vez que es propiedad del ciudadano ya no se puede escapar. O es muy difícil al menos. Y entonces es cuando el estado recupera con creces las "ayudas" anteriormente dadas.

Todos los años hay que pagar el IBI (el Impuesto de Bienes Inmuebles) y el impuesto de basuras. Solo por existir, independientemente de que se viva y se haga uso del servicio o no.

Además, al hacer la declaración de hacienda, es posible que haya que pagar impuestos adicionales. Hay tres posibilidades.

- Vivienda habitual: No se pagan impuestos adicionales.

- Vivienda alquilada: Se pagan impuestos en función de los ingresos que proporciona. Ok, sentido común.

- Vivienda no habitual y no alquilada: El estado realiza una "presunción de ingresos", estimando los beneficios que cree que la vivienda ha reportado (¡aún pudiendo haber estado cerrada!) y cobrando un porcentaje de esos (inexistentes) beneficios. Todo muy lógico.

Todo esto se puede leer en el manual del IRPF.[4]

Así que tener casa es muy caro. Haga sus cálculos y verá que entre impuestos y mantenimiento acaba pagando del orden del 2% del valor de casa anualmente, como un fondo de inversión caro. Es posible que no le compense comprar casa y viva mejor de alquiler. Mas a este respecto en la Sección 4.1.2.

Y hay muchas otras cosas que pagamos que son fundamentalmente impuestos, y que le convendría minimizar para ahorrar. El combustible para el coche es un buen ejemplo. Suele decirse que 2/3 del precio son impuestos, de forma que si cuesta 1.50 euros el litro, 1.00 euros son impuestos y 0.50 euros el precio real del combustible. En otras palabras, los impuestos no son una fracción del precio del producto, sino el doble. Y lo mismo puede decirse del tabaco y el alcohol. Si no lo hace por su salud, hágalo por ser eficiente en el gasto, y minimice el consumo de estos productos.

Entre las cosas que puede hacer para minimizar su pago de impuestos lo primero es casarse, porque implica una rebaja importante en todos los países desarrollados. Al estar casados, la pareja que no trabaje recibe sanidad gratis. Y al hacer la declaración conjunta, se pueden compensar juntos las ganancias y pérdidas patrimoniales.

Tabla 2. Evolución de la presión fiscal en España, entendido como porcentaje del PIB que el estado toma vía impuestos de sus ciudadanos. Fuente: Informe anual Taxing Wages de la OCDE.

Año	Presión Fiscal
1980	14%
1990	23%
2000	31%
2010	40%
2014	41%

Finalmente, a largo plazo, la situación solo puede empeorar, como indica la Tabla 2. Parece que se ha ralentizado durante los últimos años, pero no es exactamente así. Simplemente los gastos se cargan a deuda pública en vez de impuestos. Es gasto que no pagamos hoy con nuestros impuestos, sino que lo pagarán los impuestos de nuestros hijos y nietos. Y además para pagar unas obligaciones, como las pensiones, que hoy ni siquiera están contabilizadas como deuda.

2.8. El Sistema de Pensiones de Reparto

Pero vamos a ver, no nos compliquemos la vida con este libro ¿Acaso no proporcionan los estados las pensiones de nuestros mayores? Son los sistemas de pensiones de reparto, por los cuales los estados toman impuestos de los trabajadores que actualmente están en activo para pagar a los pensionistas también actuales. Seria razonable suponer que en el futuro, trabajadores futuros pagaran las pensiones futuras. Sin embargo este libro propone otra opción, una especie de plan de pensiones de capitalización, en la que es el propio trabajador el que ahorra hoy para su pensión del futuro.

¿Pero por qué no funcionan los planes de pensiones de reparto?

Hagamos un poco de historia. Hasta 1985, en España las prestaciones se calculaban sobre la base salarial media de los últimos 2 años de vida laboral (que suelen ser en los que se alcanza el salario mas alto). A partir de 1985, dicha base fue elevada la media de los últimos 8 años. Con el Pacto de Toledo, desde 1997 el promedio subió a un rango situado entre los 15 y los 30 años. Con el cambio de 2010-2012, el promedio de los últimos 35 años y un mínimo de 25 años cotizando.

El sistema se ha modificado a peor 4 veces en los últimos 30 años. Porque son cambios unilaterales (realizados por el gobierno) que empeoran las condiciones de la parte "contratante" (el ciudadano), por no poder cumplir lo pactado. Si esto lo hiciera una empresa se llamaría "quiebra". Por ello, es importante que quede claro: el sistema de pensiones de reparto en España ha quebrado 4 veces en 30 años ¿Cuántas veces va a quebrar hasta que se jubile?

El trabajador emplea cada vez mas años cotizando, para sufragar unas prestaciones cada vez menores. Además los gobiernos juegan con el lenguaje. En vez de decir que le quitan prestaciones a los ciudadanos, dicen que "retrasan la edad de jubilación". En vez de decir que reducen las pensiones, dicen que "aumentan los años del periodo de cálculo".

La solución de fomentar la inmigración para incrementar los cotizantes al sistema tiene sus aspectos positivos, pero no resuelve este problema en particular, puesto que los inmigrantes también se jubilarán y tendrán que recibir una pensión. De hecho solo empeora la situación, porque agranda el problema y pospone la solución. Y no hablamos de oídas, porque nosotros mismos somos parte de esos emigrantes.

A largo plazo las cosas solo pueden empeorar, porque la esperanza de vida no para de mejorar. Cuando los pensiones de reparto se empezaron a implementar pocas personas vivían hasta los 67 años, así que pocas personas recibían pensión. Hoy en día la esperanza de vida ha subido hasta los 85 años, así que estadísticamente una persona trabaja 47 años para recibir pensión durante unos 18 años. Pero usted lector que está leyendo esto, probablemente vivirá hasta los 100 años. Esto requerirá retrasar la edad de jubilación para reducir quienes perciben la prestación. Habrá que trabajar hasta los 80. Y el problema no es trabajar mas años, sino en qué condiciones van a poder competir personas de 80 años con jóvenes de 30. No podrán mantener el puesto de trabajo, sufrirán desempleo, y por ello reducciones adicionales de la pensión que acabarán recibiendo (por tener menos años cotizados).

Además, las pensiones publicas podrían ser consideradas ilegales. El Boletín Oficial del Estado, en su legislación sobre la competencia desleal (véase cuadro de texto adjunto), es muy claro al respecto. El plan de pensiones público, de reparto, es un plan de pensiones en el cual un usuario paga mes a mes a cambio de recibir una compensación cuando se jubile, que es pagada íntegramente por la aportación realizada por los nuevos usuarios al plan. Exactamente una estafa piramidal. Esto esta explícitamente prohibido por la legislación española ¿Prohibido para todos? No, para todos no, porque el estado no lo cumple. De hecho no necesita ni crear la excepción en la legislación, simplemente la ignora y ya está.

Articulo 24. Se considera desleal por engañoso, en cualquier circunstancia, crear, dirigir o promocionar un plan de venta piramidal en el que el consumidor o usuario realice una contraprestación a cambio de la oportunidad de recibir una compensación derivada fundamentalmente de la entrada de otros consumidores o usuarios en el plan, y no de la venta o suministro de bienes o servicios.

Es ciertamente paradójico que en sociedades cada vez más ricas, con mejoras continuas en las condiciones de vida de las personas, los estados empeoren las pensiones que proporcionan.

Por ello, quien esté pensando en que el estado le proporcione un sustento digno cuando se jubile, está condenado a la indigencia.

Sin embargo otra opción es posible. Y no es una teoría, existe el ejemplo real de varios países. En EEUU y en el Reino Unido, los ciudadanos pueden ahorrar parte de sus ingresos mensuales en una cuenta para su jubilación. Lo ingresado en esta cuenta, y los beneficios que va generando con el tiempo, no pagan impuestos (pagan al rescatarlo, se difieren los impuestos).

Centrémonos en el caso de Chile, por ser un país latino en donde las pensiones de capitalización se han implementado con gran éxito. En Chile la pensión que consigue el trabajador chileno es comparable (en cuanto a fracción del salario que el trabajador obtiene al jubilarse) a la que obtiene el trabajador español. Pero hay al menos cuatro diferencias entre el sistema de capitalización (por ejemplo Chile) y el de reparto (por ejemplo España):

• Por un lado en Chile se paga el 10% del salario bruto al fondo de pensiones, y en España se aporta 1/3 del salario bruto. Así que en primera aproximación vemos que el sistema chileno, tal y como está implementado, es proporcionalmente mucho más ligero, 3 veces más barato, por lo que sería de esperar que a día de hoy otorgue 3 veces menos ingresos a sus pensionistas. Al fin y al cabo, no puede repartirse una riqueza que no se ha generado.

• Por otro lado, en el sistema chileno el trabajador ha ahorrado y es dueño de su patrimonio. Cuando se retire lo hará con el fruto de su trabajo, y este patrimonio lo heredarán su pareja e hijos. En es sistema contributivo sin embargo el trabajador no posee nada, solo la promesa de que el estado le quitará sus ingresos a un trabajador para pagar su pensión. Su pensión será lo que el estado decida unilateralmente darle, y sus herederos no recibirán nada. Si usted muere a los 66 años, habrá pasado toda una vida pagando 1/3 de su salario bruto para nada. Esto es el mejor de los incentivos, la libertad de trabajar para usted mismo y su familia, en vez de ser dependiente de otros.

- El sistema de capitalización tiene la ventaja además de favorecer a las personas responsables, dándole más a quien más ahorra. Por contra, el sistema de reparto es indiferente al comportamiento de los ciudadanos, pagando una pensión igual a quien ha sido responsable y a quien no. El sistema de capitalización ayuda a las hormiguitas, el de reparto a las cigarras.

- Finalmente, en el sistema de capitalización, el ahorro se encuentra disponible para las empresas. Los ciudadanos chilenos han ahorrado una cantidad comparable con el PIB de Chile. Esto incrementa la capitalización de la economía, contribuyendo al crecimiento del país, a una producción mayor y de mejor calidad de bienes y servicios. Esta es una de las razones por las que los ciudadanos chilenos viven mejor que sus vecinos. Por otro lado, en el sistema contributivo no hay nada ahorrado. Lo que sea que los trabajadores han pagado durante su vida laboral ya se ha gastado, no queda nada de aquello. El dinero sólo cambia de mano en mano.

Las previsiones son innegables, porque las personas que han de pagar las pensiones de los que ahora trabajamos ya han nacido. No va a haber grandes cambios demográficos. Hoy en día hay 2 trabajadores por jubilado. Cada trabajador paga en promedio 500 euros mensuales y el jubilado recibe 1000 euros. Pero se estima que en una generación habrá un trabajador por jubilado, por lo que las pensiones solo pueden bajar. Por lo tanto, si los impuestos no suben, y no parece que puedan subir porque ya están la límite de la resistencia del ciudadano, podemos esperar recibir 500 euros al mes. Pero esto dependerá de que aquellos que trabajen en 20 años acepten pagar las pensiones, pues pueden votar que no. Sobre todo si la sociedad no es homogénea y los que pagan y los que reciben son comunidades distintas, de forma que la seguridad social sea una transferencia de renta de una comunidad a otra, y que esto sea percibido como expolio por los que pagan.

Una forma muy visual de ver el efecto de las pensiones de reparto frente a las de capitalización es ver lo que proporcionan para un mismo coste. 500 euros pagados por un trabajador hoy suponen 500 euros para un jubilado también de hoy en el sistema de reparto. Sin embargo, 500 euros invertidos durante 40 años, suponiendo un modesto 4% anual de incremento del poder de compra, gracias al interés compuesto acaba acumulado unos 600,000 euros (con el mismo poder compra que al comienzo, esto es, ya habiendo descontado la inflación). Y este fondo de 600,000 euros, suponiendo un retorno de la inversión del 4% anterior, proporciona 2000 euros de ingresos (haga usted mismo las cuentas, o vaya a la Capítulo 3 para ver más detalles al respecto). Y ese patrimonio acumulado se hereda, no así la pensión de reparto.

En resumen, los sistemas de capitalización como el chileno son claramente una vía positiva. Son los propios ciudadanos los que tienen que resolver el problema. Y aquí es donde entra este libro, no por fomentar los planes de pensiones privados existentes en España (que no solo no sirven para acumular capital, sino que pierden dinero año a año[5]), sino para que el ciudadano se lo haga él mismo.

Lo mostrado en esta sección va en la vía de la llamada "sociedad de propietarios". En este tipo de sociedad, la mayor parte de los individuos va constituyendo un patrimonio creciente a través del ahorro y la capitalización de un porcentaje adecuado de su renta. Este cambio implica una mayor inversión productiva, de donde se sigue que la sociedad en su conjunto sería más rica al fabricar más productos y de mayor calidad. Y claro está, con mayor felicidad de los individuos, pues los ingresos del trabajo solo serían una fracción de los ingresos totales de los ciudadanos.

Para más información a este respecto, puede consultar los informes del Instituto Juan de Mariana Una Sociedad de Propietarios y Pensiones privadas en España, una alternativa, que aunque van cumpliendo años siguen siendo excelentes.

2.9. Crear Empresa al Alcanzar la Libertad Financiera

Uno se puede declarar autónomo, o montar una empresa, relacionado con la afición. De este modo, los gastos de esa afición son desgravables, y además no se paga IVA. Esta es una idea tomada del podcast de Jake Desyllas, *The Voluntary Life*: *209 Tax Strategies And Financial Freedom Part 1*.

Esta puede ser una buena idea cuando se tiene una afición cara. Pero como puede imaginar, esta no es ninguna solución mágica, porque hay que pagar contable y gastos de gestión, y al final lo que uno se quiere ahorrar por un lado hay que pagarlo por otro.

Pongamos por ejemplo que su pasión son los coches (de competición, coches de época, o similares). Hay una infinidad de gastos que forman parte del núcleo de la empresa: Acudir a competiciones, exposiciones, gastos en talleres mecánicos, gasolina, revisiones, etc. Estos gastos los paga la empresa, y no paga impuestos por ello (no paga por ejemplo impuesto corporativo). Si usted lo pagara de su bolsillo, lo pagaría de su salario neto, que ya habría pagado

IRPF, y luego además tendría que pagar IVA.

Lo único que usted tiene que hacer es comportarse como una empresa: Guardar las facturas, tener cuentas del banco corporativa y personal separadas, no desgravar gastos que no sean empresariales. Siempre y cuando usted cumpla con las normas, no hay problema. No hay aquí nada raro, es que en este caso usted es realmente una empresa que está proporcionando un servicio, compitiendo, exponiendo modelos antiguos, etc.

Esta puede ser una buena idea para ser más feliz durante la Libertad Financiera.

[1] Sobre el ahorro y la inversión puede leerse "Padre Rico, Padre Pobre" de Robert Kiyosaki, por ejemplo en lo referente al Cuadrante del Dinero, que puede verse también como vídeo por Marco Antonio Regil en Como predecir tu Futuro Financiero.

[2] Sobre cómo hacer un presupuesto, se puede utilizar como ejemplo la página web *How to Make a Budget with a Spreadsheet*.

[3] Esta sección sobre diagramas de economía personal parte de una idea original de Jacob Lund Fisker, presentada en su libro *Early Retirement Extreme*.

[4] El "Manual de la Declaración del a Renta" se puede encontrar en la web de la Agencia Tributaria. Busque el epígrafe de "Rendimientos estimados del capital inmobiliario". Como curiosidad, el manual del año 2022 tiene 1529 páginas.

[5] El resultado poco brillante de los planes de pensiones españoles se muestra por ejemplo en el artículo que anualmente preparan Pablo Fernández y su coautores: "Rentabilidad de los Fondos de Pensiones en España". Vea por ejemplo la edición de 2006-2021. En otros países sucede lo mismo.

Capítulo 3. Teoría

Si la gente no cree que las matemáticas son sencillas, es solo porque no se dan cuenta de lo complicada que es la vida.

— John von Neumann (1903-1957), matemático, físico y economista.

En este capítulo mostramos las ideas que nos permiten cuantificar cuándo y cuánto vamos a poder ahorrar y gastar.[1]

Antes que nada, queremos decir unas palabras sobre la inflación. La inflación es un parámetro crucial a tener en cuenta. Debido a su efecto, una misma cantidad de dinero de hoy en día compra cada año que pasa menos bienes y servicios. Es un impuesto silencioso, un impuesto que no requiere la aprobación del parlamento (*inflation is taxation without legislation*, que decía el Premio Nobel Milton Friedman).

Para tener la inflación en cuenta, lo que hacemos es suponer que las rentabilidades ya tienen la inflación descontada. Por simplificar. Si por ejemplo esperamos que la bolsa crezca a un ritmo del 8%, pero esperamos una inflación del 2%, el rendimiento que suponemos es del 6%. Esto es lo que hemos hecho en general, salvo que excepcionalmente indiquemos lo contrario.

Por otro lado, no tenemos en cuenta impuestos. Es muy dependiente de su situación personal. Así que estas cifras se refieren a ingresos brutos antes de impuestos.

Además, no estamos calculando cantidades de dinero sino capacidad de compra. Cuando decimos, por ejemplo, 10,000 euros dentro de 10 años; realmente se refiere a una cantidad de dinero equivalente a la que hoy nos permite comprar bienes y servicios por valor de 10,000 euros.

Pero todo esto es aproximado y en la realidad hay que tener muchos mas parámetros en cuenta. Al igual que al ir al médico y preguntarle sobre el peso recomendado, hay un amplio margen de posibilidades, mas gordo o mas flaco, estando siempre lejos de los extremos.

Mas aún, con el paso del tiempo pueden suceder hechos inesperados, como una crisis mundial o sufrir una enfermedad incapacitante, por lo que las estimaciones que hagamos no son mas que aproximaciones razonables.

3.1. ¿Cuánto Podemos Ahorrar?

Esta es la parte mas importante. Para poder gastar en el futuro primero hay que acumular la suficiente cantidad de capital en el presente.

Esta sección presenta la primera fase del plan para alcanzar la Libertad Financiera, la fase en la que se ahorra e invierte.

3.1.1. Una Aproximación Simple

De una forma sencilla, podríamos seguir la recomendación de solo gastar una parte de nuestros ingresos netos en gastos del día a día, y ahorrar el resto para el futuro.

Supongamos que queremos tener un año sabático ¿Cuánto debemos ahorrar? Estaremos unos años ahorrando (fase de ahorro) y un año sabático (fase de gasto).

Podríamos por ejemplo ahorrar el 20% de los ingresos y gastar en nuestro día a día el 80% restante. De este modo, con una sencilla cuenta, vemos que tendríamos que ahorrar durante 4 años para tener una cantidad de capital acumulado equivalente al gasto de un año. En otras palabras, podríamos vivir el quinto año con lo ahorrado durante los cuatro años anteriores. Esto se muestra en la Figura 15.

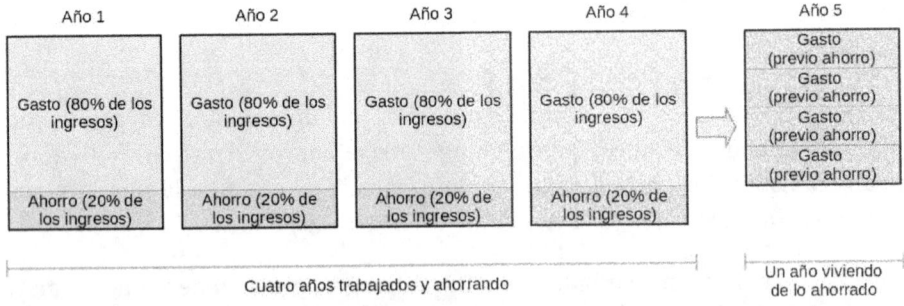

Figura 15. Cuatro años trabajando, ahorrando el 20% de los ingresos (y por tanto gastando el 80% restante), para luego vivir de lo ahorrado durante el quinto año.

La siguiente fórmula resume los párrafos anteriores. Llamemos "r" a la división de lo ahorrado entre los ingresos totales, y "M" al número de años. Si una persona ahorra el 20% de sus ingresos (r=0.20=20%), entonces puede trabajar M=4 años y vivir el quinto año de lo ahorrado. Esto se muestra en la siguiente fórmula:

$$M = \frac{1 - r}{r}$$

La Tabla 3 muestra varios valores típicos. Si ahorramos r=0.50=50% del salario, se obtiene M=1 año, esto es: trabajar un año y vivir de las rentas el segundo año.

Tabla 3. Cuántos años hay que ahorrar para vivir al año siguiente de esos ahorros.

Porcentaje Ahorrado de los Ingresos (r)	Años Trabajados Para Vivir al Año Siguiente de lo Ahorrado (M)
10%	9
20%	4
30%	2.3
40%	1.5
50%	1

La Figura 16 muestra los resultados de la Tabla 3, resaltando el ejemplo de ahorrar el 20% durante 4 años, para vivir el 5 de ese capital ahorrado.

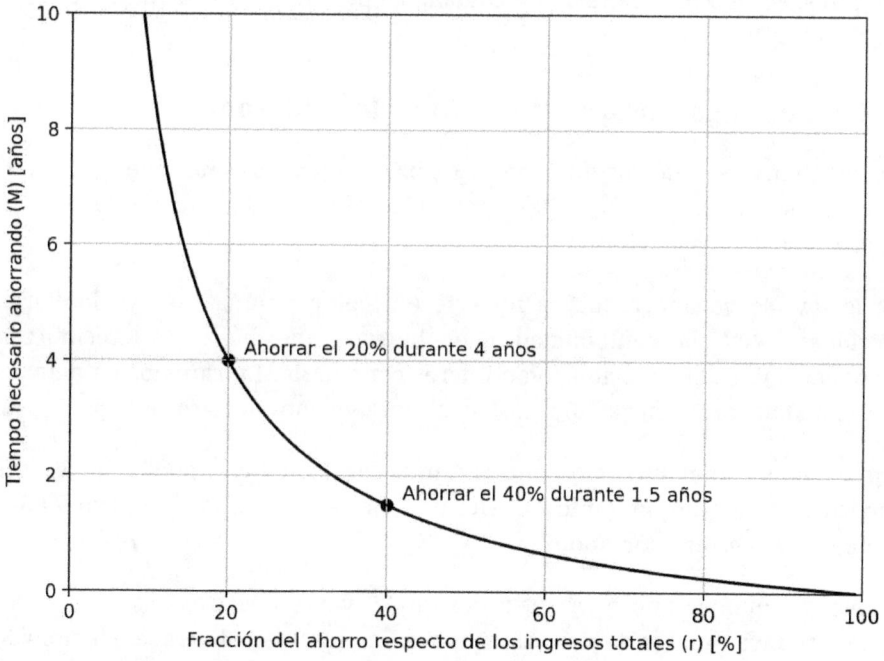

Figura 16. Relación entre el porcentaje de ahorro de los ingresos, y el número de años que hay que estar ahorrando para poder vivir un año de esos ahorros.

Fíjese el lector que no nos interesan las cantidades exactas. No importa si una familia ingresa 2000 euros al mes y ahorran 1000; o si ganan 4000 euros al mes y ahorran 2000; para estas fórmulas es lo mismo, lo que importa es que en ambos casos r=0.50=50%. La variable "r" nos permite hacer abstracción y enfocar correctamente el problema. Y es que no es solo un problema de ahorro, sino de reducción del gasto.

Vaya por delante que este factor de ahorro, "r", tiene sus dificultades a la hora de ser llevado a la práctica. No es igual de fácil ahorrar con un salario alto que con uno bajo. Esto es cierto, pero nótese también la llamada "inflación del gasto", según la cual las personas se gastan más cuanto más ingresan. A veces son gastos lujosos, como viajes exóticos, coches deportivos y casas fabulosas. Pero también hay muchos gastos razonables, como en hijos (colegio, clases extraescolares, ropa), alimentación de calidad, etc. Y cuántas veces hemos pensado que si nosotros tuviéramos sus ingresos, qué fácil sería nuestra vida. Pero eso esta por ver, porque la mayor parte de las personas con ingresos altos viven al día al igual que las personas de ingresos bajos. Y todos, ricos y pobres, con hijos y sin hijos, jóvenes y mayores, dirán que no pueden ahorrar. Pero todos salen adelante. Porque al igual que los gases, que se expanden hasta llenar el recipiente, los gastos se expanden hasta equipararse con los ingresos. Por eso hace falta una medida igual para todos, y este indicador es el parámetro "r".

3.1.2. Supongamos que Invertimos lo Ahorrado

Hasta ahora, los cálculos que hemos realizado no consideran que se inverte. Pero podemos suponer que las cantidades que se van ahorrando, se van invirtiendo al mismo ritmo.

Si lo que se va ahorrando se invierte (en comprar una casa y alquilarla, acciones, etc.), la rentabilidad contribuye a que haya un crecimiento exponencial. Es el conocido como interés compuesto. Entraremos en detalles de cómo hacer esto en el Capítulo 4, por ahora veamos unos resultados.

Supongamos que queremos ahorrar una cantidad de capital, que vamos invirtiendo, y que por tanto obtiene una cierta rentabilidad ¿cuántos años tenemos que estar ahorrando?

Vamos a suponer que queremos ahorrar 25 veces nuestros gastos anuales. Que seríamos capaces de vivir 25 años con esa cantidad ahorrada. Ejemplo: Si usted gasta 20,000 euros al año, nos estamos refiriendo a acumular un total de 500,000 euros. Esta cantidad (25 años de gastos) es relativamente arbitraria. Tiene que ver con la Regla del 4%, que dice que bajo ciertas condiciones, y utilizando datos históricos, se puede retirar un 4% de las inversiones y el capital nunca se agotará. Esto lo veremos con detalle más adelante.

La Figura 17 muestra el número de años que tiene que estar ahorrando para acumular un capital equivalente a esas 25 veces los gastos anuales.

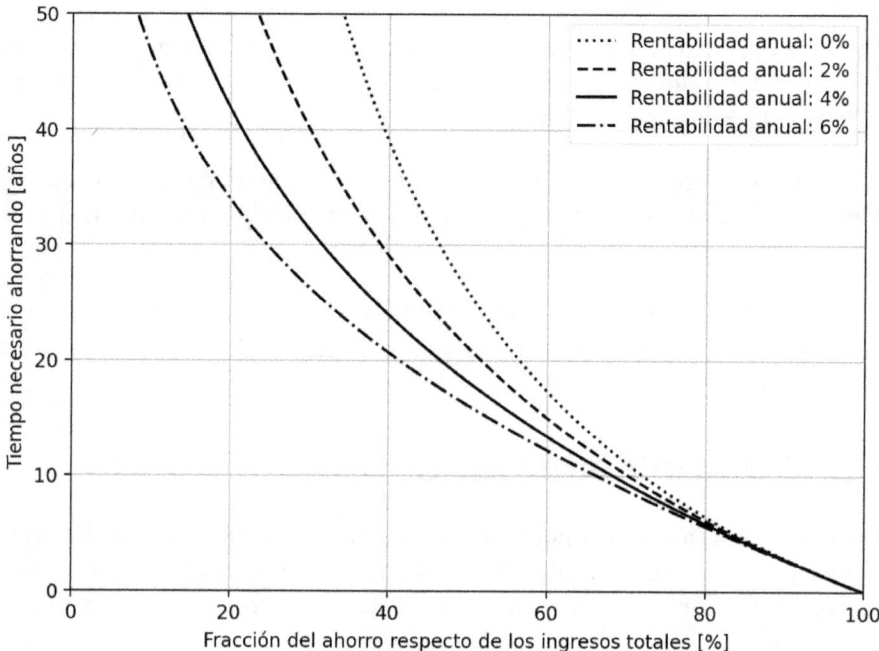

Figura 17. Número de años que hay que ahorrar hasta conseguir una cantidad equivalente a 25 veces nuestros gastos anuales. Se suponen 4 rentabilidades anuales distintas de las inversiones, desde 0% (no hay rentabilidad), hasta el 6% anual.

La Figura 17 es similar a la Figura 16, en ambos casos se ahorra un porcentaje de los ingresos durante un número de años. Como se considera que todos los ingresos o bien se ahorran o bien se gastan, se produce un efecto doble. El número de años baja al subir el porcentaje que se está ahorrando, por un lado porque se ahorra más, y por otro lado porque además se gasta menos.

Nótese que para fracciones de ahorro extremadamente grandes (mayores que el 80%), el efecto de la rentabilidad de las inversiones es pequeño. Da igual si la bolsa proporciona un 2%, 4% o 6%. El tiempo necesario viene a ser igual en todos los casos; es aproximadamente igual para todos los porcentajes de ahorro. Esto es más que nada una curiosidad, porque pocas personas habrá que puedan conseguir esos niveles de ahorro.

Fíjese también que esta gráfica y las siguientes estiman a la baja rentabilidad esperada. Como veremos, según la Tabla 9, una cartera diversificada ha proporcionado una rentabilidad del 7.6% anual. Si descontamos la inflación, queda en alrededor del 6% anual de capacidad de compra. Esto es: La mayor rentabilidad mostrada en la gráfica no es particularmente optimista, son datos históricos reales. Suponer una rentabilidad real del 4% es relativamente conservador y nos da margen de seguridad.

Por otro lado, cuando la proporción de ahorro es baja, por ejemplo cuando es menor del 10%, no se alcanza el ahorro necesario ni en una vida entera laboral (o al menos no en 45 años).

Por cierto, comprar la casa en la que se vive puede ser una forma de inversión, si con ello se deja de pagar alquiler. Pero esto se comenta mejor en la Sección 4.1.2.

En esta sección hemos presentado las ideas sobre la fase del ahorro, nos queda ahora mostrar la fase del gasto, en la cual vivimos de lo ahorrado anteriormente.

3.2. ¿Cuánto Podemos Gastar?

Pasemos ahora a la segunda fase necesaria para alcanzar la Libertad Financiera. Ya hemos ahorrado e invertido durante años según lo indicado en la sección anterior. Ahora toca vivir de los ingresos que generan estas inversiones.

En este caso, podemos suponer que la inversión tiene una rentabilidad anual. Valores típicos serán desde el 0% (ninguna rentabilidad, bastante pesimista), a un 6% (que es bastante realista, porque los valores históricos son del 8-10% anual menos la inflación).

Tenemos una cantidad acumulada ¿cuántos años nos puede durar? En una aproximación muy simplista, podemos suponer dos efectos contrapuestos:

- El conjunto de la inversión crece con una rentabilidad anual promedio.
- Cada año restamos nuestros gastos.

Esta aproximación no es realista, porque ninguna de las dos premisas es constante. La bolsa sube y baja a su ritmo. Que a largo plazo crezca no impide que durante una década pueda quedarse estancada.

Y nuestros gastos tampoco son constantes, en cualquier momento puede suceder algo (un accidente, una enfermedad) que nos haga incrementar mucho el gasto.

Tampoco es realista porque hay que tener en cuenta la volatilidad del mercado, así que esto es solo una introducción.

La Figura 18 muestra este caso. Hemos ahorrado una cantidad de capital, que se muestra en el eje horizontal. Para hacer el estudio todo lo genérico posible, medimos lo ahorrado en años de gastos. Y entonces calculamos el tiempo que tarda en agotarse el capital invertido.

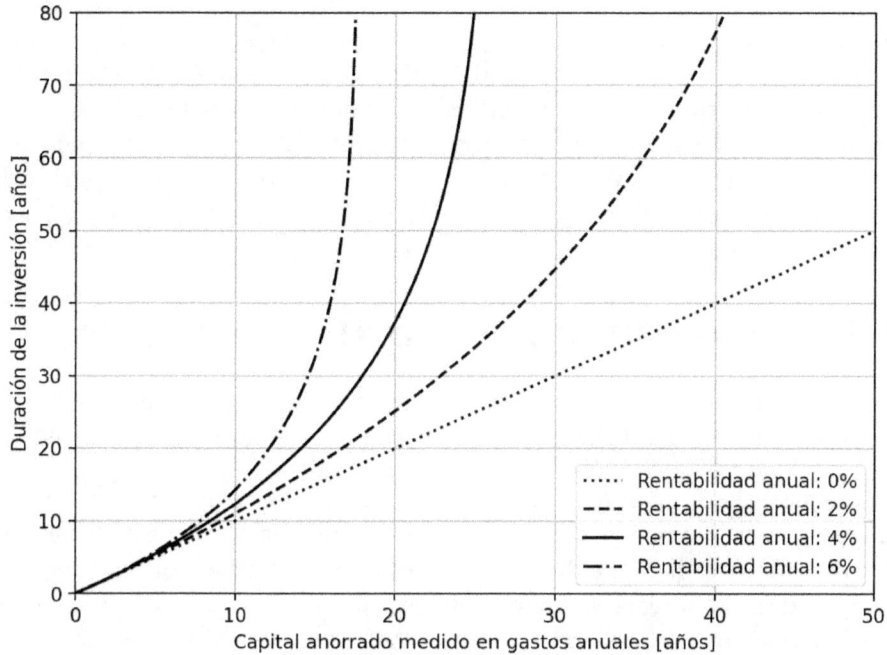

Figura 18. Tenemos ahorrado un capital inicial (eje horizontal, medido en años de gastos), y queremos saber el número de años que nos va a durar (eje vertical). La duración depende de la rentabilidad anual de la inversión.

Un caso sencillo sucede cuando las inversiones no proporcionan rentabilidad. Entonces, si hemos ahorrado el equivalente a un número de años de gastos, y cada año restamos "un año de gastos", necesariamente la inversión nos va a durar ese número de años inicial. Por eso en la Figura 18, la línea del 0% es una línea recta con el mismo número de años en el eje horizontal y el eje vertical.

Para cualquier caso habitual en el que la rentabilidad sea mayor que 0% (en promedio a largo plazo), la duración de la inversión crece rápidamente. Tan rápidamente que hay una cantidad ahorrada a partir de la cual la duración de la inversión tiende a infinito, nunca se agotaría. No hay aquí magia ninguna, es simplemente que la inversión proporcionaría una rentabilidad mayor de lo que gastamos, y por eso nunca se acabaría.

Esta es una conclusión muy interesante: no es necesario ahorrar indefinidamente, a partir de un cierto límite la inversión durará para siempre, a pesar de que año tras año extraigamos nuestros gastos.

Aunque esta es una enorme simplificación de la realidad, los cálculos parecen prometedores.

Compare esto con una pensión pública, en la que se paga durante toda la vida laboral a cambio de un derecho, no del capital en sí. De esta forma, el derecho a recibir el dinero acumulado se extingue con la muerte del pensionista. Aún cuando el capital ahorrado podría haber sido equivalente a un fondo de duración perpetua. Lo ahorrado en una pensión distributiva no se hereda, pero en una de capitalización sí, piense en la diferencia que esto supone para el futuro de sus hijos.

3.3. Efecto Combinado de Ahorro y Gasto

Quizás el resultado mas interesante de este capítulo sea el mostrado en esta sección, pues muestra el efecto combinado de las fases del ahorro y del gasto.

Calculamos ahora cuántos años hay que trabajar para poder vivir de las rentas. No nos interesa que el fondo dure eternamente, sino que disfrutemos de él nosotros mismos. Si al final de nuestra vida hay todavía un remanente y pasa a nuestros herederos, bienvenido sea, pero contamos con que a muy largo plazo el fondo se agotará.

Suponemos que la vida de la persona transcurre así:

- Hasta los 20 años de edad está formándose, y justo en ese momento empieza a trabajar.
- **Fase de Ahorro**: Después un número de años trabajando, ahorrando, e invirtiendo hasta que acumula una cantidad suficiente de capital. En esta fase, suponemos que la inversión crece por una rentabilidad anual.
- **Fase de Gasto**: Y finalmente pasa otro número de años viviendo de lo generado por sus ahorros, como un jubilado. En esta fase el capital invertido sigue creciendo con la misma rentabilidad anual que en la fase anterior, pero tiene el efecto contrario de que estamos extrayendo nuestros gastos. Por lo tanto, a largo plazo es de suponer que la cartera se agotará.

Imponemos la condición de vivir 100 años, por simplificar. Por lo tanto, la fase de ahorro y la fase de gasto suman entre las dos 80 años. Vivir hasta los 100 años parece una aproximación razonable teniendo en cuenta que la esperanza de vida no para de crecer. Y en cualquier caso, mejor pasarse que no quedarse corto. En cualquier caso, estas cifras redondas no son mas que un ejemplo y pueden ser modificadas a gusto del lector.

¿Qué efectos nos encontramos aquí?

- Durante la fase de ahorro, cuanto mayor porcentaje de nuestros ingresos consigamos ahorrar, en menos años llegaremos a acumular el capital necesario.

- Además, cuanto mayor sea la fracción de ahorro, entonces menor será la fracción que gastamos (porque suponemos que nuestros ingresos totales durante la fase de ahorro son la suma del gasto y el ahorro).

- Cuanto mayor sea la rentabilidad de las inversiones, menor será el número de años necesitaremos para acumular el capital durante la fase de ahorro.

- Además, cuanto mayor sea la rentabilidad de las inversiones, mayor duración tendrá la inversión durante la fase de gasto.

- Si acumulamos capital muy rápido, la fase de ahorro será relativamente corta. Pero entonces sucede que la fase de gasto será relativamente larga, más años extrayendo nuestros gastos, y por lo tanto tendremos que ahorrar más capital en la fase de ahorro. Y viceversa, si se ha ahorrado un porcentaje relativamente pequeño durante muchos años, esa cantidad sería bastante para la fase de gasto durante algún año.

Haciendo las cuentas se obtiene la Figura 19.

Fíjese que el caso más sencillo es, como es de suponer, cuando las inversiones no proporcionan rentabilidad a largo plazo. Entonces nos encontramos ante una regla de proporcionalidad sencilla. Si se ahorra la mitad de los ingresos durante 40 años (fase de ahorro), podremos vivir durante otros 40 años de ese capital (fase de gasto).

Si suponemos una persona que ahorra el 40% de sus ingresos, y que tiene suerte y las inversiones le proporcionan una rentabilidad a largo plazo del 6% anual, entonces en 15 años habrá cumplido con su fase de ahorro. Esto es, en este caso el modelo supone 20 años de estudiante, 15 años de fase de ahorro, y los restantes 65 años de fase del gasto.

Estas cifras son aproximaciones y quedan muchos detalles por comentar. Pero el objetivo de la Figura 19 no es proporcionar cifras exactas, sino demostrar que es posible ahorrar y vivir de las rentas.

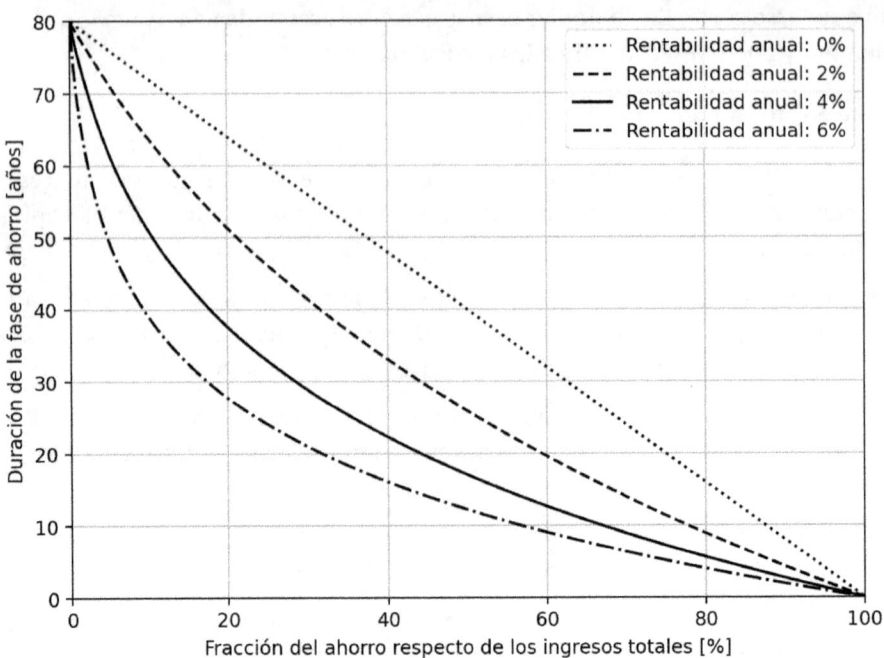

Figura 19. Efecto combinado de las fases del ahorro y del gasto. Suponemos que ahorramos la fracción de nuestros ingresos (eje horizontal) durante un número de años (fase de ahorro, eje vertical). Posteriormente vivimos en la fase del gasto durante los años restantes hasta cumplir 100 años (habiendo sido estudiante los 20 primeros años).

Por otro lado, podríamos comparar el caso de una persona normal que quiera jubilarse a los 67 años. Y es que las cotizaciones a la seguridad social, que son las que pagan las pensiones, son del orden del 30% del salario bruto. Ignorando otras contribuciones como sanidad y desempleo, podemos ir a la Figura 19 y comprobar que si pudiéramos ahorrar ese 30%, suponiendo una humilde rentabilidad del 4%, solo haría falta una fase de ahorro de 20 años. Y esto siendo muy conservadores, suponiendo que vivimos 100 años, no la esperanza de vida actual que ronda los 85 años. Y si morimos antes de los 100 años, dejando además herencia.

La Tabla 4 muestra datos de la Figura 19 para el caso en el que la capacidad adquisitiva crezca un 4% anual a largo plazo. Si no se ahorra nada nunca se alcanza, pero fíjese que si consiguiese ahorrar un 30% sólo tendría que trabajar durante 29 años, y si alcanzase un formidable ahorro del 50% sólo trabajaría durante 17 años. Note que estamos ignorando la pensión pública y los cambios en el salario durante todos esos años. Es una aproximación muy grosera, pero sirve para una cosa importante: demostrar que se puede hacer.

Tabla 4. Esta tabla indica la duración de la fase de ahorro hasta alcanzar la Libertad Financiera, mostrando los mismos datos que la Figura 19 para el caso en el que el incremento de la capacidad adquisitiva crezca en promedio al 4% anual.

Porcentaje de Ahorro	Duración Fase de Ahorro
0%	Infinito
10%	51 años
20%	38 años
30%	29 años
40%	22 años
50%	17 años
60%	13 años
70%	8 años

Lo más impactante de esta gráfica es darnos cuenta del poder conjunto de la capacidad de ahorro y del interés compuesto. Si conseguimos ahorrar el 50% de los ingresos, y asumimos un incremento del poder adquisitivo del 4%, solo tendríamos que trabajar durante 17 años. Pongamos por ejemplo que una pareja tiene un salario conjunto de 3000 euros netos al mes. De ahí emplean 1500 euros en los gastos del día a día, y ahorran los otros 1500 euros. Si lo ahorrado se invierte con un retorno típico del 4% resulta que podrán vivir de las rentas la mayor parte de su vida. Podrían empezar a trabajar a los 20 años, trabajar durante 17 años hasta los 37, y después hasta los 100 años vivir de las rentas. Disfrutar de la vida durante 63 años sin tener la obligación de trabajar ¿Puede usted imaginar un sueño mejor?

Realmente el objetivo es ahorrar cuanto más mejor. Si son una pareja con ingresos netos cada uno de 2000 euros al mes, 4000 euros al mes conjuntamente, podría tener gastos por valor de 1200 euros al mes (alquiler, comer, etc.). El resto, 2800 euros al mes, lo ahorran e invierten. Eso representa el 70% de los ingresos, y mirando en la Figura 19 se observa que necesitan unos 10 años. En 10 años tendrán unos ingresos de 1000 euros al mes para el resto de sus vidas. A partir de ahí seguramente sigan trabajando, pero con otra visión de la vida.

Un caso extremo es el de Jacob Lund Fisker, autor del libro *Early Retirement Extreme* que argumenta que mientras trabajaba tuvo una tasa de ahorro superior al 70%.

Ojo, podrá decir el lector, que esto son promedios groseros. El valor de las acciones en bolsa no crece de manera monotónica. Suponer retornos de inversión promedios, por muy representativos que sean, puede ser un riesgo ¿Qué pasaría si hubiera una sucesión larga de años en los que la bolsa bajase? La sección siguiente aborda este problema.

3.4. Regla del 4%

En las secciones previas hemos calculado qué fracción de nuestros ingresos tenemos que ahorrar para conseguir así llegar a un capital prefijado. Este ha sido un análisis teórico, válido, pero al que le faltan cifras reales.

Poner en practica estos resultados requiere una vida entera, y nunca mejor dicho. Harían falta muchas personas que hubieran vivido poniendo en práctica estas ideas, y ver cómo les fue desde su nacimiento hasta su muerte. Hacer estadística de a cuántas personas les fue bien, y a cuántas mal. Esto limita la posibilidad de demostrar todo esto, porque no tenemos estos datos.

En los estudios académicos sobre el tema, se descubrió una regla sencilla que nos permite estimar cuánto necesitamos ahorrar. Es la llamada "Regla del 4%", y consiste en:

1. Calcular el primer año el 4% del valor de la cartera invertida, en moneda fuerte, como por ejemplo euros (o dólares).
2. Durante el año, extraer esa cantidad de euros (o dólares) de la cartera.
3. Al año siguiente, corregir la cantidad por la inflación.
4. Ir al punto 2.

Fíjese que hay dos efectos contrapuestos: La cartera disminuye por retirar capital, pero también crece (se supone) por la rentabilidad de la inversión.

Y fíjese también que no es el 4% del valor de la cartera **cada año**. Es el 4% del **primer año**, corrigiendo cada año la cantidad en euros (o dólares) por la inflación.

Esta "regla del 4%" asume varias cosas. En primer lugar, es solo una primera aproximación, así que mejor no tomarla a rajatabla. Por otro lado, está pensada para carteras mixtas, compuestas por acciones y bonos. Son datos históricos de EEUU. Además, el objetivo es que la cartera no se agote en 30 años, porque el estudio estaba pensado para jubilados que dejasen de trabajar alrededor de los 65 años, y que vivieran de sus ahorros hasta los 95 años, con margen más allá de la esperanza de vida.

La Regla de 25

Esta es otra forma de expresar la Regla del 4%, es la llamada "Regla de 25".

Consiste en preguntarse: ¿Cuántos años de gastos tengo que ahorrar para vivir un año con lo generado por la Regla del 4%?

Y la respuesta es: Hay que ahorrar 25 veces nuestros gastos anuales. Porque el 4% de esos 25 "gastos anuales" es exactamente 1 "gasto anual" (25 x 4% = 1)

La Regla de 300

Esta es otra forma de expresar la "Regla del 4%" y la "Regla de 25".

La "Regla de 25" es paga gastos **anuales**, y la "Regla de 300" es para gastos **mensuales**. Por eso es 12 veces menor.

Consiste en preguntarse: ¿Cuántos meses de gastos tengo que ahorrar para vivir un mes con lo generado por la Regla del 4%?

Y la respuesta es: Hay que ahorrar 300 veces nuestros gastos mensuales. Porque el 4% de esa cantidad (300 veces los "gastos mensuales") sería 1 "gasto anual", que luego dividimos entre 12 para obtener el "gasto mensual" (300 x 4% / 12 = 1)

Esta regla porque nos permite visualizar para qué estamos ahorrando.

Si tenemos 6,000 euros en el banco, eso significa una renta equivalente de 20 euros al mes, con lo que se podría pagar un gasto como la factura del teléfono móvil.

Los siguientes 15,000 euros que ahorremos nos pagarían el gimnasio (50 euros al mes).

A la hora de comprar un coche podríamos elegir uno de 30,000 euros, o comprarlo de 15,000 euros y e invertir el resto para que nos pague la gasolina.

3.4.1. Ejemplo Práctico

¿Cómo se pone en práctica la Regla del 4%?

Por un lado aprovechamos que desde el punto de vista financiero, tanto los dividendos como el precio de las acciones son equivalentes. Así que recibimos los dividendos, y venderemos acciones hasta totalizar la cantidad necesaria a extraer.

La Tabla 5 es un ejemplo con unas cifras inventadas. Se supone un 3% de inflación todos los años. En cuanto a la rentabilidad de las inversiones, se supone que el primer año suben un +8%, luego bajan -4%, y luego vuelven a subir +6%.

Tabla 5. Ejemplo práctico de la Regla del 4% durante los primeros 3 años.

Paso	Cambio	Valor de la Cartera
Primer Año		
Capital invertido inicialmente		300 kEUR
Cantidad extraída, a primeros de año: 4% del capital inicial, sumando dividendos recibidos y venta de acciones	-12 kEUR	288 kEUR
Revalorización de la cartera durante el año, incluyendo dividendos: Por ejemplo +8%	+23 kEUR	311 kEUR
Valor de la cartera a final de año		311 kEUR
Segundo Año		
Valor de la cartera a primeros de año		311 kEUR
Cantidad extraída, a primeros de año: La del año anterior (12 kEUR) corregida por inflación (3%)	-12.4 kEUR	298.7 kEUR
Revalorización de la cartera durante el año: Por ejemplo -4% (este año, pérdidas)	-11.9 kEUR	286.7 kEUR
Valor de la cartera a final de año		286.7 kEUR
Tercer Año		
Valor de la cartera a primeros de año		286.7 kEUR
Cantidad a extraer, a primeros de año: La del año anterior (12.4 kEUR) corregida por inflación (3%)	-12.7 kEUR	274 kEUR

Paso	Cambio	Valor de la Cartera
Revalorización de la cartera durante el año: Por ejemplo +6%	16.4 kEUR	290.4 kEUR
Valor de la cartera a final de año		290.4 kEUR
Cuarto Año		
...		

Según la Tabla 5, a final del tercer año el valor de la cartera (290.4 kEUR) es menor que al comienzo (300 kEUR). Esto es normal y no invalida la Regla del 4%. En el pasado, o bien el valor de la cartera se ha recuperado posteriormente por un ciclo alcista, o en el peor de los casos el valor de la cartera ha ido disminuyendo poco a poco con los años, pero no se ha agotado en 30 años (esto es lo que han demostrado los estudios).

3.4.2. Documentación

Esta "Regla del 4%" aquí mostrada está muy documentada, vea por ejemplo:

- El artículo que dió comienzo a la "Regla del 4%" se considera que fue *Determining Withdrawal Rates Using Historical Data*, por William P. Bengen en 1994. Este estudio simuló la evolución multitud de carteras entre 1929 y 2009. Recomienda al menos un 50% de acciones, retirar un 7% anual del valor la cartera (4% o 5% teniendo en cuenta la inflación), y tener la flexibilidad de ajustar los gastos si atravesara una crisis.

- Una actualización fue *Portfolio Success Rates: Where to Draw the Line*, por tres autores de la *Trinity University* en Texas. La afiliación de estos autores hace que este artículo se conozca popularmente como el *Trinity Study*. Este estudio también se centra en analizar carteras mixtas compuestas por acciones y bonos.

- La Hormiga Capitalista tiene una muy buena descripción del tema: La Regla del 4%: Lo que dicen los estudios y mi opinión personal.

- La web *Early Retirement Now* tiene la llamada *Safe withdrawal rate series* donde hay muchísima información sobre tasas de retiro seguras y estrategias (en 2023 hay 55 posts sobre el tema). Es una auténtica enciclopedia. Hay tanta información, que mejor empezar por su artículo *Safe Withdrawal Rates: A Guide for Early Retirees*. Sin duda es muy recomendable.

- **Nuestro libro** Estrategias para Vivir de las Inversiones, donde se explica la

"Regla del 4%" y otras similares. Es particular se explican las limitaciones de los estudios previos (basados en EEUU, no más de 30 años, etc.) y bajo qué condiciones se podría aplicar mejor un 3% o un 5%.

3.4.3. Ahorrar Siempre Merece la Pena

Una curiosidad matemática es que si se invierte una cantidad fija mensualmente, al cabo de 15 años se obtendrán unas rentas mensuales indefinidas iguales a esa inversión mensual.

Pongamos un ejemplo: Si invierte 500 euros/mes, al cabo de 15 años habrá acumulado unos 150,000 euros, que por la "Regla de 300" implica unas rentas de 500 euros/mes indefinidamente.

Todo esto suponiendo una rentabilidad del 7% anual, típica de las acciones en bolsa. Si cambia la rentabilidad anual cambia también el número de años, pero no demasiado: 17 años al 5% anual, o 13 años al 10% anual. Pero lo importante no es el número de años exacto, sino que se obtienen rentas indefinidas.

Lo interesante es que esto no depende de la cantidad invertida mensualmente. Si invierte 200 euros/mes, obtendrá 200 euros/mes indefinidos al cabo de 15 años. Y si invierte 1000 euros/mes, también obtendrá 1000 euros/mes indefinidos al cabo de 15 años.

Esta curiosidad es un tweet de Jorge Sieiro (@sieiro_jorge). Es muy fácil preparar una hoja de cálculo y comprobarlo.

3.5. Simulaciones

Podemos también usar simulaciones. Estas simulaciones toman datos históricos y reproducen la situación que se habría producido si hubiéramos aplicado el método en aquella época. Nadie sabe lo que va a pasar en el futuro (recuerde que "rentabilidades pasadas no justifican rentabilidades futuras"), pero a falta de nada mejor, no nos queda otra que mirar al pasado y poner todos los márgenes de seguridad necesarios. Pasamos por tanto a comentar aquí varias simulaciones disponibles en internet.

En estas simulaciones se concluye que, en general, dado un fondo ya acumulado, extraer de él capital a un ritmo del 4% es seguro a largo plazo. De hecho es la llamada "Tasa Segura de Retiro", o SWR por sus siglas en inglés (*Safe Withdrawal Rate*).

La Tasa Segura de Retiro se refiere exactamente a "poder adquisitivo constante", la situación en la que usted tiene un patrimonio invertido y empieza a extraer capital él a un ritmo del 4% anual. Cada año, aumentará esta cantidad extraída según la inflación. Pero note que si al año siguiente de empezar, la bolsa se desplomara, usted seguiría extrayendo el 4% inicial, y podría llegar a agotar su capital. La Tasa Segura de Retiro del 4% se refiere a que estadísticamente lo más probable es que en esas condiciones el capital no se agote en un tiempo razonable (típicamente 30 años). Por otro lado, note que si usted fuera capaz de ajustar este 4% al capital que le queda en cada momento (gastando menos en periodos de crisis, y más en épocas de bonanza), entonces su capital no se agotaría nunca (pero esta ya no es la definición de la Tasa Segura de Retiro).

En la Sección 6.9 mostramos que el haber invertido un 50% en el índice MSCI World y el otro 50% en un agregado de bonos europeos habría proporcionado un retorno anual equivalente del 5.7% entre 1998 y 2016. Aún habría que tener en cuenta impuestos e inflación, pero no está nada mal considerando que ha atravesado la crisis de las PuntoCom, la de 2008 y la de deuda griega.

Existen multitud de simuladores online

- La web *Financial Independence Calculator*, FI Calc, creada por un ingeniero de Silicon Valey que se hace llamar James, es muy visual. Muy recomendable.

- Una buenísima es *Post-retirement FIRE calculator*, porque muestra no solo el comportamiento de la bolsa, sino también la probabilidad de estar muerto a largo plazo. Esto demuestra que no tiene sentido hacer simulaciones de muchos años de duración.

- *Charts*, que forma parte de la web de *Portfolio Charts*, es excepcional porque proporciona multitud de simulaciones distintas, cada una enfocada en un tema en particular. Está creado por Tyler, un aficionado a las finanzas personales.

- Otra calculadora online es FireCalc.

Se pone las propias cifras de cada uno, y dado un capital ahorrado, se elige la cantidad que se quiere extraer cada año. Como se puede ver, dado un ritmo de extracción de capital del 4%, es muy difícil que se agote la cartera de valores en una cantidad de tiempo razonable (por ejemplo 30 años).

Lo bueno de esta simulación es que toma valores reales de la bolsa, no promedios estadísticos.

Gastos de los Fondos de Inversión

El acrónimo TER se refiere en inglés a *Total Expense Ratio*, y es una medida del coste de los fondos de inversión.

Un TER del 1% quiere decir que cada año el gestor del fondo resta un 1% del capital invertido para sus gastos. Esto puede parecer poco, pero si la rentabilidad esperada es del 8% anual, un TER del 1% supone el 12.5% de la rentabilidad esperada.

El TER está compuesto fundamentalmente por el AMC (*Annual Management Charge*), y por gastos menores como gastos de registro, auditoría y depósito. Últimamente existe una tendencia a denominar estos costes OGC (*On-Going Charges*) en vez de TER.

Además del TER, los fondos de inversión pueden tener otros costes que paga el inversor y recibe el gestor, como gastos de entrada (por comprar el fondo), de salida (por vender el fondo) y de rendimiento (por superarse). Estos otros costes no son habituales en ETFs.

Y finalmente, pueden existir costes ocultos para el inversor, que hacen que el fondo tenga un rendimiento real menor que lo esperado. Esto es, es de esperar que un fondo que sigue a un índice obtenga un rendimiento anual igual al del índice menos el TER. Sin embargo lo habitual es que el rendimiento sea aún menor por, por ejemplo, impuestos extras (*stamp duty* en el Reino Unido), costes de operar en el mercado, impacto al modificar el mercado, y otros.

Hay que tener en cuenta en estas simulaciones que se suponen condiciones muy rígidas, que la persona no va a reducir sus gastos si las cosas van mal. Esto seria lo primero que habría que hacer, ser mas austero, de forma que al ajustar los gastos a los ingresos (¡sentido común!), el fondo duraría aún más.

Si todo va mal, si las bolsas se desploman y pierde parte del capital, resista. Vea la Capítulo 6 sobre cómo organizar convenientemente su cartera, y la Capítulo 7 para hacerse una idea de cuántas crisis va a vivir.

Ok, ya hemos visto que en el pasado se ha generado un retorno de las inversiones de un 4% anual a largo plazo, tras tener en cuenta la inflación, pero ¿cómo implementarlo? ¿cómo invertir para lograr este objetivo? Vamos a verlo en el siguiente capítulo.

La Importancia de las Bajas Comisiones

Cuando compre un fondo de inversión, es importante que compre uno barato. Seguro, de un gestor conocido, sencillo... y de bajo coste.

Esto se debe a que, según las finanzas académicas, la rentabilidad esperada de un activo es la rentabilidad de su clase de activo. En otras palabras, la rentabilidad esperada de las acciones de una empresa en bolsa de estilo valor y pequeña capitalización... es la esperada para la clase de activo de estilo valor y pequeña capitalización.

Una buena forma de visualizar la importancia de las comisiones es a través de la rentabilidad esperada, que vamos a suponer del 8% anualizado, a largo plazo.

Supongamos que los gastos de gestión de un fondo activo sean del 2%.

Este 2% se resta de la rentabilidad esperada. Por lo tanto nuestra inversión solo va a crecer un 6%. Este 2% en costes supone el 25% de la rentabilidad esperada.

Si un fondo de inversión indexado (y barato por tanto) invirtiera en la misma clase de activo, con un coste del 0.2% anual, la rentabilidad esperada sería del 7.8%.

Visto de este modo, lo razonable para **maximizar la rentabilidad** esperada es **minimizar los costes**.

Como decía Jack Bogle, fundador de Vanguard: "En inversión, se obtiene lo que no se paga. Los costes importan."

[1] Este capítulo está basado en la sección 7.3 del libro *Early Retirement Extreme* de Jacob Lund Fisker.

Capítulo 4. Inversiones

El mercado bursátil es un instrumento que transfiere dinero de los inversores impacientes a los pacientes.

— Warren Buffett (1930-), posiblemente el más exitoso inversor del mundo.

Ya hemos expuesto en los capítulos anteriores cuál es nuestro objetivo, queremos ser autosuficientes. Queremos obtener una fuente de ingresos pasivos, que no dependa de nuestro trabajo diario, sino que fluyan de manera independiente. Esto es, queremos conseguir la Libertad Financiera.

Sin duda este es un objetivo a largo plazo, que no se consigue de un año para otro, y que solo hoy en día nos es accesible a los ciudadanos normales y corrientes gracias a la expansión de la clase media y a la generalización de las inversiones de bajo coste.

Hay varias formas de conseguir la Libertad Financiera. Podríamos comprar casas para luego alquilarlas. Este alquiler es lo que nos proporcionaría los ingresos pasivos. Esta puede ser una solución, pero tiene muchos defectos, como se verá en la Sección 4.1.2.

Podríamos por otro lado gestionar un negocio que requiera relativamente poca atención, poco esfuerzo diario, y desde luego mucho menos de las 8 horas diarias de un trabajo convencional. Por ejemplo gestionar un blog, escribir libros, o programar aplicaciones para teléfonos móviles. Esto es ciertamente difícil porque hay que ser muy bueno en lo que se haga para poder vivir de ello.

Riesgo y Rentabilidad

Esta es una regla básica de las inversiones: la rentabilidad es mayor cuanto mayor sea el riesgo que se está dispuesto a aceptar. Por ello las acciones han proporcionado históricamente mayor rentabilidad de los bonos corporativos, porque si la empresa quiebra, habrá que ver si al bonista le devuelven el dinero, pero al que seguro que no le llega nada es al accionista. Y es por ello que tener el dinero en la cuenta del banco no proporciona ningún rendimiento, porque tampoco conlleva ningún riesgo. En resumen, sea consciente de que la rentabilidad no se regala a cambio de nada.

Lo mas factible para una persona de la calle es aprovechar la democratización de las inversiones. El hecho de que se puede invertir con seguridad en fondos, que gestionarán el capital de forma automática y con mínima intervención del inversor. Aprovechar que esos fondos ya están eligiendo las mejores inversiones presentes en la sociedad, entregando el dinero a aquellas empresas que mejor provecho pueden sacar de él.

Regla de 72

El calcular el efecto del interés compuesto en una inversión requiere un relativo esfuerzo de cálculo, pero existe esta pequeña fórmula que nos permite dar estimaciones rápidas y bastante acertadas. Es la llamada Regla del 72.

Consiste en que el número de años necesarios para doblar una inversión es igual a 72 dividido entre el porcentaje de rentabilidad de la inversión. Ejemplos:

- Si suponemos que las inversiones van a proporcionar un 6% anual, entonces la inversión inicial se doblará en 12 años.

- Si queremos que la inversión se doble en 9 años, tendríamos que obtener un rendimiento del 8% anual.

- Con un 3% de inflación, la capacidad de compra de nuestro dinero se reducirá a la mitad cada 24 años.

- Si nuestro fondo de inversión tiene un coste anual del 2%, en 36 años nuestra inversión valdría la mitad comparado con haber hecho la misma inversión sin ese coste.

Note que esto no es mas que una primera aproximación que supone un interés constante durante todos esos años. La realidad es algo más complicada.

Por cierto, invierta sólo aquellos ingresos que no vaya a necesitar a corto plazo. Si cree que le van a hacer falta, guárdelo. No olvide que la bolsa es impredecible y puede perder dinero cuando más lo necesite. Y menos aún invierta en bolsa a crédito, eso nunca, porque en el caso de que tenga pérdidas éstas pueden ser mayores que la cantidad invertida. Recuerde: "Rentabilidades pasadas no aseguran rentabilidades futuras".

4.1. ¿Qué Forma de Inversión Elegir?

En su momento estuvimos pensando cómo podíamos invertir, cómo podíamos ahorrar para el futuro. Tras darle muchas vueltas, hemos analizado las diferentes posibilidades y llegado a nuestras conclusiones.

En nuestro caso hemos elegido los ETFs como instrumentos porque nos parecen la mejor opción. Presentamos estas ideas en las siguientes paginas, pero por favor lector, documéntese y tome sus propias decisiones. Los ETFs tienen propiedades excelentes, pero tal vez no sean lo mejor para usted.

> **Invertir, No Especular**
>
> Fíjese que todo consiste en trabajar, ahorrar pacientemente, e invertir lo que le sobra. La especulación tiene su lugar, pero no aquí. El perseguir rentabilidades excepcionalmente altas es la forma más segura de perder dinero.

4.1.1. Tipos de Ingresos Pasivos

Desde el punto de vista de impuestos, hay tres formas de obtener de ingresos de tipo financiero:

- **Ganancias de capital**. Si pagamos 800 euros por un activo y tiempo después lo vendemos por 1000 euros, tendremos 200 euros de beneficio. Estos 200 euros son la ganancia de capital.
- **Dividendos**. Al comprar acciones tenemos el derecho de recibir dividendos que pudiera distribuir la empresa. Los dividendos forman parte de los beneficios de la empresa, esto es, después de haber pagado el impuesto de sociedades. Fíjese que no son seguros, la empresa tiene la libertad de elegir si paga o no dividendos.
- **Interés**. El interés tiene una similitud con los dividendos, en el sentido de que la empresa entrega un dinero dado a todo aquel que posea un título, un bono (interés) o una acción (dividendo). Las diferencias consisten en que la empresa paga este interés (el cupón del bono) antes de haber pagado impuesto de sociedades. Y además la empresa no tiene elección sobre si pagar o no el cupón, tiene que hacerlo, es un compromiso formal.

4.1.2. Comprar Casa

La compra de una casa es algo que todos tenemos en nuestra cabeza, es uno de los objetivos comunes a todas las personas. Esto es normal, porque todos deseamos tener un techo de nuestra propiedad, la estabilidad que ello proporciona, el echar raíces, sentirnos unidos a un lugar.

Además, los estados occidentales han hecho grandes esfuerzos por conseguir que la población sea propietaria de una casa. Por conseguir la llamada "sociedad de propietarios", que hace que los países sean más estables, pues las personas que acumulan riqueza (casas en este caso) son menos proclives a sumarse a revoluciones que pongan la sociedad patas arriba.

Los tipos de interés para la compra de viviendas son relativamente bajos, por lo que el coste de los intereses se hace aceptable. Por otro lado la duración de las hipotecas se ha alargado, llegando hasta los 100 años en Japón y Suiza, con lo que los pagos mensuales son menores (si es que puede considerarse positiva una hipoteca que terminarán pagando nuestros nietos).

En una primera aproximación podríamos preguntarnos si merece la pena comprar la casa en la que vivimos. Para eso habría que hacer algunas cuentas sobre el coste de comprar, de alquilar, y los gastos accesorios.

Y yendo más allá, ya puestos, podríamos plantearnos comprar casas para alquilarlas y obtener así ingresos relativamente pasivos (decimos "relativamente", porque hay que dar mantenimiento a las casas y estar al tanto de las necesidades de los inquilinos).

De cualquier modo, hay quien busca la Libertad Financiera por la vía de comprar casas y alquilarlas. Algunos ejemplos son Carlos Galán (web y youtube), Germán Jover (web y youtube), y Paula Pant de *Afford Anything* (web y youtube). Es una opción posible, pero vamos a explicar a continuación por qué no nos parece la mejor opción.

4.1.2.1. ¿Cuál Es La Peor Inversión Imaginable?

La compra de la vivienda en la que se vive puede tener su razón de ser. Sin embargo, antes de embarcarse en la que sería seguramente la mayor compra de su vida, es importante considerar varios aspectos.[1]

Al modificar el razonamiento, y buscar la peor inversión en vez de la mejor, se encuentra uno con sorpresas. Vayamos definiendo esa terrible inversión punto por punto.

- Debería de requerir una inversión continuada en el tiempo, que obliga al inversor a realizar pagos periódicos por largo tiempo.
- Debería de ser ilíquida, entendida como la dificultad de comprar o vender

la inversión a otros inversores.

- ◦ La compra o venta tendría que requerir mucho tiempo, semanas o meses, para poder realizarse.

- ◦ Debería de tener altos costes de transacción, ya sea por intermediarios o impuestos. Estos costes de transacción serían una fracción relevante del coste de la inversión y se aplicarían a cada compra y venta.

- ◦ Debería de ser complejo de comprar y vender. No solo caro o ilíquido, sino que además debería requerir burocracia, visitas a gestores, notarios, y documentación por presentar.

- Debería generar una rentabilidad cuanto mas baja mejor. Por ejemplo similares a la inflación, pero que tras considerar todos los gastos ocultos resultase aún menor.

- Debería de ser una inversión apalancada, a crédito.

- ◦ El inversor normalmente se centra en que el apalancamiento incrementa las ganancias cuando todo va bien. Naturalmente, también incrementa las pérdidas en la misma medida. De este modo, cuando el valor real de lo invertido cae, se debe seguir haciendo pagos al precio inicial.

- ◦ Debería de ser una inversión con avales. Típicamente la propia inversión sirva como aval, y que opcionalmente hagan falta más avales, incluso utilizar propiedades de familiares como avales. De esta forma, si algo va mal y no se pueden afrontar los pagos, esos avales se pierden.

- ◦ Siguiendo con el punto anterior, que la entrega de la inversión (propiedad) hipotecada no sea suficiente para saldar la deuda en caso de que la inversión vaya mal (en otras palabras, que no se aplique la "dación en pago"). Que sea necesario que el inversor siga pagando la diferencia entre el valor inicial y el valor actual de la hipoteca.

- Debería de ser una inversión básicamente improductiva. Tal vez con mucho esfuerzo podría conseguirse obtener algún beneficio (esto es, alquilando), pero entonces el riesgo de perder la inversión y los costes de transacción tendrían que compensar el beneficio esperado (si un inquilino, por ejemplo, destroza la casa).

- Debería de ser una inversión inmóvil, atada a un lugar geográfico específico.

- ◦ De esta forma el inversor nunca podría alejarse mucho de ese lugar, no vaya a ser que en su ausencia le sucediera algo a su inversión.

- ◦ En el caso de querer venderlo encontraría pocos compradores potenciales que estuvieran interesados en ese lugar tan específico.

- ◦ Debería de estar sujeto a riesgos geográficos, de forma que el destino de la inversión esté asociado al del país, región, ciudad, incluso al del vecindario donde se encuentre. Que los riesgos se hacen imprevisibles: los países pueden padecer crisis económicas, las regiones pueden sufrir desastres naturales, empresas emblemáticas de ciertas ciudades pueden quebrar.

- Debería de ser una inversión cuyos riesgos estén directamente correlacionados con otros posibles ingresos del inversor. Por ejemplo, si el inversor o su inquilino son trabajadores por cuenta ajena, y por motivo de una crisis económica o catástrofe natural ambos se quedan sin trabajo, es en este momento cuando la inversión que nos interesa fallaría también (si el inquilino se encuentra desempleado no podrá pagar el alquiler).

- Debería de ser una inversión muy cara.

- ◦ Idealmente tendría que suponer buena parte de los ingresos del inversor. De esta forma el inversor no podría diversificar su ahorro con otras inversiones y se encontraría dependiendo prácticamente de una única inversión.

- ◦ No solo tendría que ser cara de comprar sino también cara de mantener. Esta inversión debería requerir esfuerzo y dinero para evitar que tras un tiempo se encuentre en un estado ruinoso.

- ◦ Debería de ser una inversión frágil. Dañable por las inclemencias del tiempo, fuego, vandalismo. Esto requeriría pagar un seguro para cubrir estos riesgos.

- Debería de pagar mas impuestos que otras inversiones similares.

- ◦ Debería de pagar IVA (o similar), a pesar de que otras inversiones (acciones, bonos, fondos, oro, etc.) no lo hacen.

- ◦ Si una inversión incrementa su valor con el tiempo y luego es vendida, requerirá pagar una fracción de los beneficios, como es normal. Sin embargo, en el caso de que su valor se desplome, no se podría compensar esta pérdida con ganancias de otras inversiones para disminuir el impacto fiscal.

- ◦ Debería de requerir pagar impuestos todos los años, no solo cuando se recogen beneficios. Un impuesto específico, que sería proporcional al valor total de las propiedades del inversor (el IBI), y no a solo a las ganancias. Un impuesto además por un valor decidido por el estado, y no por el valor real de la inversión.

- ◦ Debería pagar impuestos aún no habiendo generado beneficios (no habiendo sido alquilada la casa), ya que en este caso el estado presupondría que esos beneficios han existido (como dice el "Manual de la Declaración de la Renta", "Las prestaciones de bienes o derechos susceptibles de generar rendimientos del capital inmobiliario se presumen retribuidas").[2]

- Debería pagar impuestos aún a pesar de no haber sido usado, sin que nadie viva allí. Por ejemplo pagar tasa de basuras sin haber generado basura, impuesto de TV sin haber visto la televisión (Reino Unido, Alemania); electricidad, agua, gas, que siempre se paga algo aún no habiendo consumido, siendo en su mayor parte impuestos (método griego de recaudación).

- Debería pagar impuestos duplicados, doble imposición por un mismo concepto, como por ejemplo la "plusvalía" del ayuntamiento y la "plusvalía" del IRPF.

- Debería de ser una inversión que fuera una unidad indivisible, dificultando las cosas por ejemplo en caso de divorcio o herencia.

- Que sea una inversión cuya legislación cambie con frecuencia por estar al arbitrio de políticas electoralistas. Para asegurarnos de ello, sería conveniente que tenga un ministerio especifico para estas inversiones.

Por todos estos argumentos arriba expuestos, comprar una casa no tiene por qué ser una inversión recomendable. Al menos no si lo que se quiere es comprar y vender para invertir. El proceso está lleno de fricciones. Para alquilar mejora. Y otro tema es que sea la vivienda en la que se vive, que podría tal vez ser razonable siempre que sea a largo plazo, porque a corto plazo los gastos de compra/venta devoran los hipotéticos beneficios.

Podría ser razonable además si usted quisiera ahorrar en algo tangible, algo que pudiera tocar y ser plenamente consciente de que permanece intacto, ahorrar en algo que no pueda perder de un día para otro. En ese caso comprar una casa es razonable. Pero ésta es una decisión que ha de tomar cada persona, porque lo que para uno puede ser una bendición (facilidad de compraventa con unos pocos clics online, intangibilidad, ausencia de ataduras al terreno) para otro puede ser negativo.

4.1.3. Planes de Pensiones

La solución natural para ahorrar para la vejez deberían ser los planes de pensiones.

La existencia de fondos de pensiones es común a todos los países, siempre hay legislación especifica para que los ciudadanos ahorren de este modo para la jubilación, y España no es menos.

Por lo tanto, la primera reacción que tenemos las personas al plantearnos ahorrar para la jubilación es hacer uso de los planes de pensiones. Para eso están, ¿no es cierto?

Cuando en esta sección nos referimos a planes de pensiones, nos referimos al conjunto de productos pensados para ahorrar para la vejez. Aunque nos centramos en la legislación española sobre los planes de pensiones, esto puede generalizarse por ejemplo a Planes Individuales de Ahorro Sistemático (PIAS).

4.1.3.1. Estudios Sobre el Sector

Cuando nos planteamos ahorrar para completar la pensión publica, lo primero en lo que pensamos es en los planes de pensiones.

Hay un estudio realizado anualmente que se titula "Rentabilidad de los Fondos de Pensiones en España", donde se analizan los resultados de los planes de pensiones durante los últimos 15 años. El último informe es el de 2006-2021. Está realizado por Pablo Fernández, del IESE. Encontrará futuros artículos suyos en la plataforma de investigación SSRN.

Es un artículo muy interesante. Le recomendamos echarle un vistazo. Algunas ideas que podemos extraer son:

- La rentabilidad media de los fondos de pensiones en España en los últimos 15 años (1,83%) fue inferior a la inversión en bonos del estado español a 15 años (4%). Esto es curioso porque los planes de pensiones son productos conservadores, y compran principalmente bonos del estado.

- La rentabilidad media del IBEX 35 fue del 1,35%, la del Euro STOXX 50 fue 4,2% y la del S&P 500 fue 10,7%. Solo con haber comprado una cartera diversificada de acciones internacionales, cualquiera habría obtenido una rentabilidad superior a los planes de pensiones.

- Solo el 5% de los planes de pensiones obtuvieron rentabilidades superiores a los bonos del estado a 15 años.

- El 5% de los planes de pensiones obtuvieron rentabilidades negativas. Y esto en valor nominal, porque si tuviéramos en cuenta la inflación sería mucho peor.

- El decepcionante resultado global de los fondos se debe a las elevadas comisiones, a la composición de la cartera y a la gestión activa.

Como explican los artículos, si seleccionamos los fondos que invierten mayoritariamente en renta fija, esperaríamos que sus rentabilidades fueran similares a los de los bonos del estado. Sin embargo, la rentabilidad promedio de los fondos de pensiones estuvo por debajo de la de los bonos del estado. Esto es sorprendente, porque comprar bonos no requiere ninguna habilidad especial, cualquier ciudadano puede hacerlo.

Como indican los artículos, similares problemas se presentan en los fondos de pensiones de otros países.

El articulo de termina "... aconsejando a los inversores que inviertan en fondos con comisiones y gastos pequeños que replican a los índices, y que eviten fondos con gestión activa, especialmente si muestran un pasado poco glorioso."

4.1.3.2. Comparación Entre Plan de Pensiones e Invertir Uno Mismo

Los ahorradores solemos invertir en planes de pensiones por sus ventajas fiscales. Pero debido a que son tan caros, esas ventajas fiscales se pierden rápido, y al final invertir de manera pasiva es mejor a largo plazo. Y además, la normativa puede cambiar en cualquier momento, por lo que una aparente ventaja de los planes de pensiones puede desaparecer en el futuro.

La Tabla 6 muestra un ejemplo. Supongamos que tenemos 100 unidades monetarias (100 euros, 100,000 euros, 100,000 dólares, o similar). Vamos a comparar invertir en un plan de pensiones caro con invertir de manera pasiva por nosotros mismos.

Normalmente los planes de pensiones tienen una ventaja fiscal que hace que se puede invertir en ellos con el salario bruto, por lo que las aportaciones iniciales no pagan impuestos. Por el contrario, si invertimos por nosotros mismos lo hacemos con nuestros ingresos netos tras pagar impuestos, por lo que vemos que empezamos con desventaja. Veremos en un momento que a pesar de ello, invertir uno mismo de manera pasiva puede ser preferible (bajo estas condiciones, suponiendo impuestos en España y que no cambien, etc.).

Según las finanzas modernas, la rentabilidad esperada del mercado es en promedio la correspondiente a su clase de activo (ya sean acciones, bonos, etc.). Y la rentabilidad esperada de una inversión es la del mercado menos los costes. Así de sencillo. Por esta razón, mantener los costes bajos es importante. Y fíjese que la diferencia en costes puede ser un factor 10: La inversión activa es típicamente 10 veces más cara (2% anual) que la pasiva (0.2%). Estos son valores típicos.

*Tabla 6. Las ventajas fiscales se pierden a largo plazo. Comparamos aquí dos formas de invertir para la jubilación: "Caso 1" a través de un **plan de pensiones** con rebajas fiscales, o "Caso 2" invertir de manera pasiva **uno mismo**. Se invierte en una cartera diversificada, con acciones y bonos. Rentabilidad esperada del mercado largo plazo: 6%. Duración de la inversión: 20 años.[3]*

Concepto	Caso 1: Plan de Pensiones	Caso 2: Hacerlo Uno Mismo	Comentario
Ingresos bruto	100.00	100.00	Por conveniencia, podrían ser 100 EUR, 100 kEUR, 100 kUSD.
Cantidad realmente invertida	100.00	75.00	Supongamos que contribuir al plan de pensiones no paga IRPF, pero hacerlo uno mismo sí (un 25%).
Coste anual de inversión	2%	0.2%	Típicos valores de planes de pensiones (inversión activa) e inversión pasiva.
Rentabilidad esperada de la inversión	4%	5.8%	Es la rentabilidad esperada del mercado (6%) menos los costes de inversión.
Crecimiento de la inversión	219.11	231.62	Es el capital invertido tras 20 años con la rentabilidad esperada de la inversión.
Ganancias que han de pagar impuestos	219.11	156.62	El plan de pensiones no ha pagado con las aportaciones, así que paga íntegro al rescatar. Las inversiones particulares solo pagan por las ganancias de capital.
Pago de impuestos	43.82	31.32	Suponiendo que se paga un 20% de las ganancias, cantidad que es menor al jubilarse que al realizar las contribuciones.
Neto final recibido	**175.29**	**200.30**	El valor de la inversión tras 20 años, neto de impuestos.

Como la rentabilidad esperada de la inversión pasiva es mayor que el plan de pensiones activo, tras 20 años invertidos la inversión pasiva supera al plan de pensiones.

Y finalmente hay que tener en cuenta que los planes de pensiones han de pagar al rescatar el capital, porque no han pagado al realizar las contribuciones. Sin embargo, la inversión pasiva solo paga por las ganancias de capital que haya habido (el valor final menos el valor invertido).

Así que nos encontramos, en este ejemplo, que hacerlo uno mismo es más rentable que contratar un plan de pensiones (175 vs 200). Al menos un plan de pensiones típico, caro.

Por mucho que los planes de pensiones tengan ventajas fiscales, como la rentabilidad anual es tan diferente, a largo plazo vence la inversión pasiva. Este ejemplo se presta a que usted mismo haga su hoja de cálculo con sus propias cifras.

4.1.3.3. En Resumen

Salvo excepciones (por ejemplo cuando están indexados), los fondos de pensiones salen caros. Los fondos de pensiones gestionados por los grandes bancos son un desastre para el partícipe y un chollo para el gestor.

4.1.4. Fondos de Inversión

En España existen las llamadas Instituciones de Inversión Colectiva (IIC) y estas engloban a los fondos de inversión propiamente dichos, a las Sociedades de Inversión de Capital Variable (SICAV), y a las SOCIMIs (SOciedad anónima Cotizada de Inversión en el Mercado Inmobiliario. Por simplificar el lenguaje, decimos aquí "fondo de inversión", pero estamos generalizando a todas las IICs.

Una definición de los fondos de Inversión sería que son entidades que operan como instrumentos de captación y canalización de los recursos de los inversores, a través de la emisión de participaciones, con la misión de gestionar y administrar las correspondientes carteras de valores.[4]

Así que todo parece indicar que una forma razonable de invertir seria usar fondos de inversión, ya que para ello han sido creados ¿Serán estos los mejores instrumentos para ahorrar a largo plazo?

Lo primero que uno puede leer es el articulo escrito por Pablo Fernández y colaboradores Rentabilidad de los Fondos de Inversión en España. 2007-2022, que es muy similar al ya comentado sobre planes de pensiones en la Sección 4.1.3. Sus conclusiones son espeluznantes, vayan aquí algunas píldoras:

- La rentabilidad media de los fondos de inversión en España en los últimos 15 años (1,1%) fue inferior a la inversión en bonos del estado español a 15 años (4,4%).

- La rentabilidad media del IBEX 35 fue 0,5%, la del Euro STOXX 50 fue 2,8% y la del S&P 500 fue 8,8%.

- El 22% de los fondos tuvieron rentabilidad negativa.

Además, añadimos nosotros que la inflación entre 2007 y 2022 ha sido de un 2% anualizada (según datos del INE). Por lo que el promedio de los fondos de inversión (1.1% anual) ni siquiera mantuvo el poder adquisitivo de sus partícipes.

Y tengamos en cuenta también que estos son los fondos que han sobrevivido 15 años, que son los que han obtenido mejores resultados. La realidad es aún peor, porque los fondos que han obtenido peores resultados han sido liquidados o fusionados, no apareciendo en la estadística, y evitando así la mala prensa para las gestoras.

Hay multitud de artículos similares, tanto a nivel nacional:

- Rendimiento de los Fondos de Gestión Indexada y Activa en España, que indica que la rentabilidad de los fondos de gestión activa en España ha sido sensiblemente inferior a la de sus índices de mercado.

...como internacional:

- *Mutual Fund Performance: Measurement and Evidence*: Cuantos mayores gastos para el inversor, y más activo el estilo de gestión, peores resultados para el inversor.

- *Returns form Invesing in Equity Mutual Funds 1971 to 1991*, de Burton G. Malkiel, autor también del muy recomendable libro "Un Paseo Aleatorio por Wall Street".

- *The Case for Index-fund Investing*: Una clara explicación de por qué la inversión indexada funciona.

- *False Discoveries in Mutual Fund Performance: Measuring Luck in Estimated Alphas*: Sólo el 0.6% de los gestores mejora a su índice, y esta cantidad ni siquiera es estadísticamente significativa.

- *Trading Is Hazardous to Your Wealth: The Common Stock Investment Performance of Individual Investors*: Cuanto más activo el estilo de inversión del fondo, peores resultados para los partícipes.

- *Predictive Power of Fees: Why Mutual Fund Fees Are So Important*: Estadísticamente, a mayor comisiones del fondo de inversión menor rentabilidad para el inversor.

- Los informes SPIVA (*S&P Indices Vs Active*), actualizados cada 6 meses, y que muestran que la inmensa mayoría de los fondos de inversión obtienen peores rentabilidades que sus índices de referencia.

- *Morningstar's U.S. Active/Passive Barometer*, que compara fondos de inversión activos con sus equivalentes pasivos (es más realista que el informe SPIVA) y también muestra que los fondos indexados superan a largo plazo a sus contrapartidas activas.

La conclusión es siempre la misma, independientemente del país: El único que gana sistemáticamente es el gestor, pero no el inversor.

Además, el método de inversión empleado tampoco cambia las cosas. Estadísticamente, ningún método ha proporcionado consistentemente ganancias a largo plazo para el inversor. Esto se verá más en profundidad en la Sección 4.3.

Podemos hacer un experimento mental, pero en vez de pensar en gestores de fondos y en si la bolsa sube o baja, supongamos que tiramos una moneda y miramos si sale "cara" o "cruz". Supongamos que tomamos una población de 24.015 personas (que es el número de fondos de inversión en España según la web de Morningstar que tiran monedas al aire e intentan predecir el resultado. Si predicen "cara" y la moneda sale realmente "cara", entonces consideramos que han acertado. Pero si han dicho "cara" y sale "cruz", entonces consideramos que han fallado. Este experimento no es más que puro azar, y no hay forma de que la persona que tira la moneda pueda influenciarla para que salga cara o cruz. Sin embargo, si les hacemos a todos tirar la moneda y predecir el resultado, podemos esperar que la mitad acierten y la mitad fallen. Unos 12,000 habrán acertado, y podríamos repetir con ellos el experimento, que tiren la moneda de nuevo y hagan su predicción. Sea la que sea, de nuevo mas o menos la mitad acertarán, así que tendríamos unas 6,000 personas que han acertado dos veces seguidas. Aquellos que han tenido mala suerte, se irán pensando que esto era un timo, pero aquellos que tuvieron suerte seguirán adelante. Y podríamos continuar así, por ejemplo 10 veces, y se daría el caso de que unas 23 personas habrían acertado correctamente el resultado de la moneda ¡10 veces seguidas! ¡Tienen que ser unos genios!

Y no, lo que tenemos aquí es azar. Lo mismo pasa con los gestores de los fondos, que dada una población suficientemente grande siempre habrá alguno al que le habrá ido bien a largo plazo.

Y con esto no queremos denostar a los gestores de fondos, que en general son buenos profesionales. Pero sucede que compiten con otros gestores que también son buenos. Es como un partido de fútbol de primera división, donde es difícil predecir qué jugadores van a marcar gol. Porque compiten con otros jugadores que también son excepcionales, están todos muy igualados. Pero todos sabemos que no meten los goles al azar, porque si usted o yo entráramos al terreno de juego no tendríamos ninguna posibilidad de marcar un gol, ni teniendo mucha suerte. Por lo tanto, la rentabilidad de los fondos de inversión se asemeja al azar porque los gestores están muy igualados en su excelencia.

Los gestores activos suelen criticar este razonamiento del azar. Les parece sospechoso que esas 23 personas que han acertado 10 veces tirando la moneda "vivan todas en la misma calle de la misma ciudad del mismo país". Deberían vivir aleatoriamente por todo el mundo, y sin embargo esas 23 personas están agrupadas. Esto es lo que sucede, que muchos de los más exitosos inversores (empezando por Benjamin Graham y Warren Buffett se autodefinen seguidores de un estilo de inversión determinado (el llamado *Value Investing*, Inversión en Valor)

¿Quiere esto decir que realmente se puede ser rico y famoso siguiendo un estilo de inversión? Nosotros no lo creemos así. Y es que tirar la moneda no se asemeja a la decisión que toma un gestor de comprar una determinada acción y que su precio suba o baje. Tirar la moneda es más bien equiparable a que el gestor elija su estilo de inversión. Y un estilo de inversión determinado funciona bien durante un tiempo, hasta que los demás inversores se dan cuenta de la ventaja competitiva, se pasan a la Inversión en Valor, y compran ese tipo de acciones de empresas, que debido a la demanda tienen ahora precios mayores que antes, perdiéndose todo el efecto. Así que toda ventaja acaba diluyéndose con el tiempo, que es lo que le sucede a los grandes inversores, que fueron muy buenos en el pasado y hoy en día obtienen rendimientos similares al promedio del mercado.

Y es que lo importante es comparar cada fondo de inversión con su índice de referencia. Porque lo fácil es ganar cuando todos ganan. Lo que hay que hacer es comparar con algo, y es éste el meollo del problema, que las estadísticas son desastrosas para los fondos de inversión.

Estadísticamente, los fondos de inversión ganan menos que el índice que siguen tras descontar los gastos de gestión. Esto por otro lado no es nada que deba sorprendernos: La mitad de los fondos de inversión habrán tomado decisiones de compra y venta que se habrán convertido en buenas inversiones (comparados con su índice de referencia), y la otra mitad lo habrán hecho peor. En promedio, todos agregados, lo harán como el índice. Sin embargo, hay que descontar sus gastos de gestión (TER) que son del orden del 1-2% anual, y tras hacerlo el promedio de los fondos de inversión lo hace peor que su índice de referencia. El objetivo sería, en todo caso, minimizar el TER para recibir así el rendimiento promedio.

Es verdad que hay algunos gestores que obtienen resultados mejores que sus índices de referencia. Pero no está claro que eso sea persistente en el tiempo, ni que un pequeño inversor pueda encontrarlos dentro de un océano de mediocridad.

Esta cuenta ha de realizarse además con cuidado, porque corremos el riesgo de sufrir el sesgo de los supervivientes. El hecho de que, al buscar información de fondos para un periodo de tiempo determinado (por ejemplo 15 años), solo encontramos la información de los fondos que han sobrevivido. Pero no encontramos la información sobre los que se han cerrado por baja rentabilidad. Por ello, hacer un promedio directo solo proporciona el rendimiento promedio de los mejores fondos de inversión. Y eso no es realista, porque podríamos haber invertido en fondos que se han cerrado, que habrían representado una muy mala inversión, y habríamos perdido dinero.

¿Qué podemos hacer como pequeños inversores? ¿Hay alguna posibilidad de que una persona normal y corriente no sea estafada sistemáticamente por su banco y su fondo de inversión?

Pero un momento. Hemos demostrado que los fondos de inversión obtienen resultados que son estadísticamente peores que sus índices de referencia ¿Y si contratamos un fondo que siga estrictamente a un índice? Un fondo indexado/pasivo. Eso tiene que ser muy barato, porque un fondo indexado minimiza los gastos, ya que el gestor no tiene nada que pensar: solo ha de comprar y vender lo que diga el índice. Vamos a verlo.

4.1.4.1. Un Fondo de Inversión de Ejemplo

En esta sección vamos a demostrar la importancia de leerse el prospecto de un fondo de inversión, para ver en qué invierten y cuánto cuesta.

Tomemos el ejemplo de un banco grande, internacional, muy conocido y de color naranja. Si usted busca en su web, encontrara que ofrecen varios fondos de inversión. Tomemos por ejemplo el fondo ING Fondo Naranja Euro Stoxx 50 FI (de código ISIN: ES0152771038).

Este fondo es caro. Su coste es del 0.99% de la inversión anual en gastos de gestión, mas 0.10% anual por comisión de custodia. En total 1.09% anual. Ese fondo de inversión está realmente gestionado por Amundi, que ofrece ETFs que siguen el mismo subyacente (por ejemplo, Amundi Euro Stoxx 50 UCITS

ETF DR, de ISIN LU1681047236) por 0.15% anual (comprado en Xetra o Euronext). La misma gestora cobra 7 veces menos en su producto ETF (ojo que los ETFs tienen otros gastos, pero al menos pueden minimizarse). Y hay que tener en cuenta que hay gestoras que ofrecen este índice por 0.05% anual (ejemplo: HSBC Euro Stoxx 50 UCITS ETF), 20 veces menos que el fondo comentado inicialmente ¿Cómo es esto posible? ¿Por qué los fondos de inversión son tan caros?

- Por un lado por las "retrocesiones", porque los gestores de fondos pagan a los intermediarios para que el inversor pueda comprar "gratis" (el intermediario cobra una parte del TER del gestor).

- Por otro lado la escasa de competitividad. En España los inversores han estado muy limitados. Unos pocos bancos manejan casi todo el mercado. Con limitada competencia extranjera, los gestores podían cobrar lo que quisieran. Compare el lector el coste de los fondos de inversión en EEUU, que es hasta un orden de magnitud menor. De hecho en EEUU es indiferente comprar el fondo o el ETF, ambos cuestan mas o menos lo mismo; pero en España sí que importa, los ETFs son mucho más baratos.

- Y también porque los clientes no tenemos claro qué TER es caro y qué TER es barato. Ahora ya lo sabe: Para un fondo indexado, 1.09% es caro, 0.15% es normal, y 0.05% es barato.

En España, los fondos de inversión convencionales tienen privilegios comparados con otras formas de inversión similares (por ejemplo en acciones o en ETFs). Por ejemplo porque el partícipe no paga impuestos al mover el capital de un fondo a otro. Pero esto es algo excepcional de España, que no es así en otros países del entorno. Si usted compra fondos de inversión en España y se muda al extranjero, sepa que las ventajas fiscales desaparecen y pueden volverse una pesadilla (en particular si el fondo no tiene la etiqueta UCITS, por ejemplo).

Y hay que elegir con cuidado, porque existen los "falsos indexados" (*closet indexing* en inglés), en los que el gestor simplemente compra un índice sencillo de acciones. Esto de por sí no está mal, el problema aparece cuando el gestor cobra un alto TER (por ejemplo, 2%) por seguir a un índice, que es muy barato (por ejemplo 0.2%). Esto lo puede comprobar usted mismo revisando los activos bajo gestión.

En definitiva, los fondos de inversión activos no merecen la pena. A largo plazo, el inversor siempre pierde. Y ni siquiera los fondos convencionales indexados son interesantes, porque sus gastos son mayores que los ETFs. Un ETF que cumpla la normativa UCITS es mas barato y transparente.

La utilidad de la etiqueta UCITS está explicada en la siguiente caja de texto. UCITS es un buen ejemplo de una buena legislación, que fuerza al producto a estar estandarizado, a ser seguro, sencillo y transparente. Los fondos pueden crecer más de lo que crecerían si estuvieran limitados a un sólo país, por lo que aprovechan economías de escala y encima son más baratos. Es tal el éxito que hasta inversores no europeos invierten en productos UCITS.

Directiva UCITS

UCITS (*Undertakings for Collective Investment in Transferable Securities*) es una serie de directivas de la Unión Europea que permite a los fondos de inversión colectiva operar libremente en toda la Unión Europea, siempre y cuando hayan sido autorizados en uno de los países miembro.[5]. Es una especie de pasaporte para los fondos de inversión. Además, los países pueden decidir incluir regulación adicional.

Esta normativa obliga a los gestores de fondos de inversión a varias cosas, estas entre otras:

- Se debe especificar claramente si el fondo es sofisticado o no. No sofisticados son los fondos de inversión tradicionales. Los fondos alternativos, que inviertan en derivados, inversos, o ETFs, se consideran sofisticados.

- Se debe proporcionar frecuente y detallada información sobre el estado del fondo. Y un prospecto simplificado (KIID) explicando los riesgos que corre el inversor.

- El gestor debe seguir la regla de "5/10/40", para evitar la concentración de la inversión: Ningún activo puede superar el 10% del total de la inversión. Y para aquellos activos que superen el 5%, su suma no puede superar el 40% de la inversión.

- Un fondo no puede estar expuesto a un "riesgo de contrapartida" mayor del 10% del valor de los activos, en el caso habitual de que la contrapartida sea un banco. Si la contrapartida no es un banco, el límite se rebaja hasta el 5%. Esto se aplica por ejemplo a los ETFs sintéticos, donde el gestor debe disponer como mínimo del 90-95% del valor de lo invertido en activos (idealmente el 100%, claro). En otras palabras, el riesgo de que el gestor quiebre y no devuelva lo invertido no puede ser mayor del 5-10%.

De todas formas, aunque creamos que la inversión pasiva es claramente mejor que la activa para nosotros los pequeños inversores, no queremos eliminar los fondos de inversión activos. Son necesarios, sí, porque fijan precios y dan liquidez. Lo que queremos resaltar es que pequeños inversores como nosotros tenemos todas las de perder con ellos.

Veamos ahora varios tipos particulares de fondos de inversión.

4.1.4.2. Fondos Garantizados

Este tipo de fondos merecen una mención especial por lo exitosos que son (para los bancos). Tras analizarlos verá el lector que tampoco merecen la pena, pero por mas razones que las de los fondos de inversión mas generales. La CNMV ha preparado una Guía Rápida sobre Fondos de Inversión Garantizados.[6]

¿Qué ofrece un fondo garantizado?

Un fondo garantizado ofrece al inversor dos promesas: Devolverle un porcentaje seguro de la inversión inicial (típicamente el 100%), y además una rentabilidad relacionada con el mercado (por el ejemplo, el 50% de lo que suba el IBEX 35).

Esto podría resultarle curioso al lector: Invertir en bolsa con la tranquilidad de no perder ¿Es este un sueño hecho realidad? Como veremos, garantizar lo que es intrínsecamente variable crea monstruos.

¿Cómo está construido un fondo garantizado?

En un fondo garantizado, el gestor invierte en dos tipos de activos: La mayor parte del capital en renta fija, y una pequeña parte en un derivado. El derivado utilizado es una "opción de compra" sobre de la variable del mercado que se persiga.

Si es una opción de compra del IBEX 35, el gestor recibirá una cesta de acciones equivalente al IBEX 35 (o, normalmente, su valor). Lo interesante de las opciones es que, como su propio nombre indica, son un derecho de compra, pero no una obligación. Si al IBEX 35 le ha ido mal y ha bajado, el gestor no ejercitará su derecho de compra (porque perdería dinero), y solamente perdió el coste de comprar la opción.

En resumen, al vencimiento del fondo garantizado hay dos posibilidades:

• La variable del mercado (el IBEX 35 en este caso) ha bajado. El gestor del fondo no ejercita el derecho de compra de la opción. El inversor simplemente recibe la parte garantizada, obtenida del bono.

- La variable del mercado ha subido y el gestor del fondo ejercita la opción. Normalmente se paga por diferencias, y el vendedor de la opción entrega al gestor del fondo el dinero equivalente al valor del índice. El inversor recibe la parte garantizada (como en el caso anterior) más el beneficio obtenido a través de la opción.

Un ejemplo

Tomemos este ejemplo de un banco bien conocido en España, uno de cuyos fondos se llama "IBEX 2017 Garantizado FI". No hay nada de particular en este ejemplo, el lector podrá encontrar otros muchos similares buscando en la web de los propios bancos, o la de Morningstar (seleccionando los menús de "Fondos", "Búsqueda rápida de fondos", categoría "Garantizados", y buscar por ejemplo por "IBEX").

Para este fondo que hemos tomado como caso de estudio, y según nos dice el gestor, el objetivo de inversión es:

[El banco] garantiza al fondo a vencimiento (01.02.17) el 100% del valor liquidativo del 29.11.12 incrementado, en caso de ser positiva, por el 80% de la variación punto a punto del IBEX 35, tomando como valor inicial su precio de cierre del 29.11.12 y como valor final su precio medio diario del 23.01.17.

Composición de la cartera del fondo 30 nov 2015

Distribución de activos	% cart
● Acciones	0,18
● Obligaciones	77,51
● Efectivo	22,31
● Otro	0,00

10 mayores posiciones	Sector	% cart
Galicia. Xunta De...	—	57,19
Inst Cred Oficial...	—	20,32
Opcion|bk Ibex 2017|1|2017-01-30	—	0,18
Número total de acciones		0
Número total de bonos		2
% de activos en las 10 mayores posiciones		77,69

Figura 20. Composición del fondo de inversión "Ibex 2017 Garantizado FI".

La Figura 20 indica en qué ha invertido este fondo. Como puede apreciarse, a pesar de hacer referencia al IBEX 35, no ha comprado ninguna acción. Solamente dos bonos: uno de la Xunta de Galicia, y otro del Instituto de Crédito Oficial. Eso, y una opción de compra sobre el IBEX 35. Y sorprendentemente el 22.31% de la cartera está compuesta por dinero en efectivo, esto es, no está invertido.

El apartado de las comisiones es relevante (ver Figura 21). Cobran de entrada el 5% del capital inicial, y penalizan con un 3% si el cliente quisiera salir antes del vencimiento. Puede ser aceptable que se penalice al cliente que no espera hasta el final, porque es complejo para el gestor devolver lo invertido a ese cliente, porque tendría que vender posiciones (si este gestor vendiera el bono de la Xunta de Galicia, los inversores que permanecen en el fondo dejarían de estar invertidos). Estas comisiones de entrada y salida no existen si se compran ETFs, y las comisiones de compraventa suelen ser mucho menores.

Comisiones			
Inv. mín. inicial	EUR 500	Comisión de entrada	5,00%
Inv. mín. adicional		Comisión de salida	3,00%
Comisión de depósito	0,10%		
Comisión de gestión	1,55%		
Comisión de distribución	0,00%		

Figura 21. Comisiones del fondo de inversión "Ibex 2017 Garantizado FI".

Por si estas comisiones no fueran suficientes, encima hay unos gastos del 1.65% de lo invertido anualmente. Curioso, porque tras las compras iniciales, el gestor no tiene nada que hacer hasta vencimiento.

Algunas consideraciones

Los fondos garantizados son más complejos de lo que un pequeño inversor puede imaginarse, y añaden nuevos riesgos que eran imposibles de imaginar a priori.

- A pesar de lo que diga su nombre, el capital no está completamente garantizado. El bono podría quebrar y no devolver lo invertido. Podría darse el caso, por ejemplo, de que este fondo garantizado relacionado con el IBEX 35 no devuelva lo garantizado si quiebra la Xunta de Galicia. Y esto es un riesgo que un inversor no podría ni imaginarse al ver el nombre del fondo.

- Se invierte en derivados, que no son peligrosos ni extraños por sí mismos, pero que pueden desconcertar a un pequeño inversor. Es más complejo de lo que uno desearía. Además, los derivados introducen un nuevo riesgo: el de que llegado el momento la contrapartida no pueda pagar lo prometido por la opción.

- Un inversor poco entrenado podría llegar a pensar que si el fondo proporciona un rendimiento relacionado con el IBEX 35, entonces el gestor habrá comprado acciones del IBEX. Nada más lejos de la realidad, sólo se compran bonos y un derivado. Nada que ver con acciones.

- El fondo dice seguir a un índice del mercado, pero sin embargo no proporciona las ventajas de estar realmente invertido en él. Y es que si invirtiéramos en acciones del IBEX 35, recibiríamos los dividendos, que en este caso son del orden del 4% bruto anual. Así que estamos dejando de ganar esos dividendos.

- Este fondo garantizado no está diversificado, porque casi todo el capital está invertido en dos únicos activos. Si alguno de los dos quebrase, el inversor perdería esa parte de lo invertido. Si realmente estuviera invertido en el IBEX 35, y una de las empresas quebrara, uno esperaría perder la parte proporcional de esa empresa en el índice (en una primera aproximación grosera, el 1/35).

- Las comisiones son brutales. Un 5% de entrada, mas un 1.65% anual, más los gastos que cobre el banco por tener la cuenta abierta (no indicados aquí) es mucho. Un pequeño inversor actuando por su cuenta paga comisiones típicas de compra (acciones, derivados) de unos 0.20%, y las de mantenimiento de cuenta también de unos 0.20% anuales (¡diez veces menos!).

- El gestor tiene incentivos perversos que le llevan a correr riesgos excesivos. El gestor quiere un bono que tenga un cupón muy alto, pero si hay mas rendimiento es porque hay mas riesgo (la Xunta da el 5.763% de rendimiento anual -en 2017-, su calificación es Baa2 según Moody's, que está en el límite de "grado de inversión", casi al nivel de "bono basura".

Piense el lector si le merece la pena invertir en algo así. Hay posibilidades mas sencillas y baratas, que iremos viendo más adelante.

4.1.4.3. ¿En Qué Invierten los Ricos?

De cuando en cuando los medios de comunicación lanzan noticias sobre ricos cada vez más ricos, que se enriquecen a costa de la pobreza del resto de la población, muy del gusto de aquellos que nos dicen lo que deseamos oír.

De un modo general, podríamos sospechar que hay algo raro en esa argumentación por su falta de simetría: Cuando la bolsa sube esas noticias abundan, pero cuando la bolsa y baja y los inversores pierden dinero a espuertas, esas noticias desaparecen.

Sea como sea, una pregunta que nosotros mismos nos hicimos es si realmente los ricos tienen ventaja por ser ricos. Si es que ellos pueden acceder a formas de invertir que están vetadas para los pequeños inversores ¿Hay grandes inversores jugando con las cartas marcadas? ¿Jugando con ventaja porque tienen acceso a productos mejores?

Ciertamente los ricos, los grandes inversores, tienen acceso a productos que no están al alcance de los ciudadanos de a pie. Pero una cosa es que los ricos tengan acceso productos específicos, y otra cosa es que estos productos sean mejores que los que están al alcance de cualquiera.

En todo caso, un inversor con conocimiento y gran presupuesto acaba pagando menores comisiones. Esa es la diferencia importante. Y lo bueno del asunto es que los pequeños inversores podemos conseguir pagar las mismas comisiones que los ricos, como veremos más adelante.

Lo primero que nos viene a la cabeza son los *Hedge Funds*, los fondos de inversión alternativa solo disponibles para grandes capitales y los servicios de banca privada. Pero la rentabilidad de estas inversiones ha sido históricamente peor que la de un índice general del mercado. Y en todo caso, estas opciones introducen más riesgo y mayores costes.

El blog de Martín Huete tiene una entrada comparando, por los diferentes fondos de inversión indexados que están disponibles en España (La Sonrojante Oferta de Fondos Índice). Es cierto que un inversor con un gran capital tiene disponibles más fondos y más baratos (con un TER del 0.10% en vez de 1%, por ejemplo), pero también es cierto que productos iguales ya se encuentran disponibles a pequeños inversores como ETFs, con TER tan bajos como ese 0.10%.

Parte del ímpetu con el que crecen los ETFs se debe a los grandes inversores, que los compran con la idea de hacer análisis técnico y operar en el corto plazo. Es inútil, como veremos en la Sección 4.3.1, pero gracias a ellos los inversores a largo plazo obtenemos al menos dos ventajas: Mucha liquidez (siempre hay inversores deseando comprar y vender), y bajo TER (los gestores de ETFs obtienen ingresos por transacciones, y esto permite mantener el TER bajo, que es lo que nos interesa a nosotros).

En resumen, un pequeño inversor hace mejor comprando un índice general, barato y transparente, que aspirando a comprar productos complejos y opacos solo reservados a grandes capitales.

Vamos a analizar dos casos en particular: Las SICAVs y los Fondos de Inversión Alternativa.

A menudo se comenta en prensa y televisión que las SICAVs son un truco de los ricos para evitar pagar impuestos. Frases como esta y similares ¿Puede ser esto posible? ¿Una flagrante injusticia a la vista de todos? ¿El estado ayudando a los ricos para que solo paguemos impuestos las clases medias y bajas?

Vaya el lector quitándose de la cabeza estas ideas, porque no es así. Los ricos no tienen mejores instrumentos para sus inversiones que los que tenemos los simples mortales.

Las SICAVs (Sociedad de Inversión de CApital Variable) son Instituciones de Inversión Colectiva, prácticamente iguales a los fondos de inversión. Iguales por ejemplo en fiscalidad, ambas se rigen por la misma normativa y tributan en el impuesto de sociedades según el 1% de los beneficios obtenidos.[7]

Comparando directamente fondos de inversión y SICAVs:

- Un fondo de inversión es un patrimonio que existe sin personalidad jurídica, que resulta de las aportaciones de capitales de los ahorradores que participan en el mismo. El pequeño inversor lo compra o vende directamente con su intermediario, sin acudir al mercado de valores.

- Una SICAV es un fondo de inversión pero toma la estructura de una empresa. Es un producto que está al alcance de todos los inversores y que se compra como una acción, en el mercado de valores (en España, habitualmente en el MAB, el Mercado Alternativo Bursátil).

En España ambos (fondos de inversión y SICAVs) tienen el privilegio de que se pueden realizar traspasos de uno a otro sin la obligación de tributar impuestos (los impuestos se van a pagar, pero se difiere el pago al futuro). Curiosamente los ETFs también son formalmente fondos de inversión, que se compran como acciones, pero no gozan del privilegio de diferir el pago de impuestos.

Las SICAVs son sociedades anónimas de inversión de capital variable, y en ellas el ahorrador se convierte en accionista de la sociedad. Esto hace que el ahorrador pueda ejercer control sobre el gestor. Este control sobre el gestor es excepcional y no sucede lo mismo en un fondo de inversión, donde el ahorrador está a expensas de las decisiones del gestor.

Esto hace que las SICAVs vayan en una dirección muy interesante, la de darle poder al ciudadano. Ahora un inversor puede actuar para invertir a su gusto, según sus intereses, y no según los intereses del gestor. Mucho mejor invertir a través de una SICAV que uno mismo, porque un ciudadano normal está comparativamente castigado al invertir en bolsa (ejemplo: los dividendos han de pagar impuestos al ser recibidos, los gastos de gestión no son desgravables).

Sin embargo no podía ser tan perfecto, y del mismo modo que es un avance en la dirección apropiada, también la legislación impone limitaciones que hacen que un ciudadano de a pie no pueda sacar provecho (número mínimo de partícipes: 100; capital mínimo legal: 2.4 millones de euros). Estos límites son sin embargo similares a los de un fondo de inversión (número mínimo de partícipes: también 100; capital mínimo legal: 0.3 millones de euros).

En definitiva, las SICAV no son fundamentalmente diferentes de los fondos de inversión, y no nos interesan. Por mucho hay quien dice que son un chollo.

Fondos de Inversión Alternativa

En inglés son conocidos como *Hedge Funds*. La idea surgió como protección (*hedge*) contra los vaivenes del mercado. De forma que se puedan obtener beneficios cuando el valor de la bolsa se mantiene neutro o incluso si baja. Sin embargo, en la cultura popular los Fondos de Inversión Alternativa están asociados con enormes rentabilidades. Veamos si es eso cierto.

La CNMV ha preparado documentación sobre ellos, como la Guía Rápida Los Fondos de Inversión Libre, y el monográfico Instituciones De Inversion Alternativa.

Para empezar, los Fondos Alternativos tienen una regulación más laxa que los fondos convencionales, lo que les permite invertir con apalancamiento y menor liquidez.

Estos gestores tienen mucha libertad para operar, pero veamos un ejemplo de estrategia. Si el gestor se centra en un grupo homogéneo de acciones (un sector económico por ejemplo), puede estimar que algunas acciones van a hacerlo mejor que el promedio, y otras acciones peor que el promedio. Si se pone largo (compra) en las acciones que cree que les va a ir bien (pongamos la mitad de la inversión), y se pone corto (vende) en las acciones a las que cree que les va a ir mal (la otra mitad invertida), estará protegido de lo que le suceda al mercado en su conjunto. Porque podemos estimar que el mercado afectará a todas las acciones por igual, pero como la mitad de la inversión iba a largo y la otra mitad a corto, el efecto del mercado se cancela. Solo queda el efecto del gestor, que debería de ser relativamente constante a largo plazo, o al menos con menor volatilidad que el mercado sin más. Así es como empezaron los Fondos Alternativos, aunque con el tiempo sus técnicas se han vuelto mucho más elaboradas.

Los inversores en fondos de inversión alternativos sufren multitud de limitaciones, veamos algunas de ellas.

Normalmente su inversión mínima es muy alta, como 100,000 euros, lo cual actúa como un filtro que elimina a los pequeños inversores. De este modo, solo los inversores institucionales o acaudalados hacen uso de esta forma de inversión.

Por otro lado la forma en la que los gestores obtienen su retribución es muy curiosa. Es el llamado "2 y 20". La primera cifra representa al típico 2% de coste anual, que se aplica al capital invertido. Y luego además hay una comisión de resultados que suele ser del 20% de los beneficios. Esto recompensa al buen gestor, que recibe una remuneración mayor cuanto mejor le vaya al fondo. Contrasta con un gestor de un fondo de inversión convencional, el cual recibe su salario independientemente de si sus decisiones de inversión fueron correctas o no. Sea como sea, estas comisiones son las mayores existentes en los fondos de inversión.

Como las inversiones suelen ser poco líquidas, el inversor no puede entrar y salir del fondo cuando quiera (la venta de activos ilíquidos en grandes cantidades podría hundir el fondo). Hay que avisar con antelación de cuándo se quiere desinvertir, y las fechas para hacerlo son muy limitadas, pudiendo tener que esperar meses.

Además, los fondos de inversión alternativos tienen el privilegio del oscurantismo, de no tener que proporcionar información detallada sobre sus activos. Es una cuestión de confianza en el gestor y el inversor tiene que aceptar la falta de transparencia. Se argumenta que estos fondos dependen mucho de técnicas particulares del gestor, o nichos del mercado que permanecen ocultos a otros gestores. De este modo, publicar el *modus operandi* del gestor sería equivalente a quitarle su razón de ser. Pero claro, ¿se fiaría usted de alguien que le promete superar al mercado, pero sin demostrárselo, solo que confíe en su palabra?

Vea si así lo desea unos índices de referencia de Fondos de Inversión Alternativa (por ejemplo en la web de *Barclay Hedge*), compare con índices sencillos y transparentes, y elija en consecuencia.

Y estos fondos no tienen vidas largas. Según el monográfico de la CNMV indicado con anterioridad, los fondos actuales fueron creados en promedio hace solamente 5 o 6 años. No porque estos fondos quieran tener vidas cortas,

¡sino porque quiebran! Hay incluso una web dedicada a listar sus quiebras (*The Hedge Fund Implode-O-Meter*).

Que todo esto sea ventajoso para algún inversor está por ver. En todo caso parece positivo que los pequeños inversores no podamos entrar ahí. Lo único seguro son las altas comisiones, las limitaciones (de entrada y de salida), y que la vida media de estos fondos es tan corta que el inversor tendrá que cambiarse cada pocos años ¿se fiaría usted de un fondo que estadísticamente va a quebrar en apenas unos años?

Quizás un ejemplo a tener en cuenta sea el de CalPERS, el fondo de pensiones de los empleados públicos de California. En su momento invirtieron parte de sus fondos en Inversión Alternativa, pero a los pocos años lo han abandonado, literalmente por complejo, caro, y porque la rentabilidad ha sido decepcionante.[8]

En resumen, los fondos de inversión alternativos son un producto para ricos y del que se dice que proporciona enormes ganancias. En la práctica hay falta de transparencia, limitaciones, enormes costes y promesas incumplidas.

4.1.5. Bonos del Estado

Si los fondos de pensiones invierten fundamentalmente en bonos del estado, ¿no podríamos nosotros hacer lo mismo?

A la deuda pública, junto con los bonos corporativos, se le llama también renta fija. Esto hace referencia a una inversión en la que el emisor (por ejemplo el estado) está obligado a pagar al inversor una cantidad fija en unas fechas prefijadas (además del capital inicial al vencimiento). Es este doble requisito, cantidad y calendario, lo que explica el adjetivo de "fija".

Es esto lo que lo hace distinto de las acciones, pues estas no implican ninguna obligación de pagar dividendos. Si un emisor de renta fija incumple un pago, es lo que se llama "suspensión de pagos" (*default*). Idealmente sería un problema de liquidez y el emisor pagaría más adelante. Pero si la suspensión de pagos es permanente, entonces nos encontramos ante una quiebra.

Por otro lado, si una empresa decide no distribuir dividendos un trimestre no hay ningún incumplimiento de contrato.

De hecho, como ciudadanos de a pie, tenemos una cierta predisposición hacia los bonos (que representan deuda, por ejemplo de una empresa que se compromete a devolvernos lo invertido más un interés) en vez de las acciones (que representan propiedad de la empresa, y que se puede perder lo invertido si la empresa quiebra).

Además, los bonos del estado tienen en principio una particularidad muy positiva. Y es que (en principio) están anticorrelacionados con las acciones. Cuando el precio de las acciones baja, el precio de los bonos sube. Y viceversa.

Sin embargo invertir en bonos conlleva varios problemas.

Por un lado la baja rentabilidad. Los Bancos Centrales han tomado como norma la compra sistemática de bonos del estado (el *Quantitative Easing*), creando una demanda ficticia, provocando una subida del precio de los bonos, y por ello llevando las rentabilidades básicamente a cero (hay una relación inversa entre el precio de un bono y su rentabilidad). Comprar bonos no da ningún retorno que merezca la pena. Y si acaso da un 1%, por decir algo, eso está por debajo de la inflación, por lo que ningún inversor sensato puede desear invertir en algo sabiendo *a priori* que está perdiendo poder adquisitivo con el paso de los años.

Por otro lado, los bonos del estado no son productos para clientes minoristas. Al igual que los Fondos Alternativos, la unidad mínima que se puede comprar está entre los 50,000 y 100,000 euros, lo cual impide que los minoristas compremos.

Además no se compran con la misma facilidad que las acciones y los fondos. Al menos así ha sido en el pasado, cuando los bonos eran productos OTC (*Over The Counter*), comprados y vendidos directamente entre los interesados, sin cámara de compensación (sin la bolsa de valores como intermediario asegurando la operación).

Tampoco son ya los bonos tan estables como antes, cuando se compraba un bono con la intención de aguantarlo hasta vencimiento e ir cobrando los cupones. Hoy en día los bonos se intercambian intentando obtener rendimiento en el corto plazo. A esto hay que añadir que los estados no tienen reparos en actuar en el mercado modificando los precios (el *Quantitative Easing* indicado anteriormente). Encima que la renta pública a corto plazo ha dejado de ser tan segura como se creía, cuando en la crisis del 2011 casi se rompe la Unión Europea y algunos países quedaron cerca del impago. Y ni siquiera la anticorrelación entre bonos y acciones se cumple hoy en día, porque el precio de los bonos representa el interés ciego de compra por parte de los bancos centrales, no la visión crítica de inversores.

Así que comprar bonos no parece muy recomendable. En todo caso se podrían comprar si fueran más accesibles, en cantidades menores (como el precio de una acción). Si fuera a través de un fondo de inversión, tendría que ser un gestor muy barato, porque la comisión de gestión de la mayoría de los fondos es superior al rendimiento de los bonos ¿Existe algún fondo de inversión con estas características? Luego veremos que sí.

Dada su importancia, veamos las clasificación de la renta fija gubernamental en España y en EEUU.

4.1.5.1. Tipos de Deuda Publica en España

Hay tres tipos de deuda pública: letras del tesoro, los bonos del estado y las obligaciones del estado. La mayor diferencia de estos activos para el pequeño inversor es la diferencia entre cantidades y plazos en los que invierte.

Todos estos tipos de inversiones se realizan mediante anotaciones en cuenta, por lo que nuestros derechos quedan registrados en un archivo, no recibimos un certificado de los mismos en un papel como se hacía antaño.

- Las **Letras del Tesoro** son un activo emitido por el Tesoro público y con vencimiento inferior a 18 meses. Se crearon en 1987 cuando se puso en marcha el Mercado de Deuda Pública en Anotaciones. Son un activo muy adecuado para inversiones seguras a corto y medio plazo. Se emiten mensualmente y en modo descuento. Modo descuento significa que los activos nos dan el derecho a cobrar una cantidad prefijada un día determinado y nosotros compramos ese derecho por una cantidad inferior. Por ejemplo, compramos el derecho a cobrar 1000 euros en una fecha determinada por 990 euros. Estos activos se emiten con un valor de 1000 euros, por lo que hemos de invertir esa cantidad o múltiplos de 1000 euros.

- Los **Bonos del Estado** se emiten a tres y cinco años y son una forma de inversión a medio y largo plazo. Además la forma de pago de intereses es explícita, por lo que se emiten especificando la rentabilidad que se dará. Se suelen emitir mensualmente y también se pueden adquirir en los mercados secundarios. La inversión mínima es de mil euros. La remuneración de este tipo de deudas se hace mediante el pago de cupones, cuya generación de intereses suele ser anual. El nombre de cupones viene porque en el pasado la deuda se emitía en papel y había cupones que indicaban la fecha de vencimiento. Esos cupones se separaban del título de deuda y se cobraban, de hecho incluso se llegaron a utilizar como moneda. Hoy en día ese sistema de cupones impresos ha quedado obsoleto, pero el nombre se conserva. La ventaja de este sistema es que no tenemos que esperar al vencimiento, sino que recibimos el pago periódico en nuestra cuenta corriente.

- Las **Obligaciones del Estado** son muy similares a los bonos del estado, siendo el plazo la mayor diferencia. Se emiten a 10, 15 y 30 años, por lo que se trata de inversiones a muy largo plazo.

4.1.5.2. Tipos de Renta Fija en EEUU

Estados Unidos es el mercado de renta fija más dinámico del mundo, y suele aparecer en las noticias con frecuencia. Sirve de referencia para otros países, así que lo comentamos aquí someramente.

- **Bonos Municipales** (*Municipal Bonds*, también llamados *Munis*). Son emitidos por los estados y algunas autoridades locales. Normalmente están asociados a grandes obras de infraestructura (carreteras, colegios). Los bonos municipales están exentos del pago de impuestos a nivel federal, aunque a cambio suelen proporcionar un cupón menor que otros bonos.

- **Bonos del Tesoro** (*U.S. Treasury Securities*). Son emitidos por el gobierno federal y son utilizados para proporcionar fondos a las operaciones del gobierno. Se los considera libre de riesgo porque tanto el principal como el interés están garantizados por el Departamento del Tesoro de EEUU. Los periodos de vencimiento varían entre los 3 meses y los 30 años.

- **Títulos del Tesoro Protegidos contra la Inflación** (*Treasury Inflation Protected Securities*, (TIPS)). Son bonos del tesoro especiales, que están indexados a la inflación. De este modo, el valor del principal y del cupón se incrementan con el tiempo. Por ejemplo, si compramos un TIPS por 1000 dólares con vencimiento a un año, y suponiendo una inflación del 5%, al final del año el gobierno federal nos devolverá 1050 dólares en base al capital. Esto es, 1000 del capital inicial mas el 5% de inflación. A esto hay que sumarle el cupón. Si hubiera sido un bono normal, solo habríamos obtenido nuestros 1000 dólares iniciales, independientemente de la inflación. A cambio de esta seguridad los TIPS pagan un cupón menor que un bono convencional.

4.1.6. Acciones Individuales

Podríamos ir a lo sencillo. Si vamos a invertir en bolsa, podríamos comprar directamente las acciones. Esto tiene grandes ventajas, empezando por su transparencia, saber exactamente en qué se ha invertido, y tener la seguridad de que no hay cosas raras (bonos de alto riesgo, derivados, etc.). También, al comprar uno directamente las acciones, entramos de lleno en la filosofía del hágalo-usted-mismo.

Hay además muchas personas que están consiguiendo la Libertad Financiera específicamente por la vía de comprar acciones y vivir de sus dividendos. Tanto a nivel internacional (*Dividend Growth Investor*, *Dividend Mantra*); europeo (*No More Waffles*, *Cheesy Finance*); como en España (Independencia Vía Dividendos, Caza Dividendos, Don Dividendo, *Dividend Street*, Josan Jarque de Enorme Piedra Redonda, y Gregorio Hernández Jiménez con su web Invertir en Bolsa y sus libros).

Especial mención merecen las Jornadas de Independencia Financiera de Valencia. Se centran en inversión en acciones, pero también tocan otros temas aledaños. Es muy recomendable, si puede apúntese a la próxima vez que se organice. Hay vídeos en Youtube de las primeras y segundas jornadas, y de la terceras jornadas.

Sin embargo la compra de acciones acarrea varias dificultades. Exponemos aquí algunos argumentos en contra de la compra de acciones.

- La complejidad de estudiar empresas. Tendríamos que seleccionar empresas interesantes, comprobar cuáles son solventes y comprar esas acciones. Eso requiere mucho tiempo y ser un experto realizando el análisis fundamental de las empresas (contabilidad, planes de expansión, etc.). No es lo que queremos, pues suponemos que el lector, al igual que nosotros, tiene su propio trabajo que le proporciona ingresos. Si fuéramos expertos en contabilidad empresarial, probablemente nos dedicaríamos a ello a tiempo completo. Pero lo que queremos es encontrar una forma sencilla de ahorrar, no dedicarnos profesionalmente a la inversión. Para hacer la selección de acciones correctamente, mejor que lo haga un gestor profesional.

- La imperfecta diversificación. Idealmente querríamos invertir en una gran cantidad de empresas, cuantas más mejor, pero en la práctica el número de empresas distintas que un inversor individual puede comprar de forma razonable no es muy grande. Imagínese haciendo el seguimiento de, por ejemplo, 30 empresas. Vamos a encontrar innumerables problemas ¿Qué empresas han pagado dividendos en los últimos meses? ¿Cuál ha sido el cómputo total de ganancias para pagar a hacienda? ¿Diferentes retenciones? ¿Diferentes monedas? ¿Ha cambiado la junta directiva? ¿Ha pasado algo que afecte a esa empresa? ¿Estoy bien diversificado por sectores económicos, por países, por capitalización? ¿Debo rebalancear? ¿Diferentes costes de operar en diferentes mercados de valores? Todo esto es mucho trabajo y uno desearía externalizar estas tareas a través de profesionales, que podrían comprar cientos o miles de empresas pagando una cantidad que, idealmente, fuera pequeña.

- En España además, la legislación castiga la compra de acciones con respecto a la compra de otros instrumentos de inversión como los fondos de inversión (que pueden transferirse de un producto a otro sin pagar impuestos) o los planes de pensiones (que tienen amplias desgravaciones fiscales y cuyos gestores están exentos del impuesto de sociedades).

- Si compra una empresa que va mal y quiebra, sus acciones no valdrán nada. Usted habrá perdido toda su inversión. Esto puede pasar de golpe sin que usted pueda hacer nada, o al contrario, poco a poco de forma que usted siempre tenga la duda "¿debo vender ahora o mejor continuar?" No sabemos qué es peor. Como pequeños inversores que somos, nunca vamos a tener una cartera con muchas acciones, por lo que una quiebra implica una pérdida reseñable.

Por todo esto, aunque nos gusta, la compra de acciones no es lo que hemos elegido nosotros. O mejor, podríamos decir que algunas de las características de las acciones están muy bien (sencillez, compra venta transparente), y que otras de las características de los fondos de inversión también están muy bien (gestión profesional, simplificación de tramites) ¿No habrá un producto mixto que una lo mejor de ambos mundos?

4.1.7. Inversión en Fondos Indexados

Llegamos ahora a los fondos índices, y dentro de ellos a un grupo muy particular, los implementados como fondos cotizados (ETFs, *Exchange-Traded Funds*). Este capítulo se aplica a ambos por igual.

En las secciones anteriores hemos pasado revista a las diferentes posibilidades, y cada forma de invertir tiene sus pros y sus contras.

La inversión inmobiliaria directa tiene mucho interés, por cuanto la compra de vivienda está imbuida en la mente y las vidas de las personas. Por una razón o por otra, siempre hay una cierta demanda de compra o alquiler. Pero comprar casa tiene muchas complicaciones, como ya vimos en la Sección 4.1.2 ¿No existirá una forma de "comprar una casa" con los beneficios pero sin las complicaciones? Tendría que ser algo que se pueda comprar y vender sin dificultad y en pequeñas cantidades.

También vimos que existen los fondos de pensiones (Sección 4.1.3), pero también tienen infinidad de problemas ¿No será posible invertir tal y como invierten los fondos de pensiones, pero sin sus altos costes ni la imposibilidad de rescatar la inversión? Tendría que ser algo barato y que se pueda recuperar en cualquier momento.

Podrían ser los fondos de inversión, entendidos como fondos de gestión activa (véase la Sección 4.1.4). En ese caso tendríamos que escoger los mejores fondos, aquellos que obtengan sistemáticamente mejores retornos de la inversión ¿existe algún grupo de fondos con estas características? Ya hemos visto que no. De hecho, al contrario, los fondos de inversión obtienen sistemáticamente resultados peores que sus índices de referencia. Por lo tanto ¿Por qué comprar un fondo de inversión pudiendo comprar su índice de referencia?

O mejor que los bonos del estado (Sección 4.1.5), que requieren de grandes sumas ¿no se podrá comprar la estabilidad de los bonos del estado en pequeñas cantidades?

O mejor que las acciones (Sección 4.1.6), que son baratas y transparentes, pero tienen una gran volatilidad. Y la empresa cotizada puede quebrar, haciéndonos perder toda nuestra inversión ¿No podríamos diversificar para promediar el mercado y evitar que una quiebra nos haga perder buena parte de nuestra inversión?

Lo que estamos buscando es exactamente un fondo índice, un fondo pasivo que se dedica a comprar unos activos indicados por un índice. Donde el gestor del fondo no tiene que pensar, no tiene que tomar decisiones. Simplemente comprar los activos del índice de la manera más barata posible.

4.1.7.1. ¿Por Qué el Coste del Fondo Es Importante?

Vea la Figura 22 para una visión gráfica del efecto de las comisiones.

Lo primero que tenemos es la distribución de inversores **antes** de pagar costes (1). Supongamos una distribución en Campana de Gauss, en la que la mayor parte de los inversores obtienen rentabilidades promedio, unos pocos obtienen rentabilidades menores que el promedio (zona izquierda), y otros pocos obtienen rentabilidades mayores (zona derecha).

Indicamos la "rentabilidad promedio del mercado" (2) con una línea vertical. Esta es también la rentabilidad que obtienen los inversores **antes** de pagar costes.

Los costes restan rentabilidad (3), por lo que la rentabilidad **después** de costes (4) es otra distribución similar a la anterior, pero desplazada hacia la izquierda.

Ahora podemos indicar con una línea vertical la rentabilidad promedio de los inversores **después** de tener en cuenta los costes (5).

Pero lo interesante es que la inmensa mayor parte de los inversores obtienen, **después** de costes, rentabilidades menores que el promedio del mercado **antes** de costes (6).

Y más aún, hay muy pocos inversores que superen **después** de costes al mercado **antes** de costes (7). La zona (6) es mucho mayor que la zona (7). Esto se debe a que como la distribución de inversores tiene forma de campana, la mayor parte se encuentran en la zona central, y con los costes en seguida nos desplazamos a las alas de la distribución, donde hay relativamente pocos inversores.

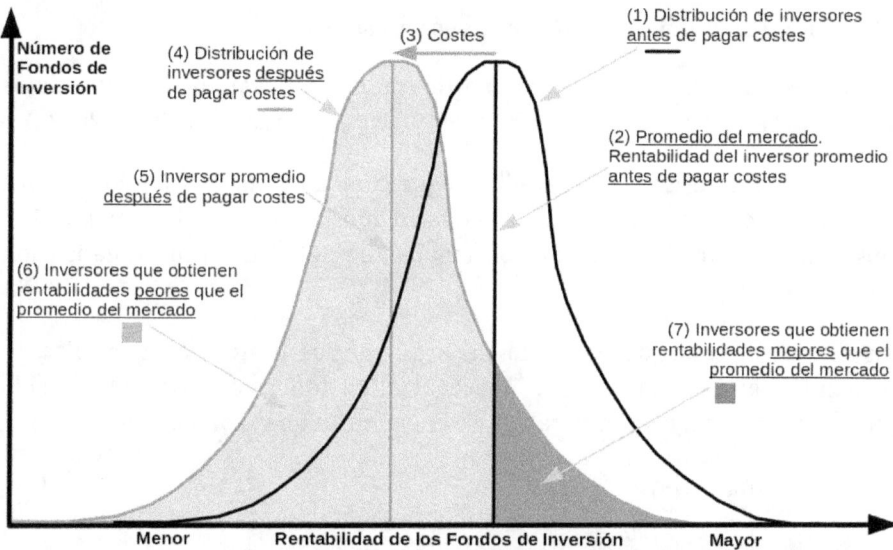

Figura 22. Demostración gráfica de que los costes de los fondos de inversión implican rentabilidades menores que el promedio del mercado.

La Figura 22 es la justificación de los resultados que se encuentran con fondos de inversión reales, tanto del informe SPIVA como del *Morningstar's U.S. Active/Passive Barometer.*

Los fondos indexados unen las mejores cualidades de las acciones (liquidez, sencillez), con las mejores cualidades de los fondos de inversión (diversificación, gestión profesional).

Y dentro de los fondos índice, los más transparentes y baratos son los ETFs. Por lo que parece que son los mejores para nuestras necesidades.

Son especialmente baratos, porque el gestor del fondo no tiene que pensar, no tiene que tomar ninguna iniciativa. Solo comprar y dejar pasar el tiempo. Aunque hay que ir con cuidado, porque también hay ETFs activos que pueden seguir alguna estrategia en particular, y pueden ser tan caros como un fondo convencional. Pero no nos interesan los ETFs activos, pues pierden las ventajas de la inversión pasiva (especialmente la sencillez, liquidez, y bajo coste).

Los ETFs son muy usados por fondos de inversión y de pensiones, pues les sirven como elementos básicos en la construcción de sus estrategias. Y es precisamente esta capacidad de servir de base a la inversión, la que da pie al "hágalo usted mismo", que es precisamente la razón por la que son tan útiles al pequeño inversor.

4.1.7.2. Rentabilidad de Fondos Activos vs Pasivos

Hemos visto la Figura 22, que es una figura teórica. Veamos ahora los datos reales, *Morningstar's U.S. Active/Passive Barometer*, de septiembre de 2022.

La Figura 23 muestra la rentabilidad que han obtenido los fondos activos comparados con su equivalente pasivo (a 10 años, rentabilidades anualizadas, mostrando solo fondos que han sobrevivido, de EEUU, de gran capitalización y estilo mixto).

Los fondos activos que han sido mejores que los pasivos comparables, se encuentran en la zona derecha. Y viceversa, los fondos activos que han sido peores que los pasivos comparables, se encuentran en la zona izquierda.

Ojo a los 9 puntos clave:

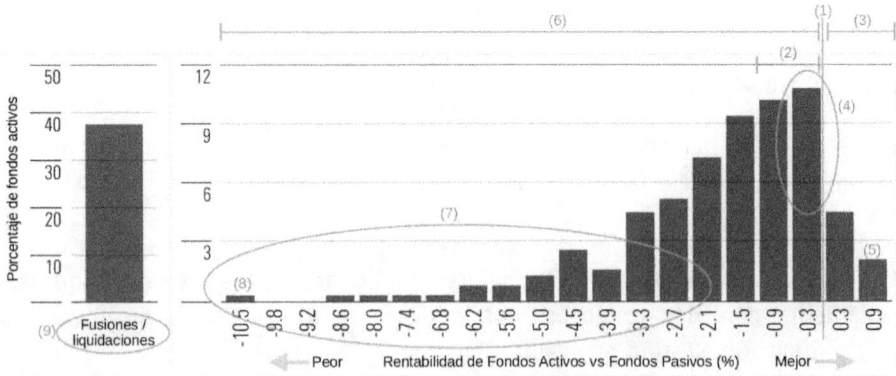

Figura 23. Mortalidad y distribución de rentabilidad de fondos activos con respecto a fondos pasivos (a 10 años, anualizado, solo fondos supervivientes, fondos de EEUU de gran capitalización y estilo mixto). Fuente: Morningstar's U.S. Active/Passive Barometer, de septiembre/2022, figura 7.

La línea (1) indica el punto 0.0%, el lugar donde los fondos activos han obtenido la misma rentabilidad que sus equivalentes pasivos.

Como indica la zona (2), la mayor parte de los fondos activos han obtenido rentabilidades entre -0.9% y -0.3% peor que los fondos pasivos equivalentes.

El punto (3) ya nos indica que hay relativamente pocos fondos activos que superen a los pasivos. Buscar un buen fondo activo es como buscar un trébol de cuatro hojas.

El punto (4) nos muestra a los falsos fondos activos (*closet indexing* en inglés, algo así como "indexado escondido en el armario"). Estos son fondos de inversión que dicen ser activos, pero que realmente siguen a un índice. Lo interesante es que esto permite a los gestores cobrar comisiones relativamente altas a cambio de dar un servicio que realmente tiene muy bajo coste. Es un chollo para ellos.

El punto (5) indica que lo mejor a lo que puede aspirar un inversor activo es a mejorar los índices un 0.9% al año. Tal vez haya algún fondo de autor con cuatro partícipes y muy pocos Activos Bajo Gestión que consiga mejorar esta rentabilidad, pero no es representativo en la gráfica.

El punto (6): La inmensa mayoría de los fondos activos obtienen rentabilidades menores que los pasivos (la línea vertical en 0.0%).

Fíjese en la zona (7), el castigo por elegir un mal fondo activo (su rentabilidad negativa) es mucho mayor que el premio por elegir un buen fondo pasivo. En otras palabras: A cambio de intentar superar al mercado en 0.9% al año, podemos acabar con -4%, -7%, o hasta -10.5%.

El punto (8) es dramático: Hay inversores activos que han obtenido una rentabilidad anual un 10.5% peor que los inversores pasivos durante 10 años consecutivos.

Y finalmente (9): Y es que es aún peor, porque para esconder el desastre las gestoras fusionan o liquidan sus fondos con malos resultados. De este modo, en la gráfica solo se muestran los fondos que han sobrevivido 10 años. Esto es: Hay un 37.5% de fondos fusionados/liquidados que muy probablemente estarían en la zona izquierda de la gráfica pero que no se están mostrando.

ETFs frente a Fondos Convencionales

Preferimos los ETFs sobre los fondos convencionales por 4 razones:

1. Por un lado porque son en promedio más baratos: los fondos indexados convencionales tienen TER del orden de 1-2% anual, mientras que ETFs equivalente pueden costar 0.10-0.20% anual, diez veces menos.

2. Por otro lado, además de este mayor coste anual, los fondos convencionales tienen ineficiencias. Por ejemplo, por regulación no pueden estar 100% invertidos, sino por ejemplo al 95%. El otro 5% tiene que estar en efectivo listo para ser entregado a los partícipes si quisieran salir del fondo. Por esta razón, si el índice sube un 10% anual, el fondo solo habría subido un 9.5%.

3. Por transparencia. Porque el que el gestor actúe correctamente no es un tema de confianza, es que se selecciona el *ticker* del fondo y se puede observar el precio del ETF en la bolsa de valores, la web, o un app. Y si el gestor se desvía, por la implementación de los ETFs, perderá dinero a manos del Partícipe Autorizado.

4. Los fondos convencionales pueden, según las circunstancias, castigar a los inversores a largo plazo. Imagínese una crisis como la de 2008, donde el valor de los activos cae a la mitad. Cuando un partícipe quiere salir del fondo, el gestor le tiene que devolver su dinero según el valor liquidativo del fondo (su valor contable). Pero en situaciones de crisis, ese valor liquidativo puede ser incorrecto. Puede ser el precio de ayer, pero hoy se ha derrumbado la bolsa. El gestor del fondo puede verse obligado a vender sus mejores activos con un descuento por la falta de liquidez del mercado, teniendo que vender más activos de lo esperado para hacer frente al pago. De forma que en el fondo solo quedarán activos ilíquidos, y por un valor menor que lo que pagaron los partícipes inicialmente. Así que los partícipes que se quedan han subsidiado a los que se han ido. Los ETFs, sin embargo, apoyan a los inversores a largo plazo. Si un inversor quiere vender el ETF, lo ofertará al mercado. En tiempos de falta de liquidez, si nadie quiere comprarlo, tendrá que venderlo con descuento. Pero pase lo que pase la transacción es decisión del inversor que quiere salir, y no afecta a los partícipes que quedan del ETF. El descuento por falta de liquidez solo lo paga el partícipe que se va, no el que se queda.

4.1.7.3. Unos Comentarios Finales

La idea es que seguir un índice es barato, y que eso de por sí ya da suficiente rendimiento. El S&P 500 por ejemplo ha proporcionado un 12% anual en promedio durante los últimos 25 años (entre 1991 y 2016, incluyendo dividendos). Y si comparamos el valor del índice de un día cualquiera con otro día de unos años antes, si el intervalo es a suficiente largo plazo, el índice siempre ha mejorado.

De una manera teórica, la justificación de que los índices son una buena elección viene a través de la llamada Hipótesis del Mercado Eficiente (véase la caja de texto en la Sección 4.3.3). Esta hipótesis ha dado mucho que hablar, sobre si es correcta o incorrecta, y es verdad que si vamos al detalle habría mucho que discutir, pues es posible que haya burbujas y los precios no se ajusten al valor de los activos. Pero nosotros no vamos al detalle, vamos al trazo grueso, y ahí no hay problema. A largo plazo, la Hipótesis del Mercado Eficiente funciona, a largo plazo la información fluye, los desequilibrios se ajustan y los precios de las cosas reflejan su valor. Por eso los fondos indexados funcionan.

¿Y cuál es el sentido de comprar un fondo indexado? Comprar todo el mercado, punto. Si no podemos discernir qué empresas son mejores que otras (y los gestores activos no lo consiguen), ¿por qué complicarnos la vida? Simplemente cómprelo todo. Con un fondo índice usted está comprando las empresas cotizadas, básicamente una aproximación a la economía del país ¿Qué más le da si la bolsa sube o baja? A usted no le importa que el precio de las gallinas suba o baje, lo que le interesa es que esas gallinas ponen huevos de oro. Lo que quiere es que eso que ha comprado genere ingresos, automáticos, inagotables, sencillos. Usted pasa a ser propietario de una parte del sector productivo del país.

De hecho usted no ha comprado una gallina que pone huevos de oro, sino cientos, tal vez miles. La probabilidad de que una empresa quiebre es un mal menor, porque su efecto está minimizado entre muchas otras. Y seguramente otras habrán subido. Porque si compra una acción y mañana la empresa quiebra, usted habrá perdido el 100% de su inversión. Pero si esa empresa dobla su valor, usted habrá ganado un 100%. Y si pasado mañana sigue creciendo hasta 10 veces el valor inicial, usted habría ganado un 900%. Son cifras relativamente absurdas, pero dejan clara una cosa: las pérdidas están limitadas, las ganancias por el contrario son ilimitadas.

¿Es la inversión en fondos indexados segura? Cierto que en bolsa siempre hay riesgo. En este caso, la seguridad viene de dividir las responsabilidades de las empresas involucradas, de forma que sean independientes entre sí. Por ejemplo, una empresa calcula el valor del índice (Bolsas y Mercados Españoles para el IBEX 35, otra empresa gestiona las compras para seguir ese índice, otra empresa se encarga de dar liquidez en la bolsa, otra empresa custodia las acciones del fondo, y otra empresa audita el sistema.

Hay que resaltar que el riesgo de que quiebre el gestor del fondo es insignificante, pues el fondo solo gestiona la compra de activos, no tiene deudas ni obligaciones. Pero aún si el gestor quebrara, el inversor está protegido porque los activos siempre están en manos de una entidad depositaria, como en cualquier otro fondo de inversión. Los activos están a nombre de los inversores, no del gestor, y además la entidad depositaria cumple funciones de auditor del gestor. Eso paso recientemente en Chipre si no me equivoco, que fue una forma de escapar de la quiebra de sus bancos.

Ya veremos más información sobre ETFs en el Capítulo 5, donde dada su importancia tienen un capítulo para ellos solos.

4.1.8. Comparativa

Comparamos ahora entre sí las diferentes formas de inversión que hemos presentado en las secciones anteriores.

La Tabla 7 presenta esta información. Es en gran medida una opinión personal. La intensidad del color gris del fondo de cada celda da una indicación de si es bueno o malo. Cuanto mas oscuro, peor.

Tabla 7. Comparativa de los diferentes tipos de inversiones. Esta tabla es un resumen de las secciones presentadas en este capitulo. El color de fondo de las celdas indica si esa característica es mejor o peor para el inversor.

	Coste (Gestión y Mantenimiento)	Rentabilidad Histórica	Transparencia	Liquidez	Diversificación	Atención Requerida
Casa	Caro	Inflación más ingresos por alquiler	Alta	Baja	Muy baja	Media
Plan de Pensiones	Caro	Peor que la inflación	Depende	Ninguna	Baja	Baja
Fondo de Inversión Activo	Depende	Mercado menos costes	Depende	Alta	Alta	Baja
Acciones Individuales (dividendos, etc.)	Barato	Mercado	Alta	Alta	Baja	Alta
Bonos del Estado	Barato	Mejor que inflación	Alta	Alta	Baja	Media
Fondo Indexado	Barato	Mercado	Alta	Alta	Alta	Baja

- Los costes de gestión y mantenimiento se refieren por ejemplo al mantenimiento de la casa (impuestos, reparaciones) o a los gastos recurrentes de las inversiones (TER), mantenimiento de cuenta).

- El retorno histórico de la inversión se refiere a los ingresos que cabe esperar. En el caso de la casa se presupone que se revaloriza con la inflación (razonable a largo plazo) y que se obtiene un alquiler de ella (o al menos no se paga el alquiler por vivir allí). Este apartado dependerá de lo que busque el inversor; si mas riesgo y mas beneficio, o mas estabilidad y menos beneficio.

- Transparencia es la facilidad para obtener información sobre la inversión, cómo está gestionando el gestor el capital que le hemos entregado. En el caso de la vivienda, fondos indexados, acciones, bonos del estado, no hay problema. Sin embargo, puede ser complicado saber qué están haciendo un plan de pensiones o un fondo de inversión con el dinero.

- Liquidez es la facilidad para comprar y vender el bien de la inversión, especialmente en momentos de crisis. Los planes de pensiones son especialmente nefastos en esto, porque la ley prohíbe recuperar la inversión (aunque en los últimos años se ha modificado la legislación y ahora excepcionalmente permite recuperar el dinero en ciertos supuestos, como enfermedad grave o paro de larga duración). Una vivienda es también muy poco líquida, porque transcurre mucho tiempo desde que se decide comprar/vender y hasta que finalmente se consigue. Y requiere mucha burocracia y agentes externos al intercambio (por ejemplo notarios). Las acciones por el contrario se pueden comprar o vender con solo pulsar un botón. También podríamos contar aquí los costes de compraventa, referidos a los gastos en los que se incurre cuando se compra o se vende el activo. Impuestos y gastos de notario en el caso de la compra de una vivienda; coste de *brokerage* en el caso de la bolsa de valores. Como nuestra intención es mantener la inversión a largo plazo, este es en principio un gasto menor.

- Diversificación es la capacidad de una inversión, que aún habiendo sido comprada como un bien único, equivale a varias inversiones menores. Esto va implícito en los fondos de inversión (en particular los pasivos suelen estar diversificados en grado máximo). En el caso de comprar una acción de un ETF, es equivalente a comprar las acciones del índice que sigue. Las acciones no están diversificadas (y los mismo se aplica a los bonos), y habría que comprar muchas acciones distintas para conseguir diversificación (lo cual encarece los costes y requiere mucha atención por parte del inversor). Una casa es el paradigma de la falta de diversificación, porque obliga al inversor a emplear la mayor parte de sus ahorros en una inversión única. Deseamos la mayor diversificación posible, para que el comportamiento de las diferentes inversiones sea independiente entre sí (ausencia de correlación).

- Atención requerida se refiere al grado de supervisión que hay que tener. Una casa por ejemplo requiere atención para pagar facturas e impuestos, especialmente si está alquilada. Las acciones individuales pueden bajar fuertemente, por ejemplo si una empresa quiebra, lo que exige estar atento para no perder lo invertido.

Hay otras inversiones que se podrían reseñar. Un ejemplo sería comprar oro, pero en todo caso sirve como reserva de capital, no como inversión (porque a largo plazo su valor sólo crece al ritmo de la inflación). Y tiene altos costes de transacción.

La Tabla 7 muestra que la compra de una casa y los planes de pensiones son las peores inversiones. Los fondos indexados son las mejor opción (en particular implementados como ETFs) y por eso nos centramos en ellos.

4.2. Alfa Es Beta Esperando Ser Descubierta

Antes de hablar de estrategias en particular, es importante comprender que las estrategias que permiten obtener rentabilidades por encima del mercado tienen un ciclo vital. Se descubren, se utilizan por los gestores como una habilidad excepcional, y finalmente se empaquetan como productos accesibles a bajo coste. Este proceso se muestra en la Figura 24.

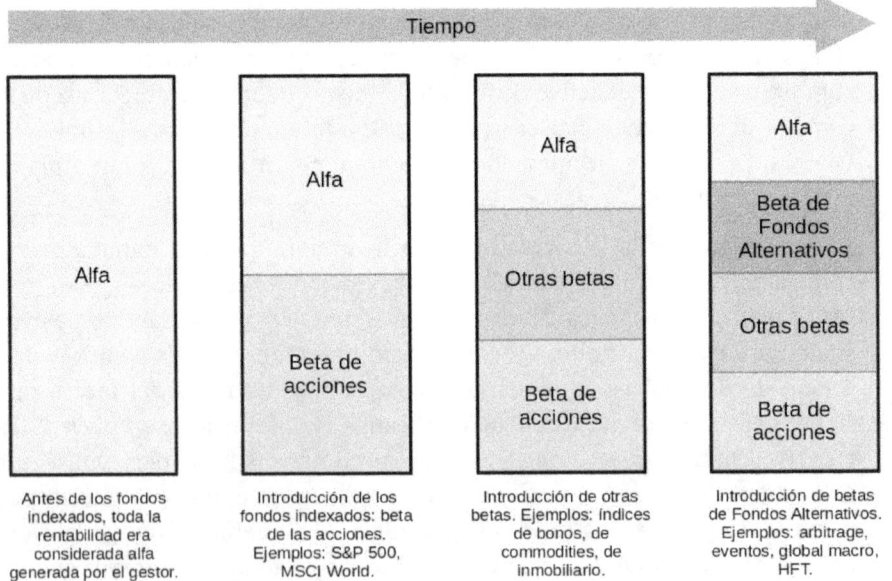

Figura 24. Con el tiempo se descubren nuevos factores de inversión, y lo que se creía que era alfa pasa a considerarse beta. Fuente: Is Alpha Just Beta Waiting To Be Discovered?

Antes de la aparición de los índices bursátiles ponderados por capitalización, hace ya más de medio siglo, todo inversor que recurriera a un gestor para construir una cartera de acciones atribuía sus resultados a la habilidad de ese gestor. Toda la rentabilidad de la cartera por encima de la rentabilidad del activo sin riesgo (el bono gubernamental a corto plazo) se consideraban alfa.

Con el tiempo, se hizo evidente que el éxito o el fracaso de estas carteras estaba ligado al rendimiento general del mercado de acciones. Hubo ciclos de auge en los que la mayoría de las carteras obtuvieron buenos resultados, y ciclos de crisis en los que la mayoría de las carteras obtuvieron malos resultados. De esta manera, con índices bursátiles ponderados por capitalización (como el S&P 500), los partícipes tuvieron una mejor manera de explicar los rendimientos de sus gestores. Ahora podían atribuir una buena parte del rendimiento de la cartera a la beta del mercado. Tras considerar el impacto de la beta, la parte de los rendimientos atribuida a la alfa se redujo significativamente. Conseguir la rentabilidad del mercado, la beta, es tan fácil como invertir en un fondo indexado. Y eso es muy barato.

No obstante, algunos gestores activos siguieron batiendo la rentabilidad del mercado, generando alfa. Y poco a poco los inversores se fueron dando cuenta de que muchos gestores estaban siguiendo estrategias similares para batir al mercado. Por ejemplo, algunos gestores sobreponderaban las empresas de pequeña capitalización, mientras que otros sobreponderaban valores que cotizaban con una baja relación precio/beneficios o precio/valor contable. Ambos grupos tendieron a superar a los índices bursátiles generales a lo largo del tiempo.

El modelo de tres factores de Eugene Fama y Kenneth French (en referencia al artículo de Fama y French de 1993) impulsó una mayor aceptación de las carteras basadas en el tamaño y el valor. La aparición de índices de pequeña y gran capitalización, y de índices de valor (*value*) y crecimiento (*growth*) codificó estas ideas en betas que los inversores podían utilizar para comprender los rendimientos de las carteras. Para los gestores que habían batido a un índice de referencia amplio del mercado de renta variable simplemente manteniendo una cartera de valores de pequeña capitalización o de valor, este descubrimiento convirtió lo que se creía que era alfa en beta (aunque no todos se percataran de ello inmediatamente). Si los inversores podían invertir en un índice de valor, o en uno de pequeña capitalización, en ambos casos a bajo coste, los gestores ya no podían justificar las elevadas comisiones de las carteras.

Más recientemente, los inversores han diversificado sus carteras en una gama de activos más amplia que la tradicional de los mercados desarrollados. Muchas de estas nuevas inversiones (materias primas, bienes inmuebles, renta variable, y deuda de mercados emergentes) caen en la categoría de "otras betas de mercado", o inversiones cuyos rendimientos pueden explicarse por la exposición a factores de riesgo menos tradicionales. Al igual que las betas tradicionales, suelen estar asociadas a una exposición a largo plazo a uno o varios mercados. Esta historia demuestra que, a medida que evoluciona la teoría financiera, lo que antes parecía un alfa un tanto misteriosa, tiende a convertirse en la rentabilidad asociada a la exposición a un factor de riesgo relativamente comprensible.

Conclusión: La rentabilidad esperada está fundamentalmente relacionada con el riesgo tomado, y poco con la habilidad del gestor. Hay que invertir mayoritariamente en la beta del mercado de acciones (a través de un fondo indexado). Y si quiere una potencial mayor rentabilidad esperada, tal vez añadir algo de otras betas (inversión en valor, pequeña capitalización, etc.).

4.3. Inversiones Que No Funcionan

Cuando uno se aproxima por primera vez al mundo de las inversiones en bolsa, se tiene una visión irreal de cómo funcionan las cosas. Una visión dada por el cine, los medios de comunicación de masas y por el saber popular. Por ello, es importante darse cuenta desde el principio de cuáles son las inversiones que no funcionan.

En esta sección damos ciertamente una visión muy personal. A nosotros nos ha funcionado la máxima de Warren Buffett de "no invertir en algo si no se comprende", así que siempre procuramos ir a lo sencillo y transparente.

Estas afirmaciones son en parte exageradas, porque es posible que una determinada estrategia sea efectiva durante un tiempo. Sin embargo, en cuanto se descubra la efectividad de la estrategia, otros inversores pasarán a aplicarla, perdiéndose su eficiencia. Así que a largo plazo, que es lo que nos interesa, no hay ninguna estrategia mejor que "comprar todo el mercado" y dejarse llevar por los promedios. Esto es lo que siempre ha dicho Jack Bogle. Quizás el título debería de ser "Inversiones que no Funcionan en el Largo Plazo para Inversores que Buscan Sencillez".

Para una descripción mucho más pormenorizada de las diferentes formas de perder dinero en la bolsa, recomendamos el excelente libro de Burton G. Malkiel "Un Paseo Aleatorio por Wall Street".

4.3.1. Análisis Técnico

Posiblemente la visión que tenemos la mayor parte del público general sobre los profesionales de la bolsa es la imagen de alguien aplicando análisis técnico.

Son aquellos que se dedican a predecir el futuro en base a cómo se ha comportado el valor de un activo en el pasado. Eso a pesar de que todos sabemos que "rendimientos pasados no justifican rendimientos futuros", magnífica frase obligatoria en los prospectos de los fondos de inversión.

El análisis técnico, también conocido como "Chartismo", se dedica a analizar gráficas, a intentar encontrar tendencias, ya sea al alza o a la baja, que permitan obtener un beneficio al comprar y vender a diferente precio. Y si la tendencia va a cambiar, encontrar el momento justo (el *Market Timing* que se diría en ingles) para montarse en la nueva ola.

Basado en la idea de que "una imagen vale mas que mil palabras", un verdadero analista técnico solo tiene interés en la gráfica, pero no en si la gráfica es del precio de una empresa, un bono, petroleo, derivados o cualquier otro cosa. El activo es indiferente, solo importa su precio.

Figura 25. La coreografía del análisis técnico. Si todavía no se ha visto a sí mismo pensando así, no se preocupe, ya le pasará.

Los analistas técnicos piensan que los movimientos del mercado tienen una parte de lógica (¿10%?), pero son fundamentalmente psicológicos (¿90%?). Y esto les lleva a buscar patrones de comportamiento en las gráficas.

Son muy creativos en sus análisis y ven figuras en las gráficas como quien ve formas en las nubes. Y es que básicamente es la misma idea ¿No le ha pasado nunca que alguien le ha dicho "mira aquella nube, que parece una cara", y usted no veía nada? Pues es así, el análisis técnico es muy personal, y consiste en ver patrones en las gráficas cotidianas.

Su vocabulario es muy colorido. Lo han leído y oído, seguro. Con su jerga sobre "resistencias" (un precio que un activo no ha logrado superar en varias ocasiones, dando la impresión de subir hasta él y volver a bajar, lo que permite predecir que la próxima vez volverá a rebotar también), "soportes" (lo contrario a las "resistencias", un precio bajo, que el activo no ha traspasado hacia abajo en varias ocasiones, dando la impresión de rebotar y volver a subir, lo que permite predecir que la próxima vez que el precio baje hasta ahí, rebotara y volverá a subir), "hombro-cabeza-hombro" (una figura que indica que el precio va a bajar, es fácil de imaginar), y muchas más. Además utilizan las características "gráficas de velas japonesas", que dan una indicación adicional sobre si el valor sube o baja. Y en tiempos modernos utilizan también medias móviles (por ejemplo, el valor promedio del precio durante los últimos 200 días -por decir algo-, si el valor actual está por encima o debajo de la media, habrá que vender o comprar respectivamente).

Quizás la principal argumentación a favor del análisis técnico consiste en que intenta adelantarse a los acontecimientos. Intenta detectar los cambios de tendencia antes que los demás, llegar antes que los demás.

A nosotros mas bien nos parece que sus predicciones son poco creíbles, y en el mejor de los casos autocumplidas (si todos los analistas técnicos ven a la vez una figura que predice que el precio va a bajar, todos ellos venderán sus activos para protegerse, provocando la caída que estaban esperando).

A los bancos de inversión les encantan los analistas técnicos, porque incitan al inversor a comprar y vender con gran frecuencia, que es donde los bancos ganan gracias a las comisiones.

Tienen cierto hueco en los medios de comunicación económicos, donde suele haber una sección para ellos. Normal, porque no requiere ningún conocimiento especializado, cualquiera puede ver y entender la predicción ¿Quién va a querer padecer el coste del aprendizaje, estudiar una empresa o sector económico, sus regulaciones, noticias en prensa, etc., si tiene la impresión de que la gráfica lo encapsula todo y es por ello suficiente? Es el camino fácil.

A pesar estar bien vistos en el mundillo amateur, los analistas técnicos no tienen buena prensa en las finanzas académicas. Se les considera chamanes, acientíficos, que proporcionan estimaciones sin justificación creíble.

Si revisamos a la lista de los más famosos inversores de todos los tiempos, como Benjamin Graham, Warren Buffett, Peter Lynch, John Templeton, George Soros; ninguno de ellos lo son por hacer análisis técnico. En todo caso análisis fundamental y macroeconómico.

Y es que seguir tendencias está bien mientras la tendencia se cumple. Pero imagínese que hubiera invertido todos sus ahorros apostando a que la tendencia alcista continuase, justo antes de una crisis (porque es así como sucede, la tendencia está clarísima cuando lleva largo tiempo mostrándose, hasta que llegan las crisis de 2000 o 2008 y se derrumba).

En definitiva, el análisis técnico es un buen ejemplo de cómo perder dinero en bolsa. Perseguir hipotéticos beneficios a corto plazo solo le llevará a pagar comisiones seguras de compraventa.

Peter Lynch lo resume muy bien:

> No recuerdo haber visto ni una sola vez el nombre de un inversor de análisis técnico en la lista anual de Forbes de las personas más ricas del mundo. Si realmente fuera posible predecir las correcciones, alguien habría ganado miles de millones haciéndolo.

— Peter Lynch (1944-), inversor y filántropo.

4.3.1.1. ¿*Market Timing* o DCA?

En este pequeño apartado vamos a contribuir al eterno debate: En el contexto de compras periódicas a largo plazo ¿Merece la pena intentar comprar cuando el mercado está barato? ¿O podemos relajarnos y hacer *Dollar Cost Averaging* (DCA)?[9]

> ### *Dollar Cost Averaging* (DCA)
>
> El DCA se refiere a *Dollar Cost Averaging*, que consiste en comprar periódicamente un activo con la misma cantidad de dinero. Puede ser semanalmente, mensualmente, trimestralmente, etc. Por ejemplo, comprar siempre 200 euros al mes. Si ese mes el activo está barato, pues se compran más acciones/participaciones. Y si ese mes el activo está caro, pues se compran menos acciones/participaciones. Pero siempre esos 200 euros.

Muchos usuarios online dicen obtener rentabilidades extraordinarias ¿Será gracias al Análisis Técnico?

Descripción del Experimento

Vamos a utilizar datos del MSCI World, entre agosto de 2004 y marzo de 2023, que pueden descargarse de la web de www.investing.com.

Vamos a suponer que se invierte una vez cada tres meses. Cada inversor puede elegir entre invertir el primer, el segundo, o el tercer mes.

Esto de invertir una vez cada tres meses puede parecer extraño. Por un lado es utilizar lo que tenemos a mano, que son datos mensuales. Pero por otro lado tiene sentido para alguien que no compre todos los meses, porque comprar ETFs (al igual que acciones) requiere una pequeña comisión, por eso es normal acumular y así minimizar esa comisión.

Si alguien quiere repetir el experimento con una mayor periodicidad (¿diaria por ejemplo?), bienvenido sea. No debe de haber mucha diferencia.

Vamos a suponer tres tipos de inversores:

- Inversor de *market timing* **perfecto**: Escoge el mes en el que el índice tiene un valor menor de los tres. Esto es, compra relativamente barato.

- Inversor de *market timing* **desastroso**: Escoge el mes en el que el índice tiene un valor mayor de los tres. Esto es, compra relativamente caro.

- **Inversor promedio**: Compra en el mes cuyo valor del índice es intermedio.

Supongamos que en cada operación de compra, cada 3 meses, cada inversor compra 1000 dólares del índice. Como veremos más adelante, el valor del índice ha sido de unos 2000 dólares en promedio, por lo que cada inversor ha comprado aproximadamente 0.5 acciones cada 3 meses.

Resultados del Experimento

La Figura 26 siguiente muestra cómo se ha realizado el cálculo.

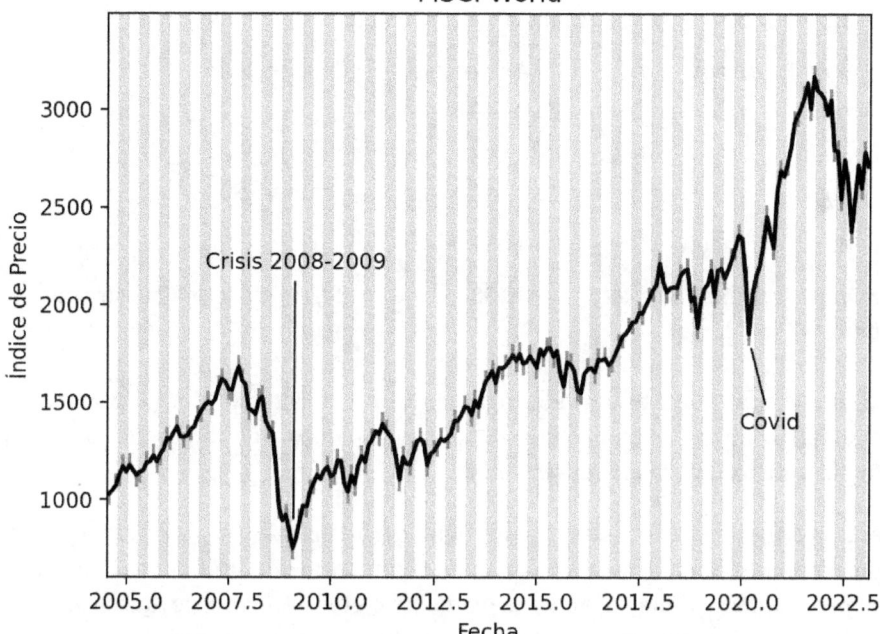

Figura 26. Índice de precio del MSCI World (esto es, sin dividendos), en negro. Las tiras verticales intermitentes gris claro indican periodos de 3 meses. En cada periodo de 3 meses hay una marca gris oscura por encima de la gráfica (el inversor de mal market timing ha comprado relativamente caro) y otra marca gris oscura por debajo de la gráfica (el inversor de buen market timing ha comprado relativamente barato).

Tal y como se aprecia en la Figura 26, importa poco cuándo comprar. La diferencia de precios entre las compras caras y las baratas es pequeña. El efecto de la volatilidad del precio a corto plazo es insignificante a largo plazo.

Como han pasado 18.6 años, con 4 trimestres cada año, y un precio medio de unos 1700 dólares, así a ojo es de esperar que cada inversor haya comprado (a 1000 dólares por trimestre) unas 44 acciones.

Según la Tabla 8, alguien con buen *market timing* habría obtenido una rentabilidad un 3.5% mejor que alguien que no se preocupara por ello ¿Es esta cantidad relevante?

Puede parecer que es mejor hacer *market timing*, pero ojo porque de principio a fin han pasado 18.6 años, por lo que el buen *market timing* de 3.5% queda en un pobre 0.19%/año tras anualizarlo. Hacer DCA no requiere esfuerzo, pero ¿cuánto cuesta (tiempo, dinero, esfuerzo) hacer *market timing*? ¿Compensa ese 0.19%/año?

Tabla 8. Cantidad de acciones compradas por los tres tipos de inversores, invirtiendo 1000 dólares cada 3 meses según lo indicado en la Figura 26.

Tipo de Inversor	Acciones Acumuladas	Comentario
Inversor con **buen** *market timing*	49.33	3.5% mejor que el inversor promedio
Inversor promedio	47.67	
Inversor con **mal** *market timing*	46.33	2.8% peor que el inversor promedio

Fíjese además que este periodo incluye dos crisis como la del 2008-2009 y la del COVID, por lo que en principio podríamos pensar que este periodo ha sido muy beneficioso para el *market timing*.

Pero hay algo peor. El mercado está lleno de inversores de *market timing* que queriendo superar al mercado acaban obteniendo rentabilidades inferiores. No preocuparse tiene la ventaja de no cometer el error de hacer un mal market timing y acabar un 2.8% peor que el inversor promedio.

En conclusión: Tal vez un profesional pueda sacar ese 0.19% de rentabilidad anual, habrá que ver. Pero lo que es seguro es que se duerme muy bien por las noches haciendo DCA.

4.3.2. Inversión Intradía

La inversión intradía es realmente una parte de análisis técnico. Se centra en operar a muy corto plazo, de forma que se compra y vende en el día, según criterios obtenidos de las gráficas.

Se compra por ejemplo por la mañana, y se vende la posición un poco más tarde. De esta forma se abren y se cierran todas las posiciones durante la jornada ¿Qué se consigue con esto? Un efecto muy particular: que el inversor puede dormir tranquilo por las noches.

Habitualmente se escoge un activo muy líquido, especialmente en un tipo de cambio como el euro/dólar.

De hecho, hoy en día gracias a las nuevas tecnologías, los programas automáticos de análisis técnico tienen mucho tirón. Programas que calculan múltiples parámetros matemáticos y compran o venden según se cumplen determinadas condiciones. Que tienen una rapidez inalcanzable por ninguna persona, al ritmo de las comunicaciones de internet (el llamado *High-*

Frequency Trading, HFT[10]), se dice que hoy en día la mitad de las operaciones en la bolsa son decididas por estos autómatas. Vaya con ojo el lector, pues hay muchas webs que se ofrecen para que el inversor defina su propio algoritmo y lo ponga en marcha con ellos.

La crítica sería la misma que a la del análisis técnico, y es que el broker estará encantado con la enorme cantidad de operaciones que el inversor realiza. Tendría que operar cada día con la mayor parte de su capital disponible, una compra y una venta. Calcule lo que le cobra su broker en comisiones (quizás 0.10% por compra o venta). Cualquier operación tendría que obtener una ganancia mayor que el doble de la comisión para conseguir un beneficio. Y eso es difícil.

Además, aunque la economía no es un juego de suma cero, la inversión intradía sí que lo es. Porque por más que se compre o se venda no se está generando valor, no se genera más capital. Sólo hay dinero que se transfiere de unas manos a otras, fundamentalmente del inversor al broker a través de las comisiones.

4.3.3. Análisis Fundamental

El análisis fundamental (también llamado *Value Investing* o Inversión en Valor) tiene una visión completamente distinta al Análisis Técnico. Ahora no interesa nada la gráfica del pasado, interesa únicamente el valor intrínseco de la empresa que se quiere comprar o vender. Al contrario que los analistas técnicos, los analistas fundamentales más bien piensan que los movimientos del mercado son en un 90% lógicos y en un 10% psicológicos.

Esta estrategia consiste en estimar los flujos futuros de ingresos que va a tener la empresa. Al traerlos a valor presente, podemos así asignar un valor a la empresa. Si luego comparamos nuestro valor estimado con el precio de mercado actual, podremos valorar si la acción está barata o cara.

Esto en principio suena muy bien, es pura lógica. Pero el problema surge cuando el analista fundamental tiene que tomar una infinidad de parámetros financieros de la empresa, como los costes de operación, impuestos, depreciación del equipamiento; estimar otros como expectativa de crecimiento, empresas competidoras, sucesos imprevistos, etc. Todos estos factores son difícilmente predecibles. Diferentes analistas pueden tener predicciones opuestas a partir de los mismos datos, debido a hacer diferentes asunciones sobre el comportamiento interno de la empresa ¿Y cómo se resuelve el problema de predicciones contrapuestas? A través del "consenso del mercado", el promedio de las predicciones. Esto es: promediar valores que sabemos que tienen mucho error, porque queremos creer que los errores son independientes entre sí, y que por eso el promedio tiene algún valor. Pero una mayoría de analistas podrían hacer asunciones fallidas.

Vaya por delante que, puestos a elegir una estrategia de inversión en bolsa, esta es la razonable. La crítica sería más bien que para cuando un pequeño inversor se entera de las cosas, los profesionales ya lo han tenido en cuenta, por tanto el precio de la acción ya es el del valor de la empresa (por la Hipótesis del Mercado Eficiente, véase a este respecto la caja de texto aledaña). Así que el análisis fundamental puede venir bien para un inversor profesional, pero no hay posibilidad de que un pequeño inversor obtenga un beneficio mayor que el del promedio del mercado.

Por ejemplo, si alguien de dentro de una empresa obtuviera información privilegiada, podría actuar en consonancia comprando o vendiendo las acciones de la empresa. Después se lo diría a sus amigos y familiares, luego se enterarán los profesionales de la bolsa, luego saldrá en prensa y televisión, y al final la gente de la calle nos enteraremos ¿Qué posibilidad hay de que un pequeño inversor pueda hacer uso del análisis fundamental? Poca o ninguna.

Hipótesis del Mercado Eficiente

La Hipótesis del Mercado Eficiente afirma que un mercado de valores es "informacionalmente eficiente" cuando la competencia entre los distintos participantes que intervienen en el mismo, conduce a una situación de equilibrio en la que el precio de mercado de un título constituye una buena estimación de su precio teórico o intrínseco.

Esto también se puede expresar de otra forma: que los precios de los títulos de crédito (como las acciones) que se negocian en un mercado financiero eficiente reflejan toda la información existente y se ajustan total y rápidamente a los nuevos datos que puedan surgir.

Por ejemplo, si el valor de una acción valía 20 euros ayer, pero hoy se descubre que hay una razón que hará que valga 40 euros mañana (una recién conseguida licencia administrativa o una nueva patente), entonces habría una fiebre compradora y su precio llegará a 40 euros hoy mismo.

La Hipótesis del Mercado Eficiente admite debate sobre si es cierta en el corto plazo y en todo momento. Pero a largo plazo nos vale como aproximación.

El análisis fundamental presenta varios problemas. Por un lado conseguir información fidedigna sobre una empresa puede ser complicado, porque las cifras pueden estar maquilladas o contener trucos contables. Por otro lado, dados los mismos datos de entrada, diferentes analistas pueden interpretarlos de manera distinta y llegar a diferentes conclusiones. Y finalmente porque, aunque exista una estimación de que una empresa está barata o cara, el mercado no tiene por qué corregirse. El precio de la acción de esa empresa puede permanecer a largo plazo en esa situación, siendo persistentemente barata o cara, independientemente de los resultados del análisis fundamental.

Tabla 9. Comparación rentabilidades de varios estilos de inversión (retornos brutos incluyendo dividendos) en los 20 años desde 2003 hasta 2022. Se muestran índices generales, desde el punto de vista de EEUU (todas son referencias a empresas y bonos estadounidenses, excepto las empresas internacionales). Fuente: Blackrock Asset Class Returns. Más resultados de este trabajo se muestran en la figura de la Sección 4.3.6.

Activo o Estilo de Inversión	Rentabilidad Anual	Volatilidad Anual
Empresas de gran capitalización *Growth*	10.8%	15.7%
Empresas de gran capitalización	9.8%	14.7%
Empresas de pequeña capitalización	9.4%	19.6%
Empresas de gran capitalización *Value*	8.8%	15.3%
Cartera diversificada (composición en Tabla 10)	7.6%	10.2%
Empresas internacionales (no EEUU)	6.4%	16.7%
Agregado de renta fija estadounidense	3.1%	3.9%
Letras del Tesoro estadounidense a 3 meses	1.3%	0.5%

¿Pero qué sucede en la práctica? ¿Se obtienen mejores resultados invirtiendo en empresas *Value*? La Tabla 9 muestra algunos resultados históricos. De ahí podemos extraer varias conclusiones:

- A las empresas de crecimiento (*growth*) les ha ido mejor que a las valor (*value*) en un 2% anual (las empresas de crecimiento son compañías con gran potencial de expansión, que se espera que suban de valor en el futuro, en cierta medida contrapuestas a las empresas de valor, que son baratas comparadas con su valor contable actual). Sin embargo, utilizando datos históricos, se aprecia que en en el periodo 1995-2005 sucedió lo contrario, las empresas de valor superaron a las de crecimiento por un 0.9% anual (en gran medida debido a la crisis de las PuntoCom). Por lo tanto, la teórica ventaja del valor sobre el crecimiento (según el modelo de tres factores de Fama y French) puede tardar décadas en presentarse en la práctica.

- Los índices son teóricos, y han de implementarse en fondos de inversión reales. Un índice de empresas de gran capitalización, simple y genérico, es muy fácil. Esas empresas tienen una gran liquidez, tanto de forma individual como de manera conjunta. Existen además productos derivados sobre los índices generales (opciones, futuros), que permiten a las empresas financieras realizar operaciones con esos derivados (por ejemplo cubrir sus posiciones). La existencia de estos derivados implica una liquidez adicional para las empresas que forman parte de ese índice, que no estará disponible en el caso de índices menos generales.

- Las diferencias entre la rentabilidad proporcionada por las empresas de gran capitalización, las de valor y las de crecimiento son relativamente pequeñas. Mucho mejor quedarse con el índice simple (de gran capitalización) y dejarse de complicaciones.

- Las empresas de pequeña capitalización se supone que proporcionan mayor rentabilidad que las de gran capitalización (por el modelo de factores de Fama y French). Y esto a cambio de aceptar mayor riesgo (entendido como volatilidad anual). El riesgo es real, la volatilidad de las empresas de pequeña capitalización ha sido de 19.6% frente a las 14.7% de las de gran capitalización. Sin embargo, durante este periodo las empresas de gran capitalización han superado en a las de pequeña capitalización en 0.4%. Parece que falla la máxima de "a mayor riesgo tomado, mayor rentabilidad esperada". Por eso es importante enfatizar que nos referimos "rentabilidad esperada" en el futuro frente a la "rentabilidad real" obtenida.

- Tener una cartera diversificada proporciona una rentabilidad un poco menor a la de los índices de acciones (7.6% frente a 9-10%), a cambio de una volatilidad 1/3 menor (~10% en vez de ~15%). Puede merecer la pena perder un poco de rentabilidad a cambio de dormir más tranquilo por las noches. Esta cartera diversificada es básicamente un 35 de bonos gubernamentales y un 65% de un mix de acciones, vea la Tabla 10.

De cualquier modo, los resultados a largo plazo no son distintos del promedio del mercado. Durante algún tiempo a las empresas con buenos fundamentales les puede ir mejor que al resto, pero luego les puede pasar al contrario. Estadísticamente la diferencia no es significativa. O aún peor, cuando comparamos los resultados de los fondos de inversión con sus índices de referencia, sus resultados suelen ser nefastos.[11]

De hecho, los dos más famosos y exitosos inversores en valor, Warren Buffett y Benjamin Graham, sin menoscabo de sus excepcionales habilidades como inversores y de lo razonable de la Inversión en Valor, con el tiempo han llegado a afirmar que lo mejor que pueden hacer los pequeños inversores es comprar fondos indexados y dejarse de problemas.[12]

Tabla 10. Composición de la cartera diversificada mostrada en la Tabla 9.

Activo	Porcentaje en la Cartera
Agregado de renta fija estadounidense	35%
Empresas internacionales (no EEUU)	10%
Empresas de pequeña capitalización	10%
Empresas de gran capitalización *Growth*	22.5%
Empresas de gran capitalización *Value*	22.5%
Total	100%

Toda esta argumentación no es por hacer de menos a los inversores en valor. Es que la competición es formidable: Inversores profesionales, fondos alternativos que tienen mucha más libertad de acción que un inversor común, algoritmos automáticos que actúan tan pronto como la información se hace pública, etc. Un pequeño inversor no tiene ninguna oportunidad de extraer rentabilidad adicional al mercado, porque todos los demás se le adelantan. Pero si se indexa, obtendrá la rentabilidad del mercado casi gratis.

No poder vencer al mercado no es negativo, porque son los inversores activos los que proporcionan precios a los activos, y así luego los inversores pasivos podemos obtener la rentabilidad del mercado. En eso consisten las finanzas modernas: En establecer un terreno de juego con reglas claras (el mercado) y dejar que los diferentes agentes actúen. Todos los agentes (inversores indexados, inversores en valor, de análisis técnico...) obtenemos algo del mercado, algo que recibimos del hecho de que los demás agentes están formando parte de algo mayor que cada una de sus estrategias.

4.3.4. Empresas que Proporcionan Dividendos Crecientes

Este estilo de inversión está muy extendido. En inglés se conoce como *Dividend Growth Investing* (DGI). Consiste en suponer la mejor inversión consiste en comprar empresas que proporcionan dividendos de manera consistente a largo plazo. Son empresas tranquilas, que cuidan del inversor, que no tienen como prioridad el crecer cuanto más mejor.

En Estados Unidos, si han proporcionado dividendos que durante 25 años consecutivos se han mantenido constantes o incluso han aumentado, entonces se las llama "Aristócratas del Dividendo". Hay unas 50 empresas que cumplen este requisito. En otros países se suele relajar este criterio, por ejemplo a 10 años, porque de lo contrario habría muy pocas empresas cumpliendo las condiciones.

Estas suelen ser empresas grandes, estables, previsibles, con cuentas de resultados claras, que proporcionan dividendos mayores que la media del mercado. Mirando hacia el pasado, durante los últimos años estas empresas se han comportado mejor que los índices generales del mercado, lo cual haría pensar que son una inversión mejor que un índice pasivo.

La inversión en acciones que proporcionan dividendos es una estrategia válida para muchas personas. Es una estrategia razonable, y en la medida en la que se mantengan los costes bajos y se esté muy diversificado, el resultado final será similar a comprar un índice de acciones diversificado.

Sin embargo se le pueden hacer varias críticas a esta estrategia:

- El hecho de que en el pasado reciente las empresas que proporcionan dividendos se hayan comportando mejor que índices amplios es relevante pero no decisivo, porque como bien dicen la CNMV y todos los reguladores: "rendimientos pasados no justifican rendimientos futuros".

- El que las empresas que proporcionan altos dividendos se haya comportado bien en el pasado no es mas que una regla empírica. No hay nada que obligue a estas empresas a proporcionar ese dividendo. No es como el interés de un bono, que se proporciona por contrato. Una empresa puede legalmente decidir eliminar el dividendo que reparte.

- Repartir dividendos es muy ineficiente fiscalmente porque se reparten después de pagar el impuesto de sociedades (del orden del 25-30% de los beneficios de la empresa). Si la empresa no reparte dividendos, y simplemente reinvierte sus beneficios en sí misma, no paga ese impuesto. Así que en principio las empresas con mayores dividendos tienen menor potencial de crecimiento, y son menos atractivas por tanto.

- Desde un punto de vista financiero académico, los dividendos se equiparan con el valor contable de la empresa. Si una empresa paga un dividendo. su valor contable disminuye. Y necesariamente también disminuye el valor de su acción en bolsa en similar proporción. La empresa simplemente reparte su valor al accionista en vez de guardarlo para el futuro. Pero el valor total se mantiene constante.

- Si viene una crisis y la empresa pasa por dificultades, la junta directiva tendrá que decidir qué hacer con sus exiguos ingresos. Saldar las deudas y sanear las cuentas mantendrá a la empresa a flote. Pero seguir pagando dividendos aún a pesar de tener la caja vacía es la mejor forma de acelerar la quiebra.

Además, los gestores de los fondos de inversión en valor ya han sido tenidos en cuenta en la Sección 4.1.4, y como allí se vio, lo más probable es que estos gestores lo hagan peor que el promedio del mercado. Y mucho menos nos interesa comprar las acciones individuales, por la poca diversificación que esto implica y el riesgo de que una de las empresas quiebre. Sin embargo, siendo positivos, hay que reconocer que es un incentivo positivo para los gestores de la empresa el mantener la estabilidad suficiente para proporcionar dividendos durante muchos años.

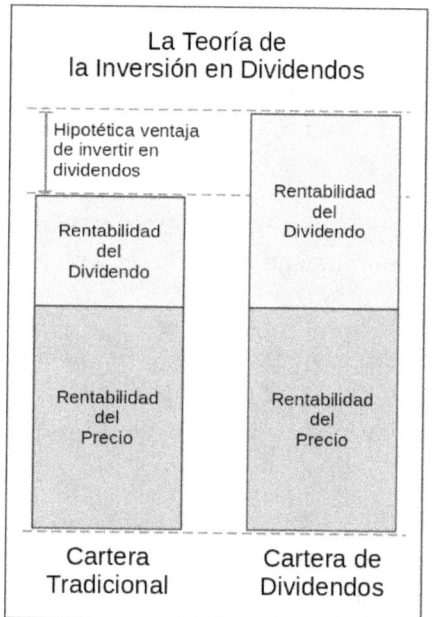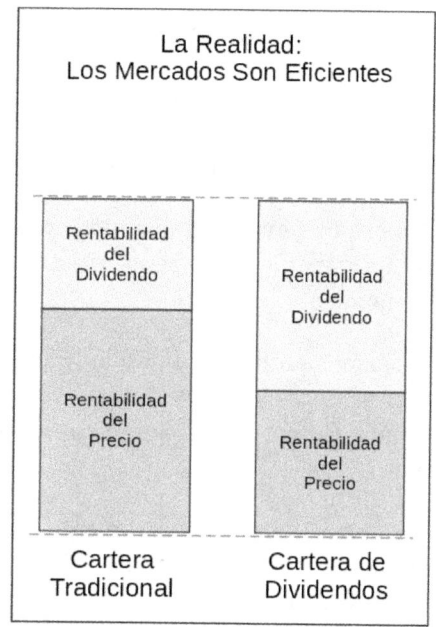

Figura 27. Los mercados son eficientes, no hay ventaja por invertir en dividendos.

La Figura 27 no es más que un diagrama sencillo, pero está describiendo una situación real. Si invertir en dividendos proporcionara mayores rentabilidades que invertir en acciones diversificadas, los fondos de Wall Street estarían explotando esta ineficiencia en el mercado. Pero esto no sucede.

Invertir en empresas de dividendo creciente es equivalente a invertir en empresas con una combinación de factores "calidad" y "`baja volatilidad'". Y si inviertes en factores, sería mejor hacerlo de manera eficiente.[13]

4.3.5. Operar Según Fechas o Acontecimientos

Es muy habitual suponer que en determinadas fechas el precio de las acciones se va a comportar de una manera determinada. Por ejemplo a final de año el precio de las acciones podría bajar si muchos inversores quisieran vender sus posiciones en ese momento para obtener así beneficios y cerrar el año contable.

Sin embargo, una vez que este efecto es conocido (si es que es real), muchos inversores ya estarán atentos a ese momento, comprando las acciones según empiezan a bajar. Y al haber una multitud de compradores, por la ley de la oferta y la demanda, el precio no puede bajar. Con lo cual el efecto de la fecha queda desactivado.

4.3.6. Ciclos Económicos

La economía tiene ciclos, y el sueño de muchos inversores es aprovecharse de ellos. Comprar activos cuando son baratos y venderlos cuando se vuelven caros, es la máxima más repetida.

Aplicando sentido común podemos estimar qué clases de activos se van a comportar mejor o peor en determinados momentos, según el entorno económico.

Tengamos en cuenta también que el valor de las empresas en bolsa es una indicación de las expectativas a largo plazo. La bolsa no sube cuando a la economía real le va bien, sino cuando los inversores "creen" que le va a ir bien.

Por otro lado, históricamente las acciones y los bonos han estado anticorrelacionados. Cuando uno subía y el otro bajaba, y viceversa. Esto ha sido así hasta ahora, pero las medidas económicas de los bancos centrales parecen ya no surtir efecto, así que no está nada claro que la anticorrelación vaya a seguir en el futuro. Nótese también que el rendimiento de los bonos es inversamente proporcionar a su precio.

- **Recuperación temprana**: La economía empieza a recuperarse tras una crisis. El valor de las empresas cotizadas en bolsa se encuentra en máximos. El valor de los bonos no cambia. En esta fase les va bien a los productores de materias primas y energía (pues la industria se está poniendo en marcha de nuevo) y las empresas de productos de consumo básico (pues los ciudadanos ven que salen de la recesión y pueden gastar más que antes).

- **Bonanza económica**: La economía está en máximos, las empresas están funcionando a pleno rendimiento, pero ya se ven nubes en el horizonte y el valor de las acciones en bolsa empieza a bajar. El rendimiento de los bonos crece. En esta fase les va bien a las grandes empresas energéticas (por estar las fábricas produciendo en máximos), y las empresas de consumo básico (porque los salarios están relativamente altos y los ciudadanos pueden gastar).

- **Desaceleración económica**: La economía está empeorando y las previsiones son que vaya a peor, por lo que la bolsa está en mínimos. El rendimiento de los bonos está en máximos. En esta fase les va bien a las empresas que prestan sus servicios con independencia de los ciclos económicos, como las empresas del sector sanitario, los servicios públicos (agua, electricidad, gas) y la banca.

- **Crisis económica**: La economía está pasando lo peor, pero la bolsa ya se está recuperando en previsión de que la situación mejore. El rendimiento de los bonos está en mínimos. En esta fase les va bien a empresas de tecnología y grandes industriales.

Esto aquí descrito es todo un clásico de las finanzas. Un recetario que nos dice en qué parte de la economía tenemos que invertir, ya sea acciones o bonos, ya sea un sector económico en particular.

El lector se mostrará tal vez entusiasmado. Ya tenemos las "las Tablas de la Ley", los mandamientos que tenemos que seguir para triunfar en las finanzas. Esto es muy fácil, sólo tenemos que comprar y vender al ritmo del ciclo ¿Será posible que sea tan fácil? Pues vamos a ver que no es así.

Una tabla muy conocida es la del rendimiento de diferentes tipos de activos durante los últimos 20 años (ver Figura 28): Se muestran bonos (a corto y a largo plazo) y acciones (según tamaño, según estilo, según sean de EEUU o internacionales). En este caso no se incluyen los diferentes sectores económicos, pero el resultado habría sido similar. Se puede encontrar una tabla con datos actualizados en la web de *BlackRock Asset Return Map*.

Rank	1996	1997	1998	1999	2000	2001	2002	2003	2004	2005	2006	2007	2008	2009	2010	2011	2012	2013	2014	2015
1	GRANDE GROWTH 23.1%	GRANDE VALUE 36.2%	GRANDE GROWTH 38.7%	GRANDE GROWTH 33.2%	RENTA FIJA 11.6%	RENTA FIJA 8.4%	RENTA FIJA 10.2%	PEQUEÑA 47.3%	INTERNA 20.2%	INTERNA 13.5%	INTERNA 26.3%	GRANDE GROWTH 11.8%	RENTA FIJA 5.2%	GRANDE GROWTH 37.2%	PEQUEÑA 26.9%	RENTA FIJA 7.8%	GRANDE VALUE 17.5%	PEQUEÑA 38.8%	GRANDE CORE 13.7%	GRANDE GROWTH 5.7%
2	GRANDE CORE 23.6%	GRANDE CORE 30.5%	GRANDE CORE 28.6%	INTERNA 27.0%	GRANDE VALUE 7.0%	TESORO 4.4%	TESORO 1.8%	INTERNA 38.6%	PEQUEÑA 18.3%	GRANDE VALUE 7.1%	GRANDE VALUE 22.3%	INTERNA 11.2%	TESORO 2.1%	INTERNA 31.8%	GRANDE GROWTH 16.7%	GRANDE GROWTH 2.6%	INTERNA 17.9%	GRANDE GROWTH 33.5%	GRANDE VALUE 13.5%	GRANDE CORE 1.4%
3	GRANDE VALUE 21.6%	GRANDE GROWTH 30.5%	INTERNA 20.0%	PEQUEÑA 21.3%	TESORO 6.2%	PEQUEÑA 2.6%	PORTAF DIVERSIF -9.8%	GRANDE VALUE 30.0%	GRANDE VALUE 16.5%	PORTAF DIVERSIF 5.4%	PEQUEÑA 18.4%	RENTA FIJA 7.0%	PORTAF DIVERSIF -22.8%	PEQUEÑA 27.2%	GRANDE VALUE 15.5%	GRANDE CORE 2.1%	PEQUEÑA 16.4%	GRANDE VALUE 32.5%	GRANDE GROWTH 13.1%	RENTA FIJA 0.6%
4	PEQUEÑA 16.5%	PEQUEÑA 22.4%	PORTAF DIVERSIF 17.0%	GRANDE CORE 21.0%	PORTAF DIVERSIF -1.1%	PORTAF DIVERSIF -4.8%	GRANDE VALUE -15.5%	GRANDE GROWTH 29.8%	GRANDE CORE 10.9%	GRANDE GROWTH 5.3%	GRANDE CORE 15.9%	PORTAF DIVERSIF 6.6%	PEQUEÑA -33.8%	GRANDE CORE 26.5%	GRANDE CORE 15.1%	PORTAF DIVERSIF 1.8%	GRANDE CORE 16.0%	GRANDE CORE 32.4%	PORTAF DIVERSIF 8.1%	PORTAF DIVERSIF 0.1%
5	PORTAF DIVERSIF 13.6%	PORTAF DIVERSIF 20.6%	GRANDE VALUE 15.6%	PORTAF DIVERSIF 13.6%	PEQUEÑA -3.0%	GRANDE VALUE -5.6%	INTERNA -15.9%	GRANDE CORE 28.7%	PORTAF DIVERSIF 10.5%	GRANDE CORE 4.9%	PORTAF DIVERSIF 13.9%	GRANDE CORE 5.5%	GRANDE VALUE -36.9%	PORTAF DIVERSIF 20.8%	PORTAF DIVERSIF 13.0%	GRANDE VALUE 0.4%	GRANDE GROWTH 15.3%	INTERNA 22.8%	RENTA FIJA 6.0%	TESORO 0.0%
6	INTERNA 6.1%	RENTA FIJA 9.7%	RENTA FIJA 8.7%	GRANDE VALUE 7.4%	GRANDE CORE -9.1%	GRANDE CORE -11.9%	PEQUEÑA -20.5%	PORTAF DIVERSIF 23.5%	GRANDE GROWTH 6.3%	PEQUEÑA 4.6%	GRANDE GROWTH 9.1%	TESORO 5.0%	GRANDE CORE -37.0%	GRANDE VALUE 19.7%	INTERNA 7.8%	TESORO 0.1%	PORTAF DIVERSIF 11.2%	PORTAF DIVERSIF 20.3%	PEQUEÑA 4.9%	INTERNA -0.8%
7	TESORO 5.3%	TESORO 5.3%	TESORO 5.2%	TESORO 4.9%	INTERNA -21.4%	GRANDE GROWTH -20.4%	GRANDE CORE -22.1%	RENTA FIJA 4.1%	RENTA FIJA 4.3%	TESORO 3.1%	TESORO 4.9%	GRANDE VALUE -0.2%	GRANDE GROWTH -38.4%	RENTA FIJA 5.9%	RENTA FIJA 6.5%	PEQUEÑA -4.2%	RENTA FIJA 4.2%	TESORO 0.1%	TESORO 0.0%	GRANDE VALUE -3.8%
8	RENTA FIJA 3.6%	INTERNA 1.8%	PEQUEÑA -2.6%	RENTA FIJA -0.8%	GRANDE GROWTH -22.4%	INTERNA -21.4%	GRANDE GROWTH -27.9%	TESORO 1.2%	TESORO 1.3%	RENTA FIJA 2.6%	RENTA FIJA 4.3%	PEQUEÑA -1.6%	INTERNA -43.4%	TESORO 0.2%	TESORO 0.1%	INTERNA -12.1%	TESORO 0.1%	RENTA FIJA -2.0%	INTERNA -4.9%	PEQUEÑA -4.4%

GRANDE CORE	GRANDE VALUE	GRANDE GROWTH	PEQUEÑAS	INTERNACIONALES	RENTA FIJA	LETRAS TESORO	CARTERA DIVERSIF

Figura 28. Rentabilidades anuales durante los últimos 20 años de diferentes tipos de activos. Tabla modificada y traducida de Blackrock Asset Class Returns.

134

Cada casilla de la figura de la página anterior se refiere a un índice distinto, o a una cartera que combina varios índices, haciendo siempre referencia a EEUU.

- **Grande core**: Se refiere a las empresas de gran capitalización. En este caso, es el índice S&P 500.

- **Grande value**: Son las empresas grandes según la filosofía *Value Investing*. Es el índice "Russell 1000 Value", que incluye a las empresas con menores múltiplos *price-to-book* y con menores previsiones de crecimiento.

- **Grande growth**: Es el índice "Russell 1000 Growth", que incluye a las empresas con mayores múltiplos price-to-book y con mejores previsiones de crecimiento.

- **Pequeña**: Se refiere a las empresas de pequeña capitalización. Es el índice "Russell 2000", que contiene a las 2000 empresas de menor capitalización, después de las 1000 primeras que son consideradas de gran y mediana capitalización.

- **Internacional**: Son empresas internacionales. Es el índice "MSCI EAFE", que contiene empresas de Europa, Asia y Extremo Oriente (*Europe, Asia, Far East*).

- **Renta fija**: Es el índice *Barclays US Aggregate Bond*, que contiene bonos con calidad de inversión, con más de un año hasta hasta vencimiento, que sean corporativos, hipotecas, tesoro de EEUU o agencias gubernamentales de EEUU.

- **Tesoro**: Es un índice de letras del tesoro estadounidense a 3 meses: "ML US Treasury Bill 3 Month". Cuando vencen, se compran otras iguales.

- **Cartera diversificada**: Es una combinación de los activos anteriores. 35% del "Barclays US Aggregate Bond", 10% del MSCI EAFE, 10% del Russell 2000, 22.5% del Russell 1000 Growth y 22.5% del Russell 1000 Value. Ea básicamente una cartera compuesta por un 35% de bonos y 65% de acciones.

¿Qué podemos concluir de este gráfico? Varias cosas.

Es cierto que si se pudiera conocer cuales van a ser las mejores inversiones del año que viene, obtendríamos un beneficios enormes, del orden del 20% anual. Esto nos hace pensar que si un buen gestor fuera capaz de encontrar esas buenas inversiones, sus resultados serían fantásticos. El problema es que, como ya hemos comentado, los gestores compiten con otros gestores en un entorno donde hay mucho azar. Esos gestores son por lo general buenos profesionales, pero unos tendrán suerte y obtendrán rentabilidades por encima de sus índices, y otros muy buenos profesionales obtendrán rentabilidades por debajo de sus índices.

Las acciones son excelentes en tiempos de bonanza, y la renta fija y letras del tesoro son buenos durante las crisis. Al hilo de invertir según los ciclos económicos, se podría intentar rotar las inversiones de renta fija a acciones según el estado de la economía. Crecer con las acciones en los tiempos buenos, y protegerse de las caídas de la bolsa comprando bonos. De eso tratan los fondos mixtos. Sin embargo, como ya hemos comentado, los resultados de los gestores de fondos tratando de aprovecharse de los ciclos no son mejores que los que obtendría un inversor que simplemente "comprara todo el mercado".

Y es que de eso trata la casilla de "cartera diversificada" de que un inversor que hubiera comprado una cartera muy diversificada, representativa de la economía global, habría obtenido unos resultados promedio. Rendimientos finales ni muy buenos ni muy malos. Pero eso sí, con una gran ventaja: Habiendo atemperado las variaciones. Invertir de manera diversificada habría permitido tener ingresos, con menor riesgo (entendido como variabilidad del precio de las inversiones), y con una sencillez insuperable.

La rentabilidad de las empresas estadounidenses han sido en promedio de un 8% anual, con una desviación típica del 15% anual. Los bonos han proporcionado un 5% anual, con una variabilidad del 3.5%. Sin embargo la cartera diversificada ha proporcionado alrededor del 7% anual con una desviación típica del 10%. Apenas un poco menos de rentabilidad que las acciones, pero 2/3 de la volatilidad. Maravillas de la Frontera Eficiente y la Cartera Eficiente de Markowitz.

Nótese además que desde la crisis de 2008 nos enfrentamos a un cambio de paradigma, porque las letras del tesoro, la inversión más segura, no han dado ningún rendimiento. Básicamente ha permanecido a 0% durante 6 años seguidos, por debajo de la inflación.

En resumen, intentando predecir los ciclos económicos no se enriquecen ni los profesionales. Usted que es un pequeño inversor ¿cree que tiene alguna oportunidad? No tiene ninguna, acabará persiguiendo quimeras, entrando y saliendo de posiciones del mercado en los momentos más inapropiados y pagando altas comisiones. No, ya lo hemos visto, comprar el mercado es lo más sencillo y seguro (por su menor volatilidad). En el siguiente capítulo explicamos cómo puede hacerse eso de "comprar todo el mercado", que tanto repetimos.

[1] Estas ideas sobre comprar vivienda como "la peor inversión imaginable" vienen del post *Why Your House Is A Terrible Investment* de J.L. Collins.

[2] Ver el "Manual de la Declaración de la Renta", capítulo 4 sobre "rendimientos del capital inmobiliario", que se puede encontrar en la web de la Agencia Tributaria.

[3] La idea de comparar un plan de pensiones con la inversión pasiva implementada por uno mismo viene del libro *The Millionaire Expat* de Andrew Hallam, donde crea tablas similares. Un libro muy recomendable.

[4] Para más información sobre fondos de inversión en España, véase la excelente guía informativa de la CNMV *Los Fondos de Inversión y la Inversión Colectiva*.

[5] Para más información sobre la directiva UCITS, puede ver la web de la Comisión Europea, o el libro *Exchange Traded Funds, A Concise Guide to ETFs*, por Francis Groves.

[6] Más información sobre fondos garantizados en el libro "Manual de Instrumentos Derivados" de Roberto Knop.

[7] Sobre las SICAVs, vea por ejemplo *El cuento de las SICAV* y *Una SICAV no significa pagar menos impuestos*.

[8] Sobre cómo CalPERS abandonó Fondos Alternativos en su distribución de activos, vea la noticia del Wall Street Journal: *CalPERS to Exit Hedge Funds*.

[9] La idea para esta sección viene del blog: *Proof (Using 24+ Years Data) that Market Timing May Not Be Worth the Effort... At least for Us*.

[10] Un artículo de Bloomberg sobre *Trading on Speed*.

[11] Ya lo comentamos en la Sección 4.1.4, y lo mismo se puede aplicar aquí. Según el Infome SPIVA, por ejemplo, si hubiéramos comprado el índice S&P 500 y lo hubiéramos mantenido durante 10 años, habríamos obtenido unos resultados mejores que el conseguido por el 82% de los gestores profesionales.

[12] Sobre la recomendación de invertir de manera indexada para pequeños inversores, ver la entrevista *A Conversation with Benjamin Graham* en septiembre/octubre de 1976; y la carta a los inversores de Berkshire Hathaway de 2013, por Warren Buffett, en su página 19.

[13] La demostración de que invertir en empresas de dividendos crecientes no es eficiente se explica en: *An analysis of dividend-oriented equity strategies*.

Capítulo 5. Invertir en ETFs

El modo mas eficiente de diversificar una cartera de acciones es con un fondo indexado de bajo coste. Estadísticamente, un fondo indexado amplio superará a la mayor parte de los fondos gestionados de manera activa.

— Paul Samuelson (1915-2009), Premio Nobel de Economía.

En los capítulos anteriores hemos visto que tenemos un plan a largo plazo para ahorrar y obtener ingresos pasivos. Para ello hemos visto diferentes formas de invertir, y hemos visto que los fondos que siguen índices son la mejor opción.

De entre los fondos que siguen índices podemos elegir dos modalidades:

- **Fondos cotizados**
  Aún siendo fondos de inversión, se compran y venden como acciones, directamente en la bolsa de valores. Sencillos, transparentes, válidos en toda la Unión Europea (si son UCITS); son la opción perfecta.

- **Fondos convencionales**
  Se compran y venden a través del banco. Son los fondos de toda la vida. Éstos podrían ser una opción, y de hecho en muchos países lo son, pero desgraciadamente en España el mercado de fondos está muy concentrado y apenas 3 bancos controlan el 50% del volumen invertido. Hay poca competencia, y por ello los precios (sus TER) son varias veces más caros que un ETF, cosa absurda para unos fondos donde el gestor no tiene que hacer prácticamente nada. Por ello, descartamos los fondos convencionales en España (a pesar de su muy favorable tratamiento fiscal). Véase el blog de Martín Huete para más información.[1]

Gracias a la directiva europea UCITS, los fondos de inversión se pueden registrar en un país y ser válidos en toda la Unión Europea. Estos ETFs UCITS se pueden comprar y vender en cualquier otro país sin complicaciones, pagando impuestos de forma transparente según las diferentes legislaciones nacionales.

Una primera fuente de información es la CNMV, quienes han preparado una guía sobre Los Fondos Cotizados en Bolsa (ETF).

Los ETFs no son perfectos, hay que conocerlos y pueden traer quebraderos de cabeza. Pero sí que tenemos una idea clara, y es que de todas las posibilidades disponibles para un pequeño inversor, los ETFs son la mejor.

Y de todas formas, una vez que compre un ETF indexado (al igual que un fondo indexado convencional), no tiene que preocuparse por nada. Funciona en automático, sin requerir atención, perfecto como inversión a largo plazo.

En las siguientes secciones vamos a describir qué son exactamente los ETFs, su historia, y cómo usarlos.

Vídeos Introductorios Sobre Inversión Pasiva

Una buena forma de conocer el mundo de la inversión pasiva, los fondos indexados y los ETFs es a través de vídeos de divulgación. Hay muchos en Youtube, dese una vuelta por allí porque al ser material muy visual, ayuda a fijar ideas. Tome de aquí las ideas clave, por qué y cómo funciona la inversión pasiva, y profundice en ellas por su cuenta.

- Martín Huete - Las mentiras del Sistema. Usos y prácticas que perjudican al inversor
  Martín es toda una institución a nivel nacional, con múltiples vídeos en Youtube y su propio blog.

- Las estrategias botijo: Hackeando la industria de la inversión
  Marcos Pérez da una excelente charla TED, hablando de su propia experiencia como profesional de las inversiones.

- *Ten Rules for Financing Life*
  Una serie de vídeos creados por Rick van Ness, donde se muestran visualmente las ideas centrales que describimos en este libro. Excelente contenido, sentido común, humildad y bien explicado; mejor imposible. Más información en su web *Financing Life*.

- *Sensible Investing - Passive Investing Theory*
  Muy buena introducción teórica a la inversión pasiva. Este autor tiene muchos otros vídeos recomendables.

- *Index Fund Advisors Inc. - Index Funds: The Documentary Film*
  Demoledor, muy bien documentado, muy educativo. Pero ojo porque incluye marketing. Note además que el pago de impuestos en EEUU es distinto a Europa.

- *The Active Vs Passive Investing Debate*
  Richard Coffin es un profesional de las finanzas (CFA -*Chartered Financial Analyst*- y CFP -*Certified Financial Planner*-) que proporciona muy buena divulgación en Youtube. Este vídeo es un buen ejemplo de su trabajo.

ETP: ETN, ETC, ETF

Para simplificar el lenguaje, en este texto escribimos continuamente **ETF** (*Exchange Traded Fund*). La "F" de ETF indica que es un fondo de inversión. Sin embargo, pudiera ser que esta no fuera una expresión suficientemente clara en determinados casos. Los siguientes son acrónimos utilizados habitualmente en el mercado estadounidense.

- Existen los **ETC** (*Exchange Traded Commodities*), que como su nombre indica se refieren a ETFs que siguen a *commodities* como metales preciosos o materias primas.

- **ETN** (*Exchange Traded Notes*), que fueron creados por primera vez por Barclays Bank Plc. El proveedor del ETN se compromete a proporcionar el retorno de un índice determinado, siendo la novedad la absoluta libertad que tiene para hacerlo. Es una promesa, un contrato, no hay activos garantizados. De esta forma, el valor del ETN depende no sólo del índice, sino también de la calidad crediticia del proveedor. Y si el proveedor quiebra, el tenedor del ETN pasa a formar parte de los acreedores que le reclaman la deuda al proveedor.

- Y finalmente los **ETP** (*Exchange Traded Product*), que son la generalización que engloba a todos los anteriores.

5.1. Un poco de historia

La historia de los ETFs es muy reciente, y esto se nota por la velocidad de los cambios y la cantidad de información disponible. Relatamos aquí los hechos más relevantes que han sucedido, tanto en EEUU que es donde empezaron[2], como en Europa.[3]

Los primeros fondos de inversión convencionales (todavía no ETFs) que seguían índices aparecieron en EEUU en 1973, gestionados por Wells Fargo y American National Bank.

Estudios académicos ya empezaban a mostrar que la inversión pasiva tenía ventajas. Un estudiante de economía, John C. Bogle (comúnmente conocido como Jack Bogle), realizó un estudio sobre la rentabilidad de los fondos de inversión con respecto a sus índices de referencia. Y sus conclusiones fueron que la mayoría de los gestores lo hacen peor que los índices, en gran medida debido a sus altas comisiones. Cuando empezó a trabajar, intentó convencer a sus jefes para que ofrecieran fondos indexados, pero sin conseguirlo. Al parecer se temía que nadie quisiera comprar la "mediocridad" de un índice, pudiendo intentar batirlo. Así que John C. Bogle acabó por fundar su propia empresa en 1976, Vanguard, que ha sido desde entonces un símbolo para todos los inversores a largo plazo por su filosofía de "comprar y mantener" (*buy and hold*). Esta empresa empezó con fondos convencionales indexados, y con el tiempo ofrece también ETFs.

La aparición de los ETFs es relativamente moderna. En general se considera que el primer instrumento de inversión con las características de los ETFs actuales fue el *Toronto Index Participation Units* (TIPS, pero ojo porque no tiene nada que ver con los bonos protegidos de la inflación, *Treasury Inflation Protected Securities*, que tienen el mismo acrónimo). Este fondo fue lanzado el 9 de marzo de 1990, pero fue luego cerrado en 2001 por existir un índice mejor de la bolsa canadiense.

El primer ETF que sigue funcionando tal y como fue creado es el llamado SPDR S&P 500 (de *ticker* SPY), gestionado por *State Street Global Advisors*, que se creó en EEUU en 1993 (¡hace solo 30 años!). Este ETF es también el mayor del mundo por activos gestionados, que a final de 2022 son la friolera de 413 mil millones de dólares[4], que es casi 1/3 del PIB español[5].

Hasta finales de 1997, TIPS y SPY fueron los únicos ETFs existentes en el mundo.

Entonces la industria de ETFs empezó a crecer exponencialmente. Hacia 2002 había 102 ETFs en el mundo, y para el año 2009 ya sumaban un millar.

Los primeros ETFs domiciliados en Europa fueron el Euro STOXX 50 y el STOXX 50 LDRS ("LDRS" se refiere a *leaders*), que aparecieron en el año 2000. Posteriormente estos ETFs fueron renombrados a iShares STOXX Europe 50 (las 50 mayores empresas del continente europeo, de 9 países) e iShares EURO STOXX 50 (las 50 mayores empresas de la zona euro, de 7 países).

El Nombre de los ETFs

La denominación de los ETFs proporciona mucha información que ayuda al inversor a conocer sus características básicas. Son nombres relativamente largos. Normalmente incluyen: el gestor del fondo, índice que sigue, la etiqueta "UCITS ETF" (de uso obligatorio según regulación) y otros detalles variables.

Entre los detalles variables, es posible encontrar referencias a: NR, TR o TRN (*Net Return, Total Return, Total Return Net*, ver la Sección 5.8.2

sobre el tratamiento de los dividendos en los índices), "Acc" o "Dist" (acumula o distribuye dividendos), DR (*Direct Replication*, refiriéndose a réplica "física" y no "sintética"), *hedged* (cubierto frente a cambios de valor de la moneda), *short* (que en el contexto de acciones se refiere a "ir a corto", sinónimo de "a la baja", o inverso; aunque si es un ETF de bonos se refiere entonces a bonos de corto plazo), IMI (*Investable Market Index*, índice que replica todo el mercado).

Veamos algunos ejemplos:

- **iShares Core MSCI World UCITS ETF**
  iShares (subsidiaria de BlackRock) es la gestora del fondo. "Core" es una etiqueta comercial creada por iShares para indicar sus ETFs más baratos a largo plazo, que son los que nos interesan. MSCI (*Morgan Stanley Capital International*) es el proveedor del índice. World es el índice proporcionado por MSCI, que sigue a empresas mundiales de países desarrollados. Está compuesto por unas 1500 empresas, que representan el 85% de la capitalización de cada país. UCITS es la etiqueta de la Unión Europea.

- **Vanguard FTSE All-World UCITS ETF**
  Vanguard es la gestora del fondo. FTSE (*Financial Times Stock Exchange*) es el proveedor del índice. All-World es el índice proporcionado por FTSE, que sigue a empresas mundiales tanto de países desarrollados como de países emergentes. Unas 4000 empresas en total, de grande y mediana capitalización, que representan el 90-95% de la capitalización. Y finalmente la etiqueta UCITS.

- **SPDR MSCI ACWI IMI UCITS ETF**
  SPDR (*Standard & Poor's Depository Receipt*) es la referencia al gestor del fondo, que en este caso es un nombre comercial de los ETFs creados por SSGA (*State Street Global Advisors*). MSCI es el proveedor del índice. ACWI (*All Country World Index*) se refiere al índice, que invierte en acciones de empresas mundiales, incluyendo de países desarrollados y de países emergentes. IMI (*Investable Market Index*) indica que el índice tiene como objetivo incluir a todos los activos cotizados, no solo a los de grande y mediana capitalización, sino explícitamente también a los de pequeña capitalización (que suelen estar excluidos). Este índice incluye a unas 9000 empresas, que representan el 99% de la capitalización mundial. Y finalmente la etiqueta UCITS.

El primer ETF domiciliado en Europa pero siguiendo un índice global fue el EasyETF Global Titans 50, que seguía el valor de 50 multinacionales globales. Surgió en 2001, pero desafortunadamente este ETF se cerró en 2010.

El primer ETF europeo en seguir un índice de bonos corporativos fue el iBOXX Liquid Corporates ETF, por iShares en 2003.

2003 fue el primer año en el que el flujo neto de nuevos capitales fue mayor hacia los ETFs que hacia los fondos convencionales. Desde entonces, los años buenos de la bolsa, cuando todo sube, los fondos convencionales tienen mayores entradas de capital. Pero cuando a la bolsa le va mal, entonces los ETFs tienen mayores flujos de capital neto.

El segundo mayor ETF a primeros de 2023 es el SPDR Gold Shares, que empezó a comercializarse en 2004. Este fondo tiene 56 mil millones de dólares en oro (unas 913 toneladas)[6], y se cree que es el sexto mayor propietario de oro del mundo, al mismo nivel que los bancos centrales de los grandes países.

Los primeros ETFs europeos en seguir un índice de empresas seleccionadas según sus dividendos fueron el Euro STOXX Select Dividend 30 (30 empresas de los 11 países de la eurozona que reparten altos dividendos) y el STOXX Select Dividend 30 (30 empresas de 18 países europeos que reparten altos dividendos), creados en 2005 y hoy operados por iShares.

También en 2005 surgió en Europa el primer ETF de *commodities*, gestionado por EasyETF.

En 2006 se creó el primer ETF en seleccionar las compañías según sus fundamentales, el XACT FTSE RAFI Fundamental Euro ETF, que fue cerrado posteriormente en 2009.

En España el primer ETF fue la "Acción IBEX 35 ETF" de BBVA, que comenzó a operar en julio de 2006. En septiembre del mismo año, el Banco Santander sacó el segundo ETF, pero acabó cerrándolo (junto con otros) en 2008[7]. También BBVA creó varios ETFs que seguían índices de Latibex (empresas latinoamericanas cotizadas en España) en 2007, pero también acabaron cerrando (estos en 2011)[8]. En España es difícil que surjan gestoras de ETFs, porque la legislación local favorece a los fondos convencionales (pues el capital invertido se puede mover de un fondo a otro sin pagar a Hacienda en el momento, retrasando el pago), y hace que por comparación los ETFs sean menos atractivos.

Actualmente hay dos gestoras operando en la bolsa española: BBVA y Lyxor[9].

De todas formas no tenemos que preocuparnos porque haya poca variedad en la bolsa española. Gracias a la legislación UCITS, podemos comprar en cualquier bolsa de la Unión Europea (por ejemplo Xetra o Euronext). Esto nos permite tener una enorme cantidad de opciones disponibles, a cambio de (normalmente) un coste algo mayor del broker, porque las comisiones de los brokers suelen ser menores en la bolsa del país en el que reside el broker (si el broker es español, le será algo más barato comprar en la bolsa española).

Como curiosidad, actualmente la contratación de ETFs en Bolsas y Mercados Españoles es del orden del 0.5% de todas las contrataciones de un día cualquiera (en marzo de 2023, 6.6 millones de euros frente a 1315 millones de euros).[10]

Un desarrollo posterior fueron los ETFs sintéticos (ver Sección 5.3.2), donde el fondo replica el índice no comprando los activos que lo componen, sino a través de ingeniería financiera. Esto permite que el fondo multiplique los cambios del mercado (si es un ETF x2, eso quiere decir que si el valor del índice cambia en un 1.5%, el fondo cambia en el mismo periodo en un 3%. Y hay también ETFs inversos, que suben cuando el índice baja, y viceversa.

Los ETFs están creciendo enormemente en los últimos años. Lo hacen por tres vías principales: por la de proporcionar un valor que se puede comprar y vender para los inversores técnicos que siguen tendencias, instrumentos para los gestores de fondos (fíjese en qué invierten los fondos de inversión, con frecuencia ellos mismos compran ETFs, haciéndoles la vida más fácil), y finalmente pequeños inversores que ahorran para el largo plazo (esto se está volviendo muy común en los últimos años, especialmente en EEUU por su particular sistema de ahorro para la jubilación).

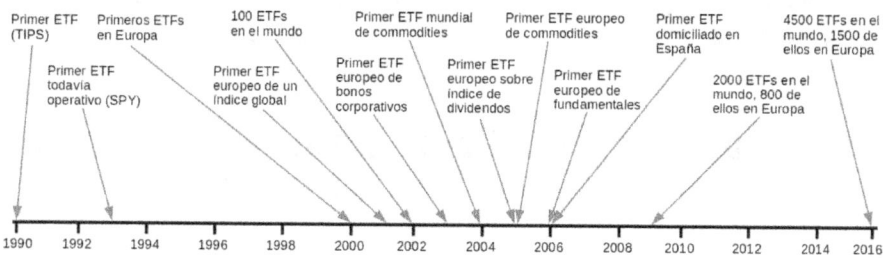

Figura 29. Evolución de la industria de ETFs. Fuentes indicadas en el texto.

Así que tenemos que los ETFs son un producto de inversión muy joven, de apenas 30 años de vida a nivel mundial, 10 años en España. Esto ayuda a explicar por qué los gestores de ETFs proporcionan tan poca información histórica sobre el comportamiento de sus ETFs, y es que hace muy poco tiempo no existían. Pese a ello, gracias a ser sencillos y transparentes, están creciendo exponencialmente durante los últimos años. Veamos ahora más detalladamente cómo se implementa un ETF en la vida real.

¿Qué es un ETF "Europeo"?

Al referirnos a ETFs europeos hay una cierta incertidumbre sobre a qué nos estamos refiriendo exactamente. Y es que es confuso, dado que nosotros los inversores podemos vivir en un país, que puede ser distinto del domicilio del fondo de inversión, distinto del país donde se ubica la bolsa de valores, y distinto del país o países de los activos del índice.

Para un ciudadano de la Unión Europea, un ETF "europeo" normalmente se refiere a un fondo domiciliado en la Unión Europea y comprado en una bolsa de la Unión Europea, de forma que es fácil para un ciudadano comunitario comprarlo, sin complicaciones por impuestos.

Sin embargo, para un extra-comunitario, "ETF europeo" podría querer decir un ETF que sigue un índice representativo de la economía del continente europeo, sea cual sea su moneda o pertenencia o no a la Unión Europea.

Con respecto a los nombres de los ETFs, "euro" suele hacer referencia a la moneda con que se compra el ETF, y "Europe" se refiere a que el ETF sigue un índice de empresas del continente europeo, incluyendo países Europeos de fuera de la Unión Europea (por ejemplo el Reino Unido).

Cuando se quiere indicar explícitamente a los países que componen la "zona euro" de la Unión Europea, se suele escribir "EMU", en referencia a *European Monetary Union.*

5.2. ¿Cuáles son los Principales Gestores de ETFs?

El mundo de las finanzas, como tantos otros sectores de la economía, suele ser muy local, específico para cada país. Y así empezó en Europa. Sin embargo, gracias a una audaz legislación de la Unión Europea que unificó los criterios para poder registrarse en un país y ofertarse en los demás, disfrutamos de una gran diversidad. Podemos comprar además de forma transparente fondos registrados en un país, ofertados en la bolsa de valores de otro país, y siendo residentes nosotros en otro país.

De esta forma, los principales gestores de ETFs europeos están accesibles a todos los países miembros de la Unión Europea.

La Tabla 11 muestra una lista con los principales gestores europeos. El mundo de los fondos indexados requiere eficiencia, sencillez, transparencia y bajo coste. El coste de un fondo que gestione 100 millones de euros es muy parecido al coste de otro fondo de 1000 millones, en gran medida costes fijos. La economía de escala es aquí lo fundamental, y es esta la razón por la cual el mercado está muy concentrado. Esta situación de cuasi-monopolio no es necesariamente negativa, porque dos gestores que implementen un fondo que siga al mismo índice tienen que proporcionar resultados muy similares.

Es como comprar yogures naturales o sal. Una vez que el fondo sigue a su índice correctamente, la única forma de darle un mejor servicio al cliente es bajando el precio.

Tabla 11. Principales gestores de ETFs en Europa. Nótese que es un mercado muy concentrado, casi la mitad está controlado por un sólo gestor. Esto es normal, porque es un mercado donde gestionar grandes volúmenes permite rebajar costes, que es lo que fundamentalmente importa. Fuente: A Guided Tour of the European ETF Marketplace, por Morningstar, 2019.

Principales Gestores de ETFs	Activos Gestionados [miles de millones de EUR]	Fracción del Total [%]
iShares	339.0	44.6
Xtrackers	83.8	11.0
Lyxor	64.1	8.4
UBS	51.2	6.7
Amundi	44.9	5.9
Vanguard	35.5	4.7
State Street	30.5	4.0
...	...	...
Total	759.7	100.0

Por otro lado, en Estados Unidos los principales gestores son SPDR (su S&P 500 ETF es el mayor ETF del mundo[11]), Vanguard, iShares, PowerShares, y Schwab.

5.3. ¿Cómo funciona un ETF?

Los ETFs son fondos de inversión. En su mayor parte son fondos indexados, que siguen un índice. Este índice puede ser sencillo, o seguir unas estrategias tales que pueden ser considerados como gestión activa.

Sea como sea ¿cómo se consigue que el ETF siga a su índice de referencia?

Un ETF es un sistema complejo en el que varios agentes compran y venden acciones buscando su propio beneficio, por el mecanismo de creación y redención de acciones. Como resultado de las medidas tomadas por estos agentes, se consigue que el valor de la acción del ETF sea muy cercano al del índice. El valor de la acción del ETF es cercano al que le corresponde por el índice, pero no por ley, sino porque si no fuera así habría una oportunidad de arbitraje y los agentes podrían obtener un beneficio sin riesgo.

El precio de la acción del ETF no sigue a su índice de forma rígida, sino por unas fuerzas que le llevan al equilibrio una y otra vez. Como un péndulo.

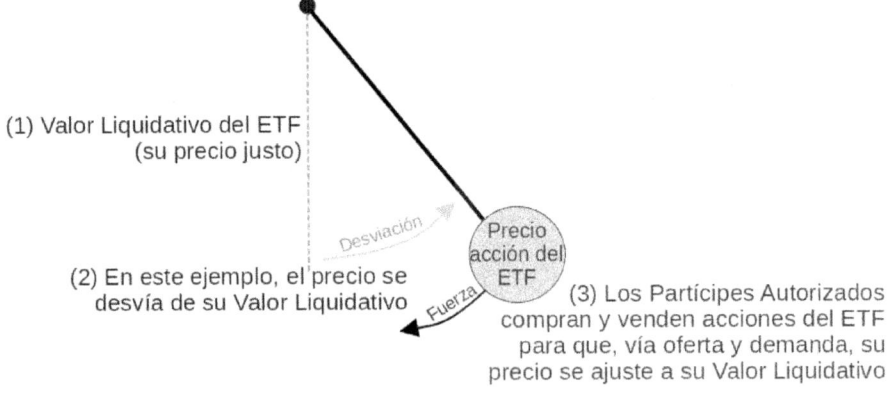

Figura 30. El comportamiento del precio de un ETF comparado con un péndulo. Cuando el precio se desvía, aparece una "fuerza" que lo lleva a su precio justo.

Cada vez que el precio se aleja del equilibrio, una fuerza invisible le empuja en sentido contrario, por lo que el sistema es estable y siempre vuelve a su posición de equilibrio. Y aunque nunca esté exactamente quieto en vertical, siempre está rondando cerca.

El resultado final es un producto que sigue un índice y que se vende como acciones; donde una serie de agentes independientes mantienen el sistema eficiente y seguro, por su propio interés, gracias a que sus incentivos están correctamente alineados con los del fondo.[12]

No obstante, el valor liquidativo del ETF (ver caja de texto) puede ser distinto del valor de su índice de referencia, debido a las comisiones de gestión del fondo y a los dividendos que puede abonar el ETF.

Valor Liquidativo de un Fondo de Inversión

El valor liquidativo es el cociente entre el patrimonio neto del fondo y su número de participaciones. Se calcula sumando el valor de todos los activos del fondo, incluyendo el capital líquido (dinero en efectivo), restándole los gastos y dividiendo el resultado por el número total de participaciones del fondo.

Para los ETFs indexados, el sentido del valor liquidativo es poder comparar el precio de la participación del fondo con el patrimonio en posesión del gestor, y poder comprobar que son básicamente iguales y que no se está cometiendo ninguna irregularidad.

En el caso de fondos de inversión tradicionales, el valor liquidativo se calcula al final de la sesión bursátil, una vez al día. En el caso de los ETFs, el valor se calcula en tiempo real, y se indica como "Valor Liquidativo Indicativo".

Los objetivos generales de un ETF podrían ser definidos como: seguir un índice, operar a bajo costo, y poder ejecutar ordenes de compra/venta durante el horario de apertura de las bolsas. En esta sección vamos a explicar cómo se consiguen estos objetivos.

En general hablamos de ETFs cuyos activos son acciones, aunque la idea es básicamente la misma si tratáramos de renta fija u oro. Los ETFs de materias primas son algo distintos por estar implementados con derivados financieros.

La explicación del funcionamiento de los ETFs pudiera ser que no se comente en la información disponible sobre los ETFs, en parte porque esto da una idea de complejidad que va en contra de la visión de que los ETFs son una forma sencilla y segura de invertir. Sin embargo su descripción es relevante porque no es realmente muy compleja, y porque el conocer los incentivos que tienen los diferentes actores nos permite descubrir sus debilidades.

Hay dos formas principales de implementar un ETF: físico (o directo) y sintético (o indirecto). Ambos son muy similares, pero el hecho de que los sintéticos tengan una fuente añadida de incertidumbre hace que den mucho que hablar. Nosotros tenemos una preferencia por los ETFs físicos porque son más transparentes.

En Europa, en un primer momento hubo abundancia de ETFs sintéticos (quizás la mitad eran físicos y la otra mitad sintéticos). Esto sucedió por dos razones, una positiva y una negativa. Por un lado porque permitía seguir más fielmente a los índices (pagan menos impuestos). Pero por otro lado también permitía a los gestores comprar los activos que más le convenían de manera opaca.

Durante la crisis de 2008 hubo preocupación de que los ETFs sintéticos fueran inestables frente a crisis, y por lo tanto la legislación los desincentiva. Por eso hoy en día abundan en Europa más los ETFs físicos que los sintéticos.

Sin embargo, la diferencia entre ETFs físicos y sintéticos está más difuminada de lo que parece. Porque la preocupación de que los ETFs sintéticos puedan tener una cartera opaca también se le aplica a los ETFs físicos que prestan activos para mejorar su rentabilidad. Al prestar sus activos del índice, reciben a cambio un colateral distinto, y de este modo los ETFs físicos acaban con activos bajo gestión que nada tienen que ver con el índice seguido. Esto es: Ambos tipos de ETFs acaban con carteras ajenas al índice.

5.3.1. ETFs Físicos

Este tipo de ETF fue el primero en comercializarse. Además, es el mas sencillo y el que está más extendido.

Este sistema (físico) de replicar el índice es el mas directo. El gestor del ETF, también llamado *Sponsor*, decide crear el ETF que sigue un índice en particular (por ejemplo el IBEX 35). Para ello se alía con (al menos) un Partícipe Autorizado. Este partícipe autorizado le proporciona al *Sponsor* las acciones de las 35 empresas que forman parte del IBEX 35, cada una en la cantidad apropiada que le corresponde según el índice (su capitalización bursátil, de forma que predominan las empresas grandes). El *Sponsor* le entrega a cambio al partícipe autorizado un bloque de acciones del ETF equivalente. Esto se produce en el mercado primario, ver la caja de texto.

El Partícipe Autorizado fragmenta ese bloque en acciones (típicamente de 25,000 o 50,000 acciones del ETF) y las vende en el mercado de valores a inversores privados en el mercado secundario.

¿Por qué bloques de 25,000 o 50,000 acciones del ETF? Porque el partícipe autorizado tiene que ser capaz de comprar las acciones que componen el índice, y de hacerlo además de forma económicamente eficiente.

Supongamos el caso del "BBVA Acción IBEX 35 ETF", cuyo valor de una acción es de unos 9 euros. En septiembre de 2022, la empresa con mayor peso en el

IBEX 35 era Iberdrola con un 16% del total, y la de menor peso fue Logista con solo un 0.20%.

Fijándonos en Logista, 0.20% de 25,000 acciones del ETF, a 9 euros cada una, son 450 euros. Y para el caso de Ibedrola, el 16% representa 36,000 euros.

Diferencia entre Mercado Primario y Mercado Secundario

El mercado primario, también llamado mercado de emisión de activos financieros, es donde se efectúa la venta al público de activos o instrumentos financieros que han sido recién emitidos y que se ofrecen a los inversores por primera vez. Se puede deducir que los activos financieros que se intercambian son de nueva creación y, por esta razón, cada título puede ser negociado una sola vez en el momento de su emisión.

Las siguientes negociaciones que ocurran después de la emisión se realizarán en el mercado secundario, donde se negocian títulos ya emitidos y en circulación. Aquí es donde compramos y vendemos los pequeños inversores.

Cada vez que actúa el partícipe autorizado, tiene que realizar 35 compras mas o menos simultáneamente, en cantidades que van desde los 450 euros en acciones de Logista hasta los 36,000 euros de Iberdrola. Si el bloque de acciones fuera muy pequeño, tendría que realizar compras mas frecuentes y de cantidades menores, incurriendo en mayores costes operativos.

La expresión "ETF físico" remarca que los intercambios que se producen son exactamente de las acciones subyacentes que el índice está siguiendo. También se puede llamar a este sistema "en especie".

Note que los inversores compran y venden acciones del ETF que han sido creadas por un partícipe autorizado. El inversor nunca realiza ningún intercambio con el *Sponsor*, que es el verdadero gestor del fondo.

Las acciones del ETF se compran y venden en la bolsa de valores, en un mercado organizado, exactamente tal y como se hace con las acciones de empresas cotizadas.

La Tabla 12 muestra los agentes que toman parte en un ETF físico.[13] El Partícipe Autorizado y el Creador de Mercado están separados en la tabla, pero en la realidad pueden ser el mismo.

Tabla 12. Diferentes agentes relacionados con los ETFs físicos.

Rol	Definición
Gestor del Fondo / *Sponsor*	Esta es la compañía que crea, vende y administra el ETF. Es también conocida como el *ETF manager* o el proveedor. Pero el *Sponsor* no es responsable de crear las acciones del ETF, esta función requiere la contribución de un Partícipe Autorizado (ver mas abajo).
Proveedor del Índice	Es la empresa que calcula el índice de referencia para el ETF. El *Sponsor* requiere una licencia del Proveedor del Índice en el que se basa. De esta forma, el Lyxor FTSE 250 ETF requiere una licencia de FTSE para usar el índice FTSE 250. Ejemplos de proveedores de índices son *Financial Times Stock Exchange* (FTSE), *Morgan Stanley Capital International* (MSCI), o STOXX.
Mercado de Valores	Por definición, todos los ETFs se pueden comprar y vender por inversores. Y por ello, los ETFs tienen que cumplir los requisitos del Mercado de Valores en el que se negocian. La bolsa también proporciona información relevante (por ejemplo precios y volúmenes en tiempo real, valor liquidativo indicativo del fondo en tiempo real, composición diaria de la cesta y valor liquidativo diario). Además, en Europa es habitual que los ETFs se negocien en varios Mercados de Valores a la vez.
Partícipe Autorizado / Especialista	Los Partícipes Autorizados son lo que crean o destruyen las acciones de ETF. La relación entre un *Sponsor* y un Partícipe Autorizado en un ETF es similar a la que hay en una franquicia (por ejemplo, de comida rápida). El franquiciante (*Sponsor*) tiene el control sobre el concepto del producto (sobre las hamburguesas), pero es el franquiciado (Partícipe Autorizado) el que le vende el producto al cliente final (es el que realmente cocina las hamburguesas). Operan en el mercado primario.
Creador de Mercado (*Market Maker*)	Esta es una figura habitual en bolsa. Son compañías que acuerdan con el *Sponsor* y el Mercado de Valores el mantener un mercado suficientemente líquido en las acciones del ETF (o de la acción genérica que corresponda). Haciéndolo, ellos se someten a reglas acerca de *spreads* y mínimas cantidades por las que proporcionarán un precio. Operan en el mercado secundario, y obtienen beneficio a través de la diferencia entre *bid* y *ask*.

Rol	Definición
Custodio	Institución de financiera que guarda las acciones para minimizar el riesgo de pérdida o robo. Suelen ser grandes firmas con buena reputación. El Partícipe autorizado toma las acciones de las empresas del índice y se las entrega al custodio. El custodio confirma que las acciones son legales, las almacena en la cuenta del gestor del ETF, y le entrega a cambio las acciones del ETF al partícipe autorizado.

Para complicar las cosas, el vocabulario no es homogéneo, y diferentes bolsas pueden utilizar diferentes expresiones para las mismas ideas. Deutsche Boerse por ejemplo utiliza *Designated Sponsor* en lugar de Creador de Mercado. Bolsa de Madrid se refiere conjuntamente a los "Partícipes Autorizados" como "Especialistas".

Cuando un inversor compra acciones de un ETF, lo que hace es poner la orden de compra en el mercado (ver Figura 31. El inversor le compra las acciones o bien a un partícipe autorizado, a un creador de mercado, o a otro inversor. Los tres se comportan básicamente igual, la única diferencia es que el partícipe autorizado es el único involucrado en la creación de nuevas acciones del ETF.

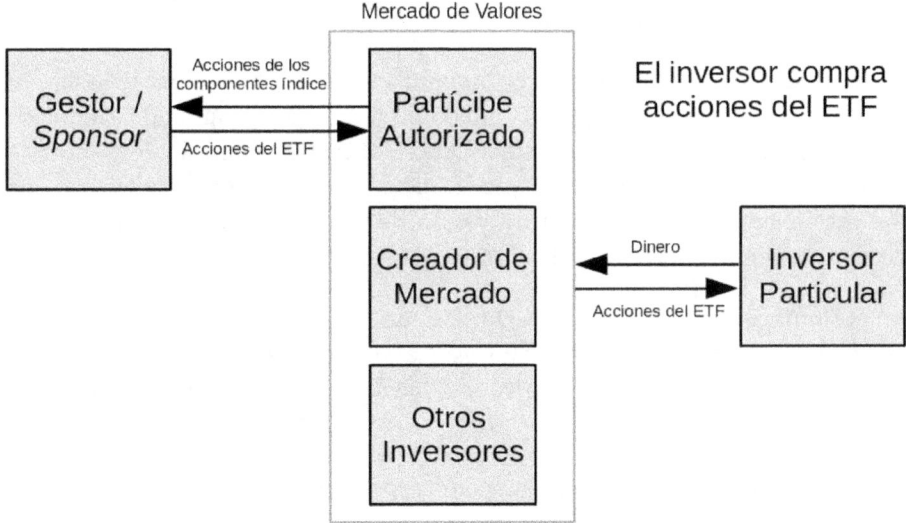

Figura 31. Diagrama de procesos cuando un inversor compra acciones de un ETF físico. En el caso de una venta, las flechas se invierten.

Cuando el Partícipe Autorizado se percata de la demanda de acciones del ETF (una demanda que no está completamente satisfecha por los creadores de mercado o inversores privados), compra las acciones subyacentes y se las entrega al *Sponsor*. A cambio, el *Sponsor* crea un paquete de acciones del ETF y se las entrega al partícipe autorizado. De esta forma se crean acciones del ETF según sean necesarias.

Cuando un inversor vende acciones de un ETF, el diagrama es muy similar al de la compra (ver de nuevo la Figura 31). Los flujos están simplemente invertidos. El inversor le vende las acciones o bien a un Partícipe Autorizado, a un Creador de Mercado, o a otro inversor.

De nuevo, el partícipe autorizado es el único que tiene trato directo con el Sponsor. Cuando el partícipe autorizado nota que hay un exceso de órdenes de venta, compra un paquete de acciones del ETF y se las entrega al Sponsor. A cambio, el Sponsor le devuelve el equivalente en acciones del índice subyacente. De esta forma se destruyen acciones del ETF que ya no son necesarias.

Fíjese que cuando usted compra o vende acciones del ETF, no interactúa con el gestor del fondo. Tal vez con el Partícipe Autorizado, pero no es seguro. Seguramente le compre o venda acciones al Creador de Mercado. Si mira el libro de órdenes de la bolsa en la que opera, el Creador de Mercado será normalmente el que tenga los mayores bloques de acciones del ETF, ya sea para compra o para venta. Pudiera ser que acabe comprándole o vendiéndole acciones a otro inversor particular.

El gestor del fondo no aparece en ningún momento, todo se realiza sin su intervención, por lo que su gestión queda minimizada, permitiendo así que su labor tenga un coste muy bajo. Esto es: El gestor ha externalizado los gastos de compra y venta. Tome nota, porque si opera con frecuencia pagará con sus transacciones a los intermediarios, ya sea de manera explícita o implícita, y perderá la ventaja del bajo coste del ETF a largo plazo.

No obstante, existen los llamados "Límites de Actuación". Éstos son supuestos en los que el Creador de Mercado está autorizado a no actuar. Estas son situaciones excepcionales de alta volatilidad, por imposibilidad de calcular el valor del índice.

Hay tres tipos de ETFs físicos, según cómo repliquen a su índice de referencia:

- **Replicación Completa**. Lo que uno espera, la compra de todos los activos del índice. Este método funciona muy bien con índices muy líquidos como el Euro STOXX 50. Sin embargo, hay ocasiones en las que este método no funciona, ya sea por ser activos poco líquidos, o por ser un número inmenso de activos (por ejemplo, el MSCI World está compuesto por unos

1600 activos). Por otro lado, estos ETFs corren el riesgo de que otros fondos de inversión se aprovechen de su predictibilidad, y su ventaja se convierte en un inconveniente, por el llamado *Front-Running Arbitrage* (ver caja de texto en página siguiente). Si la replicación completa no es eficiente, se usan los dos métodos siguientes.

- **Muestreado** (*Sampling*). Se selecciona un subgrupo de activos de entre todos lo que forman el índice. Típicamente son los activos más líquidos, para facilitar la gestión del fondo. Para minimizar el hecho de que la cesta de activos del fondo ya no es exactamente igual a la del índice, los activos están elegidos por ser representativos de su subgrupo (su país, región, calidad crediticia, moneda, etc.). Es un subgrupo de activos del índice que representan.

- **Optimizado**. Es un método similar al del muestreado, en el sentido de que se selecciona un subgrupo de los activos del índice. Pero en este caso se seleccionan no por ser representativos, sino según modelos matemáticos que pueden tener en cuenta la capitalización, *momentum* (tendencia), volatilidad, histórica y diversos parámetros. Representa un equilibrio entre cómo de representativo es ese conjunto de activos, y la facilidad para invertir en ese conjunto de activos en vez de los activos del índice.

Front-Running Arbitrage

Este es un problema general relacionado cómo fluye la información financiera. En el caso de los ETFs que nos ocupa, consiste en que fondos de inversión activos pueden predecir qué activos van a comprar/vender los fondos indexados, y aprovecharse de ello.[14]

El proveedor del índice avisa con unos días de antelación de cambios en los activos que forman parte del índice, para dar tiempo a los fondos indexados a tomar sus medidas.

Durante ese tiempo en el que ya ha hecho el anuncio pero los indexados aún no han comprado, entonces los *front-runners* pueden aprovecharse. Pueden comprar rápidamente los activos que van a formar parte del índice, a un precio relativamente barato. Entonces su precio sube.

Unos días más tarde, cuando esos activos pasan a formar parte del índice, es cuando los gestores indexados (y los activos con mandatos obligatorios) los compran. Y se lo compran a los *front-runners*, que se les venden esos activos a un precio relativamente caro. Los *front-runners* han comprado relativamente barato y venden relativamente caro. Obtienen así un beneficio casi sin esfuerzo. Lo mismo sucede si la empresa es excluida del índice.

El coste que este problema tiene para los fondos indexados se estima en un 0.2% anual (que es uno de los componentes al medir la Diferencia de Seguimiento). Esta cantidad puede minimizarse con fondos de inversión que tengan poca rotación de activos (índices de capitalización de empresas grandes, por ejemplo), fondos que compren todo el mercado, con índices que minimicen los cambios (con franjas, práctica habitual hoy en día), o replicando el índice de manera "optimizada".

5.3.2. ETFs Sintéticos

Como hemos visto en la sección anterior, los ETF físicos son lo que uno espera de ellos. Hay una clara relación entre el índice, sus elementos constitutivos, y los elementos constitutivos de la cesta que compra el partícipe autorizado.

Esta relación sin embargo se rompe con los ETFs sintéticos, donde la cesta de valores que compra el partícipe autorizado puede no tener nada que ver con el índice. Podría suceder por ejemplo, que un ETF siga el índice Nikkei 225 de Japón, pero que no compre empresas cotizadas japonesas, sino europeas.[15]

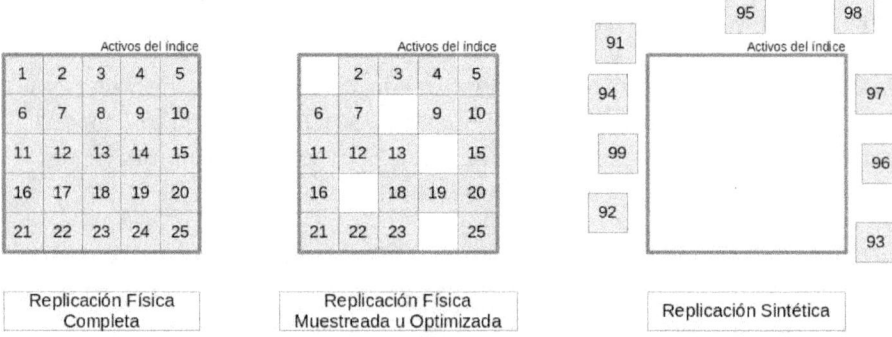

Figura 32. Tipos de ETFs según cómo replican al índice. En particular, qué activos compran: Si compran los activos del índice (replicación física completa), una parte de los activos del índice (replicación física muestreada u optimizada), o si compran activos independientes del índice (replicación sintética).

¿Qué sentido tienen los ETFs sintéticos? Parecen extraños, y en gran medida lo son. Hay varias razones para su existencia:

• En ocasiones los índices están compuestos por activos que son muy poco líquidos, siendo muy difícil comprarlos y venderlos. Un ETF sintético sustituye esos activos por otros que sean mucho más fáciles de comprar y vender. En la práctica lo que se aprecia es que la variación anual del valor del ETF es la del índice menos el TER, y si hay dificultades operativas (falta de liquidez, costes de compraventa) el valor del ETF será un poco menor. Los ETFs sintéticos simplifican la gestión del ETF y eliminan estos costes operativos, por lo que el ETF estará más cercano al valor del índice menos el TER.

• Cuando una empresa que forma parte del fondo proporciona dividendos, el gestor o bien transfiere esos dividendos al inversor (ETF de distribución) o bien compra más activos (ETF de acumulación). La transferencia de capitales de unos países a otros puede ser compleja, y por ello es más fácil estimar esos dividendos que se habrían obtenido y "sintetizarlos" usando activos que sean más fáciles de manejar. Esto permite por ejemplo la creación de ETFs que sigan índices de rentabilidad bruta (*Gross Return*) internacionales, que no descuenten los impuestos de los dividendos de las empresas del índice desde su país de origen al país de domiciliación del fondo. Esto sucede a diferencia de los índices de rentabilidad neta (*Net Return*) donde se descuentan los impuestos pagados por el gestor (nótese que el inversor volverá a pagar de nuevo impuestos por estos dividendos, cuando salgan del gestor del ETF y se entreguen al inversor). Si los activos de la cesta sustitutiva se encuentran en el mismo país de domiciliación del fondo, al no haber una trasferencia real de dividendos entre países, el gestor no llega a pagar impuestos por esos dividendos.

• Un banco matriz, del cual el gestor del ETF es una subsidiaria, puede tener una sobreexposición a un mercado/región/sector económico (porque es su país de origen, por regulación, etc.). Esta sobreexposición proporciona dividendos/intereses que el banco matriz querría intercambiar por otras fuentes de ingresos independientes, para diversificar. De este modo, el banco matriz puede estar interesado en proporcionar activos europeos a cambio de recibir activos japoneses, por poner un ejemplo. En finanzas esto se llama un *swap*, un "contrato de permuta".

Por poner un ejemplo, el gestor de ETFs Xtrackers es una subsidiaria de Deutsche Bank. Uno de sus ETFs es el CSI300 UCITS ETF 1C (de ISIN LU0779800910), un ETF que sigue el índice CSI300, de 300 empresas representativas chinas. Esos son los elementos del índice, pero ¿qué activos forman la cesta sustitutiva que compra el gestor? Esta información está en su web. Sus dos mayores posiciones son Fomento de Construcciones y Contratas (si, FCC, la española) y Berkshire Hathaway (la empresa de Warren Buffett, estadounidense). Otras de las 20 primeras en la lista son Siemens, Daimler, ING y Bayer. El resto son en su mayoría japonesas. Es cierto que los inversores extranjeros tenemos a día de hoy limitaciones para acceder al mercado chino, así que el gestor ha creado una cesta sustitutiva totalmente independiente.

Riesgo de Contrapartida

La idea más importante de los ETFs sintéticos es que introducen el "riesgo de contrapartida". El riesgo de que el banco que proporciona el *swap* no sea capaz de cumplir sus obligaciones contractuales con el gestor del ETF. Y es que una entidad financiera puede quebrar por sus propias razones, independientemente del comportamiento del ETF. Para mitigar este problema, siempre existen activos de colateral, que serán entregados al inversor. Pero hay que resaltar que este riesgo de contrapartida no existe en el caso de los ETFs físicos, y que los bancos grandes y sólidos que se supone que nunca van a quebrar, también pueden desaparecer (como por ejemplo Lehman Brothers durante la crisis de 2008).

Y en su momento el Swap se lo proporcionaba a Xtrackers la subsidiaria de Deutsche Bank en Londres. Todo quedaba en casa, el gestor y la contrapartida del *swap* formaban parte del mismo grupo empresarial. Menos mal que esto ya lo han cambiado.

Los ETFs sintéticos nos traen muchas preguntas ¿Que correlación hay entre los activos de la cesta sustitutiva y los del índice? ¿Que pasaría si los activos de la cesta quiebran aún cuando el índice seguido se comportase normalmente? ¿Podría producirse colusión entre el gestor y el proveedor del *swap*, para intercambiarse lo que a ellos les interesa a expensas del partícipe?

De hecho, podría darse el caso de que el gestor del ETF y el proveedor del *swap* se intercambien activos devaluados, pero nominalmente asignándoles valores irreales. Esto le permite al banco matriz quitarse de encima activos de baja calidad (ilíquidos, con mala prensa, de baja calidad crediticia, etc.), entregándoselos al gestor del ETF, una subsidiaria suya sin criterio, que encapsula estos activos de baja calidad para venderlos, evitando que estén a la vista del inversor final, que tal vez nunca los habría comprado *de motu proprio*.

Así que debido a las razones expuestas, se dice que los ETFs sintéticos tienen riesgo de "contrapartida". Riesgo de que, cuando fuera necesario recuperar la inversión, el valor recibido fuera menor que lo invertido si la empresa que proporciona el *swap* no es capaz de cumplir sus obligaciones, ya que el valor de la cesta sustitutiva sería menor que el del índice.

Además, fíjese en el problema lógico que esto conlleva. Supongamos el ETF sintético comentado anteriormente que sigue un índice de empresas chinas, pero que sin embargo está comprando empresas europeas. Al comprar un inversor ese ETF, la inversión no va a parar a comprar esas empresas chinas, y por lo tanto esas acciones chinas no reaccionan a las leyes de la oferta y la demanda. Su precio no crece a pesar de haber demanda. Y por otro lado, hay activos europeos que son comprados y cuyo valor por tanto sube, a pesar de no haber demanda real para ellos. Imagine lo que pasaría si los ETFs sintéticos fueran un instrumento de inversión mayoritario. No se podrían fijar los precios de los activos, y podría incluso suceder que el ETF sintético tuviera más activos en balance que los valores del propio índice ¡No tiene sentido!

Tabla 13. Principales gestores de ETFs sintéticos en Europa. Fuente: Synthetic ETFs Under the Microscope: A Global Study.

Gestor de ETFs	Banco Matriz	País
Amundi	Crédit Agricole y Société Générale	Francia
Commstage	Commerzbank	Alemania
Credit Suisse AM	Credit Suisse	Suiza
Xtrackers	Deutsche Bank	Alemania
EasyETF	BNP Paribas	Francia
ETFlab	DekaBank	Alemania
ETF Securities	ETF Securities	Reino Unido
iShares	BlackRock	EEUU
Lyxor AM	Société Générale	Francia
Ossiam	Natixis	Francia
PowerShares	Invesco PowerShares	EEUU
RBS Market Access	Royal Bank of Scotland	Reino Unido
Source	Bank of America Merril Lynch, Goldman Sachs, J.P.Morgan, Morgan Stanley, y Nomura	Reino Unido
SpotR	SEB	Suecia
UBS GAM	UBS	Suiza
XACT	Handelsbanken	Suecia

De este modo, los ETFs sintéticos que nacieron para resolver problemas de liquidez, simplificar y proporcionar máximos retornos para los inversores, terminan siendo un producto con riesgos añadidos y bajo la sospecha de intereses ocultos que obtienen beneficios a costa de los inversores finales.

¿Son de fiar los ETFs sintéticos? Pues habrá que ver uno por uno. Si la entidad que proporciona la contrapartida es el mismo banco matriz, mal vamos. Para mitigar este problema, varios gestores de ETFs acuerdan tener varios proveedores de la contrapartida *swap*, minimizando el riesgo.

Por otro lado, hay dos tipos de ETFs que sólo pueden ser proporcionados por mecanismos sintéticos, que son los ETFs inversos y los apalancados. Mas información sobre ellos en la Sección 5.9.3, pero vaya de antemano que no son nada recomendables para nuestros objetivos de inversión pasiva y Libertad Financiera.

Por otro lado, hay dos tipos de ETFs sintéticos, al menos entre los ETFs europeos: los *unfunded* y los *funded*.

5.3.2.1. ETFs Sintéticos *Unfunded*

El modelo *unfunded* es el primer modelo que surgió en Europa, en 2001. Este modelo es también utilizado en Asia y Australia.

Es similar a un ETF físico, pero en vez de tener una cesta de activos que reproducen el índice, la cesta sustitutiva ha sido proporcionada por el proveedor del *swap*, y no tiene por qué tener ninguna relación con el índice.

Desde el punto de vista del inversor, no hay ninguna diferencia con los ETFs físicos. En ambos casos, el inversor compra y vende acciones del ETF en la bolsa de valores, y en ambos casos el Partícipe Autorizado se encarga de crear acciones adicionales del ETF o destruir las que ya no se necesitan.

La diferencia con los ETFs físicos estriba en que el gestor del ETF establece un acuerdo con una entidad financiera según el cual el gestor entrega una cesta sustitutiva a la contrapartida del *swap*, y el proveedor del *swap* proporciona el retorno del índice.

El proceso según el cual el inversor compra acciones del ETF es el siguiente (ver Figura 33). Si el inversor vendiera el proceso sería el contrario.

1. Tal y como se realiza con un ETF físico, el inversor compra acciones del ETF en la bolsa de valores.

2. El Partícipe Autorizado se encuentra con que hay demanda de compra de las acciones del ETF por parte de los inversores, así que le solicita al *Sponsor* la creación de mas acciones del ETF, y las compra con el dinero pagado por el inversor.

3. El *Sponsor* recibe la solicitud de crear más acciones del ETF. El *Sponsor* le compra al proveedor del *swap* una cesta de activos sustitutiva por el valor de lo pagado por el Partícipe Autorizado (originariamente del inversor).

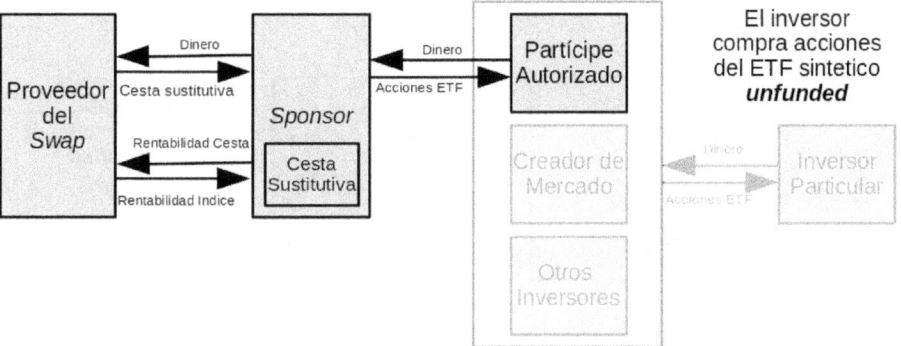

Figura 33. Diagrama de procesos cuando un inversor compra acciones de un ETF sintético unfunded. Es similar al caso de los ETFs físicos, pero nótese que hay un elemento adicional: El proveedor del swap. La parte común con los ETFs físicos ha sido difuminada.

En el futuro, el *Sponsor* del ETF le entrega el retorno de la cesta sustitutiva al proveedor del *swap*, y el proveedor del *swap* se compromete a entregar el retorno del índice al *Sponsor*.

Para evitar que el valor prometido del índice supere al valor de la cesta sustitutiva, la legislación UCITS obliga al *Sponsor* a que cualquier desfase no supere el 10%. Si la diferencia es en algún momento mayor al 10%, el *Sponsor* está obligado a incrementar el valor de la cesta sustitutiva, exigiéndole al proveedor del *swap* que aporte el valor que falta. En la práctica, muchos *Sponsors* tienen límites menores (por ejemplo del 7%), o pueden reajustar el valor de la cesta sustitutiva con gran frecuencia (cada día, o cada vez que se crean/destruyen acciones del ETF).

Si algo va mal y el proveedor del *swap* quiebra, el *Sponsor* siempre dispone de la cesta sustitutiva, que es lo que el inversor recibiría si el ETF se extinguiera.

En resumen: El dinero del inversor se emplea en comprar los activos de la cesta sustitutiva, que permanecen siempre en poder del gestor del ETF. Esto es considerado una posible fuente de riesgo.

5.3.2.2. ETFs Sintéticos *Funded*

Los ETFs sintéticos *funded* implican un salto más en cuanto a abstracción. Como indica la Figura 34, el proceso de compra es muy similar al de los ETFs sintéticos *unfunded*. La diferencia estriba en que la cesta sustitutiva ya no está bajo control del sponsor, sino que es colateral en manos de un custodio.

El sponsor entrega el dinero de los inversores, que ha sido canalizado a través del partícipe autorizado. A cambio de este dinero, el proveedor del *swap* se compromete a proporcionar el retorno del índice.

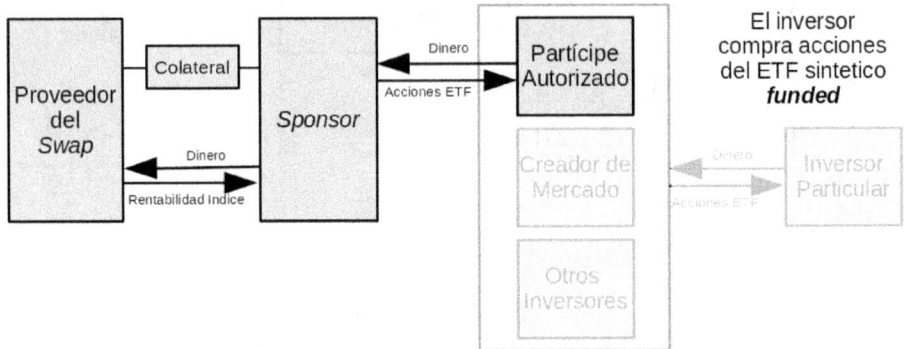

Figura 34. Diagrama de procesos cuando un inversor compra acciones de un ETF sintético funded. Es similar al caso de los ETFs físicos, pero nótese que hay un elemento adicional: El proveedor del swap. La parte común con los ETFs físicos ha sido difuminada.

Como prueba de que el proveedor va a proporcionar el retorno del índice, el proveedor entrega a un custodio activos por valor equivalente al del índice. Para evitar que el proveedor proporcione colateral de baja calidad, se aplican *haircuts* (factores correctivos). Por ejemplo, bonos gubernamentales de calidad de inversión pueden aceptarse tal cual, pero acciones de empresas de países desarrollados pueden tener *haircuts* del 30% (esto es, se considera que su valor es un 30% menor), y otros tipos de activos (bonos de baja calidad crediticia, acciones de pequeña capitalización) pueden estar prohibidos.

Y del mismo modo que con los ETFs sintéticos *unfunded*, el valor del colateral no puede ser menor del 90% del valor del índice (la mayor diferencia aceptada por la normativa UCITS es del 10%).

Si se produce una quiebra del proveedor, el ETF tiene que cerrar. En ese momento, el *Sponsor* toma el colateral disponible y se lo entrega a los inversores. El problema está en que el colateral no está directamente en manos del *Sponsor*, como en el caso de los ETFs sintéticos *unfunded*, sino que pertenece al proveedor. Y si el proveedor ha quebrado, sus activos se liquidan para pagar sus deudas. Así que podría suceder que cuando el *Sponsor* quisiera acceder al colateral, ese colateral ya no esté ahí, y que no haya nada para el inversor final. Esto es, el inversor podría haber comprado un índice que replica a activos seguros, por ejemplo bonos gubernamentales, pero si el proveedor del *swap* quiebra, el inversor podría perderlo todo.

Y en cualquier caso, si el ETF cierra, el inversor recibirá los activos del colateral, que pueden estar devaluados con respecto al valor esperado por el índice. O como mínimo, el inversor ha comprado un ETF con unos activos en mente, y recibe otros independientes.

En resumen: El proveedor del *swap* proporciona el retorno del índice, por contrato. La cesta sustitutiva está separada del *Sponsor*, en manos de un custodio neutral, por lo que esta estructura *funded* es considerada más segura que la *unfunded*.

5.4. ¿Cómo Medir la Eficiencia de un ETF?

Los ETFs indexados son mejores cuanto más fielmente sigan a su índice de referencia. Esto es contraintuitivo. No se busca la mayor rentabilidad, batir al índice, sino la fidelidad siguiendo al índice.

Aunque la idea de seguir un índice es fácil de imaginar, tiene sus dificultades al llevarla a cabo. Veamos qué defectos nos encontramos al pasar de la teoría a la práctica.

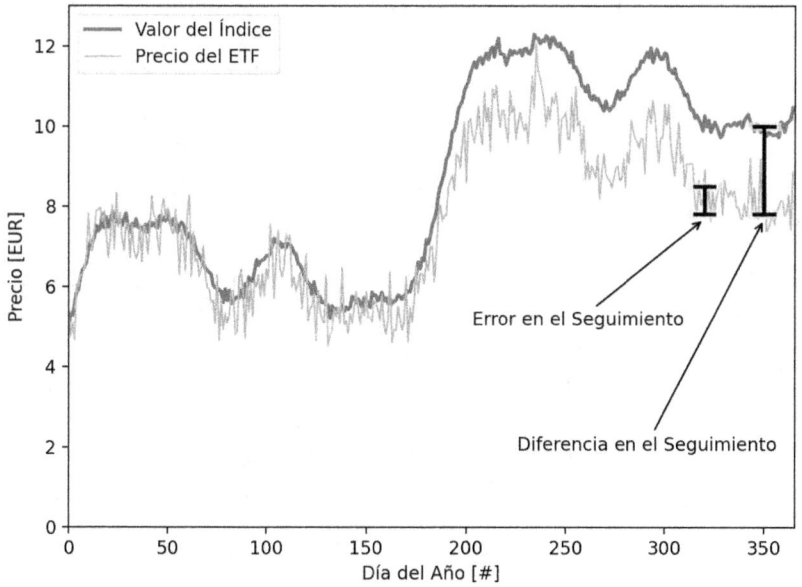

Figura 35. Ejemplo imaginario que muestra la relación entre un índice (línea oscura superior) y el ETF que le sigue (línea gris). La ineficiencia puede separarse en dos componentes: El Error de Seguimiento (a corto plazo, de un día para otro) y la Diferencia de Seguimiento (apreciable a largo plazo).

La eficiencia que muestra el ETF al realizar su seguimiento del índice se mide con los dos parámetros siguientes:[16]

- **Diferencia en el Seguimiento** (*Tracking Difference*). Consiste en la diferencia encontrada a **largo plazo** entre el valor del índice menos el precio del ETF indexado. Una pequeña diferencia negativa es lo habitual, y está muy relacionada con el TER. Si la diferencia es muy negativa, es que el fondo es muy ineficiente. Si la diferencia es ligeramente positiva es que el fondo mejora al índice, una situación excepcional pero que puede producirse por ejemplo si el fondo alquila sus activos. Esta es una medida de lo buena que es la gestión del fondo. Este es un parámetro importante para los inversores a largo plazo. Cuanto menos negativo, o incluso positivo, mejor. Si se fija en la Figura 35, verá que a largo plazo (después de 365 días, un año) la curva del índice y la del ETF se separan, esta es la Diferencia en el Seguimiento.

- **Error en el Seguimiento** (*Tracking Error*). Es la diferencia encontrada a **corto plazo** entre el valor del índice y el precio del fondo. Es una medida de la volatilidad del precio, y se suele medir como la desviación típica de esas diferencias. Tiene que ver con la capacidad del Partícipe Autorizado para crear y destruir acciones del ETF. Un valor bajo indica que el fondo es muy fiel en el seguimiento. Esta medida es la buscada primordialmente por aquellos interesados en comprar ETFs para especulación a corto plazo. A los inversores a largo plazo nos afecta, pero solo en el momento de la compra y de la venta. Si se fija en la Figura 35, verá que el precio del ETF oscila de día a día mucho más que el valor del índice, con una desviación típica de 0.5 euros. Esto quiere decir que depende de cuando compre, usted puede esperar pagar 0.5 euros de más o de menos respecto del valor del índice.

Si usted sabe de ciencias o ingeniería, estos parámetros le resultarán familiares. Son los equivalentes a "exactitud" y "precisión". El Error en el Seguimiento es como la "precisión", la capacidad de repetir una medida y obtener el mismo resultado una y otra vez, aunque ese resultado no sea perfectamente correcto. La Diferencia en el Seguimiento es como la "exactitud" de una medida, la capacidad de proporcionar el valor exacto (que habitualmente requiere hacer muchas medidas y calcular el valor medio).

Los ETFs sintéticos suelen ser mejores con estos parámetros, pero con el coste de introducir el riesgo de contrapartida. Además, los ETFs sencillos no tienen problema, su Error de Seguimiento puede ser del orden de 0.05%, pero en cuanto los activos se complican (por ejemplo, un índice como el MSCI Emerging Markets) el error puede subir al 1%. La Diferencia en el

Seguimiento suele ser similar al TER.

En resumidas cuentas, el error de seguimiento y la diferencia de seguimiento son los parámetros básicos para medir cómo de bueno es un ETF siguiendo a su índice.

5.5. ¿Están los ETFs Creados para los Pequeños Inversores?

Según lo que hemos explicado, los ETFs indexados son exactamente lo que los pequeños inversores necesitamos: Una forma de invertir sencilla, transparente y minimizando riesgos (entendiendo como riesgo el perder valor con respecto al promedio del mercado).

¿Cómo es esto posible? ¿Dónde se ha visto que las grandes empresas financieras tengan el más mínimo interés en ofrecer algo razonable a los pequeños inversores? ¿No será este un truco de los bancos y financieras para enriquecerse a costa nuestra?

La respuesta a estas preguntas se compone de tres partes.

- El primer argumento consiste en que las empresas financieras no ofrecen ETFs por su bondad, sino en su propio beneficio. Se están enriqueciendo, si. Y más aún, se enriquecen sin correr ningún riesgo. Ganan de forma indirecta cada vez que hay una compraventa (por la diferencia entre los precios de oferta y demanda), ganan de nuevo por mantener la inversión (TER), y si alquilan los activos a terceros vuelven a ganar. Y todo ello en automático, sin una estrategia compleja, sin peligro de quiebra ni dependencia con los ciclos del mercado (suba o baje la bolsa, el gestor del ETF gana igual). Es que los ETFs hacen lo mismo que los demás fondos de inversión, pero mejor: Diez veces mas barato, más transparente, más líquido, y bajo el control último del inversor.

- En segundo lugar, los ETFs no han surgido en beneficio de los pequeños inversores, todo lo contrario. Los ETFs proporcionan enormes beneficios a los grandes inversores, y es gracias a eso que nosotros podemos aprovecharnos. Muchos gestores de fondos de inversión aplican análisis técnico (en la Sección 4.3.1 ya vimos lo poco recomendable que eso es para usted), y para ello les viene muy bien poder comprar y vender índices muy líquidos. Otros gestores están interesados en la macroeconomía, y en cómo se comportan diferentes países y regiones, invirtiendo aquí y allá para intentar tomar ventaja, y usando ETFs que siguen a índices de países y regionales. Y además porque los gestores pueden cubrirse de la compra de un ETF utilizando derivados (que suelen estar directamente asociados a los índices). Por lo tanto, los gestores de fondos están muy interesados en la existencia de ETFs. Ellos son sus mayores clientes (se dice que la mayor parte de las compraventas de las acciones de ETFs se realizan directamente, sin pasar por la bolsa de valores). Gracias a que ellos los usan, tenemos una enorme liquidez, siempre que queramos comprar y vender un ETF habrá una contrapartida disponible.

- Y en tercer lugar, los ETFs se comportan como una especie de derivado financiero. Su valor refleja el valor del subyacente (los activos del índice correspondiente), pero sin ser el subyacente en sí. De forma que las entidades financieras pueden intercambiarse entre sí las acciones del ETF, independientemente de si la compraventa del subyacente se ha prohibido temporalmente, si no hay ningún comprador en ese momento, o simplemente si la bolsa está cerrada por la noche. Y es que un ETF que siga al índice Nikkei 225 en la bolsa de Madrid, proporciona un precio aún cuando la bolsa de Tokio esté cerrada. Y esto tiene un valor incalculable para las entidades financieras.

Así que gracias a que los gestores de ETFs obtienen ganancias seguras, y a que los bancos y fondos de inversión los utilizan, es por lo que los pequeños inversores podemos disfrutar de las ventajas de los ETFs. Nadie tiene interés en hacerle un favor a los pequeños inversores, es simplemente una agradable coincidencia que los peces gordos, buscando su propio beneficio, acaben beneficiándonos.

5.6. ¿Han Crecido Demasiado los Índices?

A veces se comenta que los fondos indexados han crecido demasiado y que esto ocasiona problemas que hacen que no sean una solución a largo plazo. Y es que se diría que pueden morir de éxito, porque alguien tiene que fijar el precio de los activos para que luego tenga sentido que existan los fondos indexados.

Si nos centramos en fondos domiciliados en EEUU, en sus activos bajo gestión, hay dos datos relevantes.[17] Por un lado, los fondos indexados que invierten en acciones de EEUU ya superaron a los fondos activos en 2018. Por otro lado, los fondos de acciones internacionales y bonos todavía tienen más activos bajo gestión que sus equivalentes indexados. Pero la estimación es que contabilizando todos los fondos en agregado, para 2026 los indexados superarán a los activos.

Vamos a desmontar aquí esta idea de que los fondos indexados acumulan una fracción excesiva de la inversión, siempre teniendo en cuenta que nadie conoce el futuro y que siempre puede pasar algo imprevisto.

Por cierto, los argumentos siguientes se refieren a índices amplios y generales. Los índices pequeños pueden tener problemas en el caso de que tengan una cantidad de capital invertido que sea del mismo orden de magnitud que toda la capitalización de su subyacente. Pero eso es una monstruosidad muy infrecuente.[18]

- Hay **muchos actores independientes** invirtiendo en empresas y bonos cotizados. Hay inversores particulares, inversores institucionales, fondos de inversión activos, planes de pensiones, etc. Cada uno de ellos tiene intereses independientes, a largo o a corto plazo, que les puede llevar a comprar o vender con diferentes criterios. De esta forma, aunque se interesen por índices y no por los activos particulares que los componen, están también eligiendo esos activos subyacentes de manera indirecta. Esto es, se sigue produciendo una valoración de activos, pero en grupos y no individualmente.

- Hay **muchos tipos de índices,** no solo los de capitalización. Otros índices pueden seguir filosofías de beta estratégica, dividendos, mínima volatilidad, fundamentales, análisis técnico, enfocados a determinados sectores (inversión inmobiliaria, sectores económicos), excluyendo empresas que no cumplan determinadas condiciones (empresas contrarias a los criterios del Corán, empresas relacionadas con armamento, juego o alcohol), y una infinidad adicional de temáticas a cual más excéntrica. Y como no todos los índices son iguales, cada uno sigue sus propios intereses, el resultado final es un agregado de intereses independientes. Ni aun cuando toda la inversión estuviera gestionada a través de fondos indexados, la independencia de estos índices implica que los inversores pueden valorar de forma distinta las diferentes partes del mercado. Y eso también contribuye a formar los precios de los activos. Lo gestores que en el pasado seleccionaban empresas (*stock picking*), hoy seleccionan ETFs. Cambia la granularidad de la selección, pero se sigue seleccionando igual.

- Siembre habrá quien crea ser mas listo que le mercado. Quien compre y venda intentando obtener un beneficio de las ineficiencias, ya sean reales o ficticias. Ya sea con análisis técnico o cualquier otro método. Por tradición o por nuevas ideas que vayan surgiendo. De este modo, **siempre habrá gestores** dispuestos a valorar los activos. Y mientras quede un solo gestor activo, él fijará el precio.

- Si los fondos indexados fueran tan grandes que se volvieran ineficientes (por ejemplo por el *Front-Running Arbitrage*, comentado en la Sección 5.3.1), ya aparecerán actores en el mercado que busquen sus ineficiencias. Comprando y vendiendo un determinado tipo de activo, dándole liquidez por tanto. Gracias a ello, **cuanto mas busquen esas ineficiencias, vuelven al mercado mas eficiente**. Por otro lado, el *Front-Running Arbitrage* tiene una solución fácil, y es comprar todo el mercado a través de los índices IMI (*Investable Market Index*).

- Como los fondos indexados invierten en todas las empresas del mercado (al menos los fondos indexados mayoritarios), esto podría implicar un problema lógico, porque estos fondos invierten sin criterio. Dado un sector económico, un gestor activo podría decidir invertir en una empresa y no en otra. Pero los fondos indexados no tienen criterio, así que invierten en una empresa y en su competencia. Esto podría ser visto como un sinsentido, porque se invierte en empresas que compiten entre sí. Sin embargo se puede ver en positivo como **diversificación en estado puro**.

- Por otro lado, se suele decir que los fondos indexados, al comprar activos según su capitalización, "**compran más activos caros y menos baratos**". Y que esto es ineficiente. Sin embargo esto no es cierto, porque una vez que hay un Mercado Eficiente, con multitud de actores, nadie conoce el precio mejor que los demás. El precio se encuentra en un punto de equilibrio donde los compradores se han igualado con los vendedores. Nadie puede argumentar que un activo está barato o caro. Argumentar que se puede comprar barato en un Mercado Eficiente es inversión activa, y las investigaciones académicas demuestran que la inversión activa no obtiene rentabilidades mejores que la inversión pasiva.

- Hay un flujo de capital que escapa de los fondos activos y va a parar a los fondos pasivos. Especialmente desde los fondos activos "caros" a los pasivos, que son por lo general mucho más baratos. Este efecto se debe fundamentalmente a que los artículos científicos muestran que la rentabilidad esperada es la rentabilidad de la clase de activo (acciones diversificadas, acciones de estilo valor, etc.) menos el coste de la inversión. Así que este es un incentivo muy bueno para que los gestores activos mejoren.

- Existen los llamados "falsos activos" o "indexados escondidos en el armario" (en inglés *Closet Indexing*). Son fondos de inversión que dicen ser activos, pero que en la práctica simplemente siguen a un índice. Lo relevante es que lo hacen sin reconocerlo públicamente, cobrando un TER relativamente alto, cuando un fondo indexado equivalente sería mucho más barato (esto es fácil de reconocer al ver que el valor del fondo es calcado al valor del índice menos el coste). En este caso, fíjese que no es que haya un salto desde la inversión activa a la pasiva, sino que esas inversiones ya eran pasivas inicialmente (pero sin reconocerlo), eran falsas activas. Estos falsos fondos activos tienden a desaparecer.

- Además, **la gestión pasiva crece con nueva inversión**, no necesariamente a costa de la inversión activa. Personas que no se habían planteado invertir en bolsa (como es nuestro caso), deciden hacerlo ahora gracias a la fiabilidad, sencillez, y transparencia de la inversión pasiva. No es que le quiten fondos a la gestión activa, es que esas inversiones nunca fueron de gestión activa. Por tanto la gestión activa no pierde su base de clientes, es que ahora hay muchos más inversores que antes, pero invierten de forma distinta.

- El hecho de que se pueda invertir en índices amplios tiene una gran ventaja, que es la **estabilidad del precio**. La capitalización de una empresa individual puede ser relativamente pequeña, y de este modo una institución financiera podría mover el precio de esa acción. Por la ley de la oferta y la demanda, si un actor comprara o vendiera muchos activos, podría llevar a arrastrar el precio. Pero un índice grande amplio tiene una capitalización (la capitalización total de las empresas que lo componen) que es muchísimo más inamovible frente a manipulaciones del mercado. Por ello, cuanta más inversión pasiva, mejor para el pequeño inversor.

- A largo plazo **solo quedarán o bien inversores pasivos, o bien inversores activos que sean excelentes**. Comparemos a los inversores en bolsa con unos estudiantes. Hagamos tres grupos: los mejores estudiantes, los estudiantes normales, y los malos estudiantes. Imaginemos que hay que hacer un examen y que el profesor propone una forma novedosa de evaluar. Aquellos que quisieran podrían hacer el examen de manera "pasiva", recibiendo la nota del promedio de notas de toda la clase (de aquellos que hayan realizado el examen) ¿Qué sucedería? Los buenos estudiantes harían el examen porque saben que obtendrían un resultado mejor que el del promedio. Los malos estudiantes dirían que prefieren el resultado promedio y por tanto dejarían de hacer el examen ¿Qué tenemos entonces? Que solo habrían realizado el examen los estudiantes buenos y normales, por lo que el promedio de notas es relativamente alto. Poco después surge un segundo examen, y en este caso los estudiantes normales se dan cuenta de que si ellos también solicitan hacerlo de manera "pasiva" sus notas serían un poco mejores, porque solo los buenos estudiantes harían el examen. Y eso es lo que sucede, ni los peores estudiantes ni los normales hacen el examen. Solo los mejores, que obtienen por tanto excelentes resultados para el promedio. Que debido a que la mayor parte de los estudiantes están indexados, son automáticamente extrapolables a toda la clase. Volviendo ahora a la inversión, los peores gestores activos irán desapareciendo poco a poco, y solo quedaran los mejores gestores. A no ser que usted sea excepcional como Warren Buffett, lo mejor que puede hacer es montarse en caballo ganador, en un índice, que gracias a la gestión pasiva proporcionan un beneficio a toda la comunidad inversora. Y esto no depende de la fracción de inversores activos con respecto a pasivos.[19]

- Jack Bogle, fundador de Vanguard y gran promotor de la inversión pasiva, se mostró preocupado porque pronto un reducido número de gestoras de fondos indexados serán propietarios de la mitad de todas las acciones de EEUU. Esto implica que el control sobre las empresas cotizadas va a estar muy concentrado, y esto puede ir en contra del bien común. Este tema del **gobierno corporativo** es ciertamente algo que puede ser un problema en el futuro.[20]

En definitiva, ni es de esperar que los fondos indexados sean mayoritarios, ni aunque lo fueran eso implicaría grandes problemas en la formación de precios. Así que es algo a tener en cuenta, pero no hay que preocuparse más que por otros temas.

5.7. ¿Cuáles Son los Riesgos de los ETFs?

Hemos pintado los ETFs de color de rosa, ok, pero no hay nada perfecto en este mundo ¿Son realmente tan buenos como decimos? ¿Cuáles son los riesgos que pueden conllevar?[21] Entendiendo por riesgo la posibilidad de perder dinero en nuestra inversión. Tenga en cuenta estos factores:

- **Riesgo del mercado**. Este es obvio. Si compramos el mercado, estamos a expensas de lo que haga el mercado. Esto no es ni bueno ni malo, es lo normal.

- **Exposición a inversiones exóticas**. Puede suceder que usted compre materias primas, o ETFs apalancados o inversos. Estos productos se construyen con productos derivados que hacen que el valor del ETF no se relacione exactamente con el valor de la materia prima (ver Sección 5.9.1). O que si es un apalancado x2, su valor no varíe exactamente un factor x2 (ver Sección 5.9.3). No se fíe de inversiones que le prometen gran rendimiento en algo que nadie antes se ha dado cuenta, los pequeños inversores somos siempre los últimos en enterarnos.

- **Riesgo de contrapartida**. Esto es importante para los ETFs sintéticos y los ETFs físicos que prestan sus activos. Pudiera ser que la tercera parte involucrada se declarara en quiebra durante una operación y no devolviera los activos. En general, tanto los ETFs sintéticos como los préstamos están colateralizados en exceso (según normativa UCITS), por lo que este riesgo debería de ser mínimo.

- **Riesgo de cierre**. Pudiera pasar que el ETF no fuera rentable para el gestor y que éste lo cerrase. No tiene por qué pasar nada, los activos siguen estando ahí, simplemente se le van a entregar al inversor particular. Tal vez en forma de capital, y no de acciones o bonos. Pudiera ser que esto tenga un pequeño coste por la venta que realice el gestor, pero no tiene que ser importante. Es una molestia porque puede implicar pago de impuestos, porque es como si se hubieran vendido las acciones. A nosotros nos pasó y no va mas allá de ser una curiosidad. De todas formas, no compre ETFs pequeños (por ejemplo, de menos de 100 millones de capitalización), o que vayan a fusionarse con otros (mire la documentación correspondiente).

- **Gastos de compraventa**. Los ETFs, a diferencia de los fondos de inversión convencionales, son comprados por el inversor como si fueran acciones. Esto implica gastos de intermediación con la bolsa, y riesgo de que el precio se encuentre alejado de su valor liquidativo ideal. No tiene por qué ser grave, pero vigile. Compruebe las operaciones con otra fuente de información externa, por ejemplo con la página web de la propia bolsa. Así podrá asegurarse de que el precio que le ha dado su intermediario es justo comparado con el libro de órdenes en la bolsa correspondiente. Todas las operaciones quedan registradas, allí podrá usted ver su compra o venta, en qué momento se realizó la operación, cuántas acciones se intercambiaron, y a qué precio.

5.8. Índices de ETFs

La información más importante que tenemos que conocer de un ETF es cuál es el índice que sigue. Si hay una gran cantidad de ETFs, necesariamente hay también una gran cantidad de índices. Y muchos índices han sido creados únicamente para ser usados por ETFs.

5.8.1. Métodos de Cálculo de Índices

Hay varias formas de calcular los índices, de elegir la proporción de cada activo que entra a formar parte del índice.[22]

5.8.1.1. Índices de Capitalización

Esta es la forma más habitual de construir índices, por ser la más directa. Cuanto mayor sea la capitalización de las empresas, mayor será su peso en el índice.

La Tabla 14 muestra un ejemplo para calcular el peso de cada compañía en el índice. Multiplicando el precio por acción por número de acciones disponibles calculamos la capitalización de cada empresa. De ahí calculamos el porcentaje respecto de la capitalización total, y esas cifras representan el peso de cada compañía en el índice.

Tabla 14. Composición de un índice pesado según la capitalización de sus activos. Las cifras son sólo de ejemplo.

Empresa	Precio de la Acción [EUR]	Cantidad de Acciones [Millones]	Capitalización [Millones de EUR]	Peso en el índice [%]
Acerinox	8	9	72	36%
Endesa	6	10	60	30%
Telefónica	16	3	48	24%
Iberdrola	10	2	20	20%
Total			200	100%

Los índices de capitalización son sencillos, transparentes y fáciles de construir. Tienen además una ventaja mayúscula, y es que una vez que el fondo ha comprado esas acciones, futuras variaciones en su precio (en su capitalización bursátil) no requieren compraventas del fondo. Si el precio de una acción sube al doble, mientras los demás componentes del índice se mantienen constantes, el peso de esa acción en el índice crecerá a aproximadamente el doble. Y los activos del fondo seguirán representando al índice, sin compraventas, con mínimo coste para el gestor. Por eso los índices de capitalización son muy eficientes a largo plazo, perfectos para nuestras intenciones.

Sin embargo, los índices de capitalización han recibido críticas, debido fundamentalmente a su comportamiento durante las burbujas económicas, porque sobreponderan en el índice aquellos activos o grupos de activos que pueden estar sobrevalorados. En este sentido, hay dos mejoras que pueden hacerse a los índices de capitalización:

• Un índice de capitalización simple podría estar muy poco diversificado. Un activo o grupos de activos podrían representar la mayor parte del índice, lo cual puede ser negativo porque entonces el índice no representa a ese país o sector económico, sino mayoritariamente a esos activos sobrevaluados. Para solucionar este problema, se establecen límites a la proporción de los activos en el índice (véase la regla de "5/10/40" en la caja de texto sobre UCITS en la Sección 4.1.4.1). En el ejemplo de la Tabla 14, la empresa Acerinox tiene un peso en el índice del 36.4%, lo que hace que el índice sea demasiado dependiente de esa acción. Para evitarlo, se puede fijar el máximo porcentaje en, por ejemplo, 30%. De esta forma, Acerinox tendría un peso máximo del 30% del índice, y los demás porcentajes se ajustarían apropiadamente.

- Ajustar la capitalización de las empresas según su "capitalización flotante" (*free-float market capitalization*), que hace referencia a las acciones realmente disponibles para los inversores. Y es que muchos accionistas no tienen interés en negociar sus acciones, ya sea por ser empresas familiares o por ser inversiones públicas en empresas de interés nacional, y por tanto esa parte puede excluirse de la capitalización disponible. Esto es importante, porque si la mayor parte de los accionistas no negocian sus acciones, entonces la liquidez de la empresa puede ser relativamente pequeña, y conviene minimizar su peso en el índice para evitar problemas de liquidez.

Debido a estas dos mejoras, un índice puede minimizar el riesgo de concentrar todo el índice en muy pocos activos. Pero por eso mismo el índice puede no ser representativo de la economía de un país, ya que empresas muy grandes, que serían muy representativas de la economía del país, pueden quedar capadas a un peso máximo. Y otras empresas que pueden ser muy representativas pueden quedar fuera del índice si no tuvieran suficiente capitalización flotante.

Estas dos mejoras (limitar los activos principales y ajustar según capitalización flotante) se encuentran ya implementadas en casi todos los índices.

5.8.1.2. Índices de Estilo y Segmento

Para representar diferentes formas de inversión, principalmente para servir de referencia para la gestión activa, han surgido índices que siguen grupos de empresas en particular. Clasificación por "estilo" de inversión:

- **Crecimiento** (*Growth*). Las empresas de "crecimiento" son aquellas que se considera que van a crecer mucho en el futuro, y que por tanto tienen posibilidades de superar los resultados del mercado en general.

- **Valor** (*Value*). Las empresas de "valor" son las que cotizan actualmente por debajo de su valor contable. Se entiende por tanto que estas empresas están relativamente baratas.

Con respecto a la clasificación por "segmento", por otro lado, se suelen dividir las compañías del mercado en **"gran capitalización"**, **"media capitalización"**, y **"pequeña capitalización"** (típicamente indicado en inglés como *large, mid, y small*). En España, ordenando las empresas según su capitalización bursátil, tenemos que las primeras 35 forman el IBEX 35, las 20 siguientes el IBEX Medium Cap y las 30 siguientes el IBEX Small Cap.[23]

La razón para invertir según estilo o segmento es aprovecharse de los ciclos económicos. Si usted cree que puede conocer en qué momento del ciclo se encuentra un país o región, entonces puede intentar invertir según el índice que mejor va a comportarse en ese momento (aunque como ya vimos en la Sección 4.3.6, esto no funciona a largo plazo).

5.8.1.3. Índices Pesados Según Fundamentales

Para intentar mejorar los índices de capitalización, surgieron los índices que ponderan las variables fundamentales de las empresas. De esta forma, al seleccionar especialmente aquellas empresas con mejores indicadores, en mejor estado y con mejores perspectivas de futuro, se supone que a largo ese índice va a comportarse mejor que el promedio del mercado.

Las ventajas de estos índices sobre índices de capitalización es controvertida. *A posteriori* se diría que estos índices proporcionan un retorno ligeramente mejor que el promedio del mercado. Pero esto es a "toro pasado". Según la teoría de los Mercados Eficientes no está nada claro que si una empresa va a proporcionar mejores retornos que otra, su precio no incluya ya esa mejora.

Y aunque realmente estos índices sean mejores, también implican más gastos (mayor coste de definición de los componentes del índice, mayor rotación de componentes, más compras y ventas), por lo tanto cualquier ventaja se contrarresta por su mayor TER.

Un tipo de índice por fundamentales es el que pondera por dividendos, de forma que aquellas empresas que proporcionen mayores dividendos estén más presentes en el índice. Por ejemplo el IBEX Top Dividendo.

5.8.1.4. Índices de Igual Peso

Esta es otra forma de mejorar los índices de capitalización, evitando que se sobreponderen unos componentes respecto de otros ¿Y cómo evitarlo? Pues ponderando todos por igual.

Al comparar un índice de capitalización con otro de igual peso, se aprecia que los activos de menor capitalización tienen mayor representación en el índice. Por ello, el retorno de un índice de igual peso es comparable al de índices de pequeña y mediana capitalización.

Este tipo de índice tiene además un problema, y es que sólo es matemáticamente correcto en el momento del rebalanceo (típicamente un par de veces al año). Durante el año, el valor de los activos evoluciona, por lo que su peso en el índice no será exactamente el mismo para todos. Y al llegar otra vez el momento de rebalanceo, el gestor del fondo tendrá que comprar y vender activos para volver a recuperar los pesos iguales. Esto obliga a incurrir en gastos de compra venta, lo que incrementa el TER del ETF. Y esto no sucede en los índices pesados por capitalización.

Tabla 15. Peso de los activos de ejemplo. Note que es independiente del precio de la acción y de su capitalización. Suponiendo las mismas empresas ya mostradas en la Tabla 14.

Empresa	Peso en el índice [%]
Acerinox	25%
Endesa	25%
Telefónica	25%
Iberdrola	25%
Total	100%

5.8.1.5. Índices Pesados Según Precio

Finalmente, existe un subgrupo de índices donde el valor del índice se calcula directamente como la media aritmética de los precios de las acciones.

Tabla 16. Composición de un índice donde los pesos son proporcionales al precio de los activos, suponiendo las mismas empresas ya mostradas en la Tabla 14.

Empresa	Precio de la Acción [EUR]	Peso en el índice [%]
Acerinox	8	20%
Endesa	6	15%
Telefónica	16	40%
Iberdrola	10	25%
Total		100%

Este es el método seguido por los primeros índice de acciones, el "Dow Jones Transportation Average" (DJTA) (creado en 1884), y el "Dow Jones Industrial

Average" (DJIA) (de 1896), que comenzaron promediando los precios de las acciones porque era el único método practicable en aquella época. Otro índice muy famoso que está pesado según precio es el Nikkei 225.

Los índices pesados según precio son una forma anticuada de medir el estado de un grupo de empresas. No representan la evolución de su valor, para eso tendría que considerar la capitalización. Se utiliza simplemente por costumbre, y porque proporciona una serie histórica muy larga.

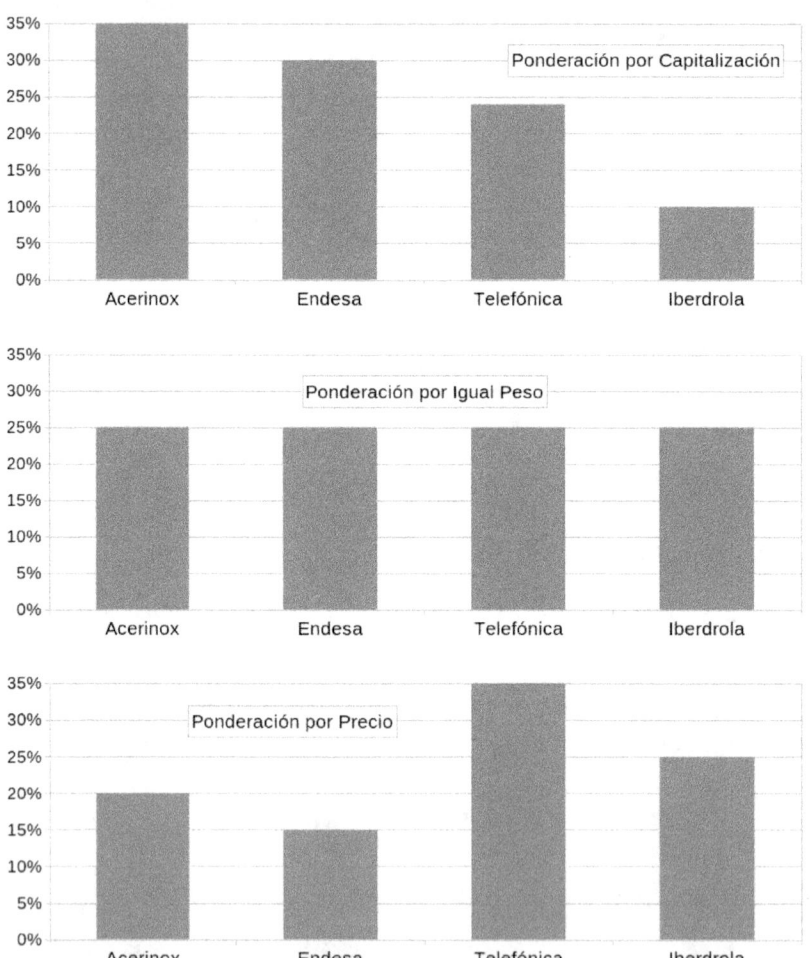

Figura 36. Histogramas que muestran las distribuciones de los mismos 4 activos en 3 índices con diferentes ponderaciones. La gráfica superior muestra la distribución según capitalización (ver Tabla 14), la gráfica central según igual peso (ver Tabla 15), y la gráfica inferior según precio (ver Tabla 16). Fíjese que dependiendo de la manera de construir el índice, un componente puede ser una contribución o bien pequeña o bien grande en porcentaje. Las cifras son sólo de ejemplo.

5.8.2. Clasificación según Tratamiento de los Dividendos

Hay 3 tipos básicos de índices según el tratamiento que realizan de los dividendos de las empresas invertidas:

- **Índice de Precio.** Es el caso mas sencillo, simplemente el valor de las acciones de las empresas que forman parte del índice. Los dividendos que el fondo reciba se reenvían directamente a los accionistas, no se reinvierten en comprar mas acciones del índice. El IBEX 35 por ejemplo es un índice de precio.

- Índices de rentabilidad total. Se contabiliza el índice del precio mas los dividendos recibidos, considerando que los dividendos se reinvierten en el fondo. Este es el caso cuando el ETF acumula los dividendos.

  - **Rentabilidad Total Neta**, donde se considera que los dividendos que recibe (y reinvierte) el fondo pagan impuestos en el país de origen. Se debe a que los dividendos se generan en un país A donde se encuentra la empresa del índice, pero el fondo está domiciliado en un país B. El país A aplica una retención (*withholding tax*) a los dividendos, que nunca llegan íntegros al país B. Este es el caso habitual cuando un ETF reinvierte los dividendos. Como ejemplo, S&P muestra en un documento (*Withholding Tax Rates*) los impuestos que ellos consideran que aplica cada país al calcular sus índices.

  - **Rentabilidad Total Bruta**, donde se considera que el fondo recibe los dividendos sin pérdidas. Esto es razonable, por ejemplo, para fondos que residen en el mismo país que las empresas que están proporcionando los dividendos, o en el caso de ETFs sintéticos (donde realmente no se producen flujos internacionales de capitales).

Note el lector que los impuestos a los que estos índices hacen referencia son los que paga el gestor del fondo. Los dividendos o ganancias de capital que eventualmente recibamos del fondo, tendrán que ser declarados en nuestra declaración del IRPF y volverán a pagar impuestos.

5.8.3. Clasificación por Temas

Proporcionamos aquí un listado mas o menos libre de la temática que pueden tener los ETFs. El objetivo es dar una idea general de lo que se va a encontrar si acude a libros o webs especializadas, pero de ningún modo instarle a que compre. De hecho, para nosotros, la mayor parte de este zoológico de fondos es simplemente una curiosidad académica. Sólo nos interesan fondos simples, muy diversificados y con muchos activos gestionados. Puede encontrar mucha información en internet, por ejemplo en ETF.com.

- Pasivos
  - Renta variable
    - Por región del mundo: Mundo, Europa, Eurozona, (EMEA) (*Europe, Middle East, Asia*), Asia, Asia ex-japón (Asia excluyendo Japón), o incluso el mundo entero.
    - Por lo desarrollado de su mercado bursátil: países desarrollados (donde los mercados están bien establecidos y son fiables), mercados emergentes (países en desarrollo cuyos mercados cumplen unos mínimos requisitos de seguridad y organización) y Mercados frontera (países con un incipiente mercado de valores, muy arriesgados).
    - Por país: EEUU, España, Turquía, etc.
    - Por sector industrial. Para aquellos que consideran que la economía es cíclica, y que puede esperarse que algunos sectores tengan un mejor desempeño que otros según la fase del ciclo económico. La empresas se pueden clasificar de múltiples formas. Dos conocidos son el ICB (*Industry Classification Benchmark*) de FTSE, y el GICS (*Global Industry Classification Standard*).
    - Por tamaño de las empresas participadas: grandes, medianas y pequeñas (esto enlaza con la Sección 5.8.1 sobre la construcción de los índices).
    - REIT (*Real Estate Investment Trust*, en España conocidos como SOCIMI (SOciedad anónima Cotizada de Inversión en el Mercado Inmobiliario).
    - De igual peso en todos los activos (esto acaba siendo similar a invertir por pequeña capitalización).
    - De valor (*value*) o de crecimiento (*growth*)
    - De Dividendos
    - De baja volatilidad
    - De empresas seleccionadas: de interés social, medio ambiente, religioso (cristiano, islámico, etc.).
  - Renta fija
    - Por región del mundo
    - Por país.
    - Por la moneda: euro, dólar, etc.
    - Por su madurez: letras del tesoro (menos de 18 meses), bonos del

estado (entre 3 y 5 años), y obligaciones del estado (10 o mas años). Ver Sección 4.1.5.

- Gubernamental o corporativo.

- Por la calidad del bono: "grado de inversión" (bonos en los que el emisor tiene una alta calidad crediticia) o "grado de especulación" (bonos donde el emisor tiene una mala calidad crediticia, es posible que no devuelva el principal, y por ello proporcionan cupones mayores de lo habitual; a veces referidos como "bonos basura" o de "alta rentabilidad").

- Valores del tesoro protegidos contra la inflación (conocidos como TIPS, *Treasury Inflation Protected Securities*).

  - Mercado monetario. Activos financieros que tienen como denominador común un plazo de amortización corto, que no suele sobrepasar los dieciocho meses, un bajo riesgo y una elevada liquidez. Suelen hacer referencia al índice EONIA (*Euro OverNight Index Average*).

  ○ Metales preciosos. Oro, plata, paladio. Suelen ser considerados refugios de valor. Algunos ETFs son sintéticos, otros compran el metal y lo almacenan.

  ○ *Commodities*. Se refiere a materias primas como productos agrícolas (por ejemplo el trigo, algodón, etc.) e industriales (como el petróleo, el hierro). Los ETFs correspondientes suelen construirse de forma sintética, con derivados financieros.

- Activos. Índices que implementan estrategias para batir al mercado. También conocidos como *smart beta*.

  ○ Por fundamentales.

  ○ Inversión Alternativa (en inglés, *Hedge Funds*)

  ○ Momento (tendencias en los precios mantenidas durante un cierto tiempo)

  ○ Y muchos más.

Aunque hay mucho para elegir, la mayor parte de los tipos de índices son irrelevantes para un inversor que aspire a la Libertad Financiera. Como se comenta en la Sección 6.4, vaya a lo sencillo, a lo que comprende. Y recuerde que la inversión pasiva es preferible a la activa.

5.9. Algunos Tipos Específicos de ETFs

Describimos aquí algunos tipos muy comunes de ETFs, que verá el lector continuamente en diferentes fuentes de documentación. Para más detalles desde un punto de vista de la comunidad Bogleheads, puede mirar la página web *Outline of Asset Classes*.

5.9.1. Commodities

El término *commodity* se refiere a mercancías, y en el ámbito financiero específicamente a las materias primas. Ejemplos son alimentos, recursos energéticos como petróleo y gas, madera, metales preciosos como oro y platino.

El interés de las *commodities* consiste en que se supone que protegen de la inflación. Dejando de lado la especulación, se espera que su valor se comporte paralelo a los precios. Además, se supone que su valor está muy poco correlacionado con otros activos como las acciones.

Tal y como comenta Rick Ferri[24], hay tres razones en contra de las materias primas:

- Primero porque es complejo invertir en *commodities*. Normalmente su coste de almacenaje es alto (es caro almacenar petróleo, por ejemplo), por lo que lo que se compra no es el producto en sí, sino un derivado financiero. Los ETFs de *commodities* son conocidos por ser relativamente impredecibles debido al *roll-over*, porque su precio no está directamente relacionado con el precio de la *commodity* física.

- Puestos a comprar *commodities*, lo más fácil son los metales preciosos. Y si eso es lo que quiere, ¿para qué comprar un ETF pudiendo comprar el oro directamente? Comprar lingotes o monedas de oro es más fácil y le protege mejor contra las crisis (al fin y al cabo, si la bolsa cierra, usted no podría operar con un ETF de oro).

- Si lo único esperable de las *commodities* a largo plazo es seguir a la inflación, eso es una inversión muy pobre. Mejor invertir en empresas cotizadas, donde en principio el valor de sus activos físicos (fábricas, productos en almacén) también sigue a la inflación. Y además reparten dividendos.

5.9.2. Selección de Activos

En inglés se utiliza la expresión *screening*. Consiste en que, dada una lista relativamente grande de activos, o bien se selecciona un subgrupo de ellos, o bien se excluye a un subgrupo.

Un ejemplo típico es un ETF que sólo compre empresas que cumplan con la Sharía (como por ejemplo el iShares MSCI World Islamic UCITS ETF), que en este caso se concreta en que las compañías no tengan ingresos provenientes del alcohol, tabaco, derivados del cerdo, servicios financieros, armamento, juego, o entretenimiento para adultos. De forma que si usted tiene fuertes principios religiosos, puede invertir según sus creencias.

En España, asociados al IBEX, tenemos varios índices de estos. Por ejemplo los índices de sectores económicos, como las empresas del IBEX 35 que están relacionadas con la construcción (IBEX 35 Construcción), o FTSE4Good que contiene empresas que cumplen con criterios de Responsabilidad Social Corporativa. Fíjese que este último índice excluye a empresas de ingeniería nuclear o militares, y esto es muy subjetivo. Que le pregunten a los ciudadanos de países del este de Europa en 2022 qué opinan del gasto en defensa (tras la invasión rusa de Ucrania) o la energía nuclear (tras el incremento del coste del gas).

5.9.3. Inversos y Apalancados

Estos son ETFs que multiplican los porcentajes diarios de cambio. Si el índice de referencia sube un 1%, el apalancado x2 subirá un 2%, y el inverso bajará un 1%. Además de estas versiones sencillas, también existen apalancados e inversos con multiplicadores mayores (por ejemplo x3, x5, o x10).

El hecho de que amplifiquen los cambios es algo que *a priori* suena sensato. Al fin y al cabo, si lo que esperamos es que el precio suba a largo plazo, ya puestos, pues que suba más ¿no?

Pues la respuesta es un "no" rotundo. Por un lado porque estos ETFs están construidos de manera sintética. Y por otro lado porque multiplicar las pérdidas tienen más peso que las ganancias en el valor del fondo, y el efecto es devastador.

Si el índice sube (o baja) de forma persistente día tras día durante una temporada, no hay problema. Pero en cuanto sube y baja de forma repetitiva, es un desastre para el inversor.

Supongamos que un índice tiene el valor 1000 hoy (vea la Tabla 17). Supongamos que sube un 10% mañana hasta 1100 puntos, y que baja pasado mañana un 15% hasta quedar en los 935 puntos. Tras estos dos días, el índice ha perdido 65 puntos, que representan el 6.5% del valor inicial.

*Tabla 17. Efecto de la variación diaria del mercado en un índice normal y en su versión x2, suponiendo primero una **subida** y luego una **bajada** de precio. Si el primer día hay ganancias, el índice x2 va a perder mucho.*

Índice	Hoy	→	Mañana	→	Pasado Mañana	Cambio Total
Normal	1000	+10%	1100	-15%	935	-6.5%
Apalancado x2	1000	+20%	1200	-30%	840	-16.0%

Supongamos ahora que tenemos un índice apalancado x2, que multiplica por dos las variaciones diarias. Partiendo del valor 1000 hoy, subirá un 20% hasta 1200 puntos, y finalmente bajará un 30% hasta los 840 puntos. Ha perdido 160 puntos, el 16% con respecto al valor inicial.

El índice "normal" ha perdido el 6.5% en dos días. En una primera aproximación, podríamos haber supuesto que el índice apalancado x2 habría perdido el doble, un 13%. Sin embargo no es así, ha perdido el 16%, bastante más del doble.

Y si hubiera sucedido lo contrario, que el índice hubiera empezado perdiendo el primer día, tendríamos el caso mostrado en la Tabla 18. El resultado final es casi el mismo (+3.5% o +4%), a pesar del factor x2. Así que tenemos que cuando el índice evoluciona en forma de sierra, subiendo y bajando consecutivamente, si el índice sube, el índice apalancado obtiene unas ganancias similares a las del índice convencional. Pero si el índice convencional baja, el índice x2 pierde el doble. Ganancias similares, pero dobles pérdidas ¿Le interesa?

*Tabla 18. Efecto de la variación diaria del mercado en un índice normal y en su versión x2, suponiendo primero una **bajada** y luego una **subida** de precio. Si el primer día hay pérdidas, ambos índices acaban casi igual.*

Índice	Hoy	→	Mañana	→	Pasado Mañana	Cambio Total
Normal	1000	-10%	900	+15%	1035	+3.5%
Apalancado x2	1000	-20%	800	+30%	1040	+4.0%

Si quiere ver este efecto con datos reales, puede comparar el IBEX 35 tradicional con su versión IBEX 35 Doble Apalancado, o con su versión IBEX 35 Inverso. O mejor aún compare con las versiones x10 de ambos (ver *Factsheets*). Mire las gráficas, que seguramente no sea lo que se espera, y vea las pérdidas que podría haber tenido.

En definitiva, los ETFs apalancados e inversos son instrumentos de especulación, sólo para ser usados a corto plazo, y de ningún modo tienen cabida en una cartera a largo plazo.

5.9.4. Mercado Inmobiliario

Estos ETFs siguen índices de empresas del sector inmobiliario, conocidas internacionalmente como REITs, o en España como SOCIMIs. Este es un grupo muy conocido, porque en principio se considera que pueden estar relativamente descorrelacionados de índices de empresas más generales.

Porque solo suben con la inflación como las *commodities* (el valor del terreno), aunque estos al menos dan dividendos. Mejor empresas generales.

Los nombres de estos índices y ETFs (como por ejemplo el FTSE EPRA Nareit Europe Index) suelen hacer referencia a EPRA (*European Public Real estate Association*) o Nareit (*National Association of Real Estate Investment Trusts*, de EEUU).

De todas formas, este grupo no es tan distinto de otro que siga un sector económico como telecomunicaciones o construcción. Y por ser algo minoritario, el coste de los ETFs es algo mayor.

5.9.5. Acciones de Mercados Emergentes

Los países desarrollados tienen tasas de crecimiento relativamente pequeñas y estables. Las mejoras en la economía vienen normalmente de la mano de los incrementos en productividad, fundamentalmente tecnología. Pero estas sociedades ya utilizan lo último en tecnología.

Los países en desarrollo tienen sin embargo más margen de crecimiento, pues se espera de ellos que a largo plazo se pongan a la altura de los países desarrollados. Por ello sus crecimientos, medidos por ejemplo como mejoras en el PIB, pueden ser mayores.

Además, un argumento a favor de tener una parte de países emergentes en la cartera es que suelen estar poco correlacionados con los países mas desarrollados.

Se dice que un país es emergente cuando está en vías de convertirse en un país desarrollado (siendo ejemplos EEUU y Japón), especialmente en lo que corresponde a los mercados financieros. Un país donde los mercados de acciones y bonos son suficientemente líquidos, donde existe una bolsa de valores y un cuerpo regulador.

Los países emergentes no tienen el nivel de eficiencia y altos estándares desarrollados, pero típicamente tienen una cierta infraestructura que incluye bancos, mercado de valores y moneda fiable.

El decidir qué países son emergentes y cuáles no, es algo complicado. Diferentes proveedores de índices pueden tomar diferentes decisiones.[25] El Fondo Monetario Internacional incluye por ejemplo a Argentina y Venezuela como países emergentes, pero no lo hacen así los proveedores de índices mas conocidos. Los proveedores habituales de índices son similares. Una diferencia relevante es que actualmente MSCI incluye a Corea del Sur como emergente, y FTSE como desarrollado.

Un lugar por donde empezar a buscar ETFs que sigan índices de emergentes es la web de JustETF (esto también vale para cualquier otro ETF), en el apartado de ETFs relacionado con los Mercados Emergentes. Allí se muestran los ETFs que siguen este índice. Seleccione aquellas bolsas de valores donde quiera comprar (aquellas para las que su broker online sea barato). Mire qué ETFs distribuyen dividendos (o que los acumulen, como prefiera). Mire que estén domiciliados en países amigables (Irlanda y Luxemburgo suelen estar bien), que tengan activos por valor de mas de 100 millones de euros (suficientemente grandes para aprovechar las economías de escala, que sea rentable para que no quiebre), y a ser posible que sean físicos (no sintéticos).

Ojo, que el mismo gestor de fondos puede ofertar varios productos similares pero con diferentes precios. Le conviene el producto más barato, porque la rentabilidad esperada es la del índice menos los costes. Vea la Tabla 19.

Tabla 19. Desde hace muchos años, la empresa iShares ofrece dos ETFs que siguen al índice MSCI World. Como siguen al mismo índice, la rentabilidad esperada antes de costes es la misma. Y por eso la diferencia de rentabilidad (0.27%/año) es casi la misma que la diferencia del TER (0.30%).

ETF	Fecha de Lanzamiento	TER	Rentabilidad Anualizada
iShares MSCI World UCITS ETF	2005	0.50%	8.60%
iShares Core MSCI World UCITS ETF	2009	0.20%	8.87%
Índice MSCI World	-	-	8.77%

Otra de las conclusiones de la Tabla 19 es que es difícil para un pequeño inversor reconocer cuál es el precio justo para un fondo de inversión. Fíjese que en la tabla, uno de los ETFs cuesta más del doble que el otro.

5.9.6. Índices Globales del Mundo

Los índices globales permiten, como su nombre indica, invertir en todo el mundo. Invertir en una cesta enorme de acciones, que incluye decenas de países y miles de empresas. Es el grado máximo de diversificación.

Hay varios índices principales que representan a "todo el mundo", según lo amplia que sea esa definición. Veamos cómo están formados estos índices en marzo de 2023.

- Países desarrollados:
  - MSCI World. Empresas de gran capitalización, que agrupan el 85% de la capitalización existente. 1509 empresas de 23 países. EEUU es el 67.67%
  - FTSE Developed World. Empresas de capitalización grande y mediana, que agrupan al 90-95% de la capitalización existente. 2171 empresas de 25 países. EEUU es el 65.41%
  - MSCI World IMI (*Investable Market Index*). Empresas de capitalización grande, mediana, y pequeña; que agrupan al 99% de la capitalización existente. 5928 empresas de 23 países. EEUU es el 66.76%.
- Países desarrollados y emergentes:
  - MSCI ACWI (*All Country World Index*). Empresas de gran capitalización, que agrupan al 85% de la capitalización existente. 2882 empresas de 47 países. EEUU es el 60.29%.
  - FTSE All-World. Empresas de capitalización grande y mediana, que agrupan al 90-95% de la capitalización existente. 4148 empresas de 49 países. EEUU es el 58.74%
  - MSCI ACWI IMI. Empresas de capitalización grande, mediana, y pequeña; que agrupan al 99% de la capitalización existente. 9126 empresas de 47 países. EEUU es el 59.37%.

Si quiere ver qué posibilidades tiene, eche un ojo a la web de JustETF, que muestra qué opciones existen en Europa.

Aunque haya mucho para elegir, las diferencias de rentabilidad son relativamente pequeñas, porque tanto las empresas de gran capitalización como los países desarrollados son mayoritarios en los índices.

Imagínese que usted quisiera hacer lo mismo por su cuenta, comprar acciones de miles de compañías, en multitud de países. Sería complicadísimo. Sin embargo, gracias a los fondos de inversión, y en particular a los ETFs, usted puede hacerlo de una forma facilísima y baratísima. Así que son una opción muy recomendable.

5.9.7. Beta Estratégica

Hay un grupo muy particular de ETFs que está creciendo mucho durante los últimos años, son los ETFs de *smart beta* o "beta estratégica".

Este grupo de ETFs utilizan índices alternativos, que no se basan en los índices de capitalización habituales. Tratan de aprovechar ineficiencias del mercado de un modo, en principio, transparente.

No existe una definición exacta de *smart beta*, más bien se define por lo que no es. Y como ya hemos dicho, siguen cualquier índice que no sea de capitalización.

Algunos de estos ETFs siguen índices temáticos, otros pesan a las empresas del índice todas por igual, o en función de sus valores fundamentales (PER -*Price to Earnings Ratio*-, beneficios por acción, etc.), otros intentan minimizar la volatilidad (y estiman variabilidad y correlaciones de la muestra de empresas). Hay muchas posibilidades.

Los ETFs de *smart beta* están a mitad de camino entre los ETFs pasivos ya descritos y los fondos de inversión activos.[26]

En lo que respecta a los pequeños inversores, algunas de sus características son:

- Los ETFs de *smart beta* son en promedio más caros que los ETFs equivalentes de capitalización. En el caso de los índices principales (FTSE All-World, S&P 500, STOXX Europe 600), el TER de los *smart beta* llega a ser hasta 3 veces mayor que el de su equivalente de capitalización.

- Los ETFs de *smart beta* son más baratos que los fondos de inversión activos. Esto se debe en gran medida a que están muy automatizados.

- Los ETFs de *smart beta* implican mayores gastos de compraventa (mayor *bid-ask*). Esto se debe a que estos ETFs son más pequeños, con menor volumen, y los Creadores de Mercado tienen menos margen para minimizar el *bid-ask*. Además, por comparación, los ETFs de capitalización más generales tienen una ventaja: tienen el mercado de derivados que implica mucha mayor liquidez. Hay más inversores con interés en los índices de capitalización porque se pueden utilizar futuros y opciones (para cubrir posiciones por ejemplo), y eso hace disminuir el *bid-ask*.

No creemos que sean relevantes para un inversor a largo plazo, porque añaden complejidad y coste. Y ya sabemos que no debemos de invertir en algo que no comprendamos enteramente; o que el precio es el mejor predictor de los futuros retornos de la inversión, cuanto más caro sea el fondo/ETF menos recibirá el inversor. De hecho, hay quién bromea llamando *smart marketing* al *smart beta*.[27]

5.10. Pérdidas por Impuestos Pagados por el Fondo

Los fondos de inversión aportan muchas posibilidades que un inversor particular no podría hacer por sí mismo. Y una de estas ventajas se convierte también en problema, pues al permitir invertir fácilmente a nivel internacional, los fondos (y los ETFs) tienen unas obligaciones fiscales complejas.

Existe la expresión inglesa *Tax Leakage*, que se refiere a la retención de impuestos que tienen que pagar los gestores de los fondos por poseer acciones que se encuentran en otros países (países que no son donde está domiciliado el fondo). Los países en los que se encuentran las acciones cobran un porcentaje de los dividendos antes de que sean enviados al país donde se encuentra domiciliado el fondo.

Este impuesto puede implicar pagar tres veces por los mismos dividendos.[28]

• En primer lugar se aplica una retención en el país en el que están domiciliadas las acciones, si es distinto del país de domiciliación del fondo. Por ejemplo, los diferentes países de las empresas que forman parte del Euro STOXX 50 cobran una fracción de los dividendos de las acciones, antes de enviárselas al gestor del fondo, que puede encontrarse en un país distinto a los anteriores.

• Cuando el gestor del fondo se encuentra domiciliado en un país distinto a nuestra residencia fiscal personal, entonces el país del gestor del fondo cobra a su vez esta retención sobre los dividendos. Si todo va bien y declaramos ser "no residentes"''' lo habitual es que solo descuenten un 15%, de lo contrario nos descontarán el porcentaje habitual en ese país. Por ejemplo, si invertimos en EEUU tenemos que enviar el impreso W-8BEN para que nos descuenten el 15% en vez del 30%. En Europa hay dos países que excepcionalmente no practican esta retención, que son Irlanda y Luxemburgo, que es la razón por la cual la mayor parte de los ETFs se encuentran allí domiciliados. Estos países nos hacen la vida más fácil a los pequeños inversores.

- Finalmente, el inversor pagará localmente los impuestos correspondientes al resto de dividendos recibidos. Gracias a los acuerdos para evitar la doble imposición entre países, es posible solicitar la devolución de todo o parte de lo retenido por el país en el que se encuentra el fondo (del apartado 2 anterior). Este es un proceso burocrático que depende de los dos países en cuestión. Si la retención en el apartado 2 ha sido del 15% o menos, suele ser fácil de recuperar. Si ha sido más, suele ser difícil.

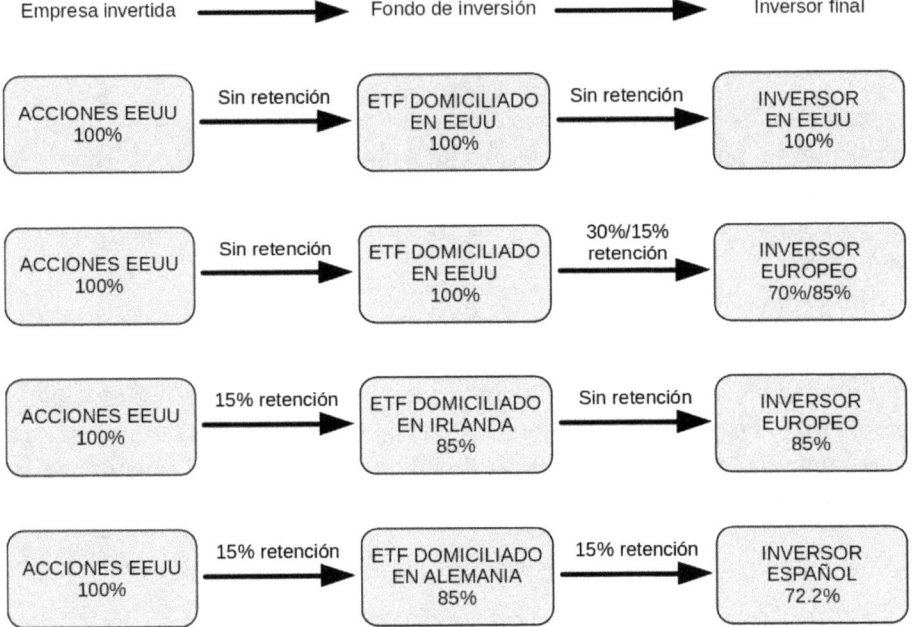

Figura 37. Ejemplo que muestra las diferentes pérdidas por impuestos al recibir dividendos de acciones de EEUU, según sea la residencia fiscal del fondo y del inversor. Diagrama basado en: ETFs and Tax, por Dan Draper.

El diagrama de la Figura 37 muestra las diferentes pérdidas por retenciones fiscales entre países en cuatro casos similares. Se considera que las acciones generan dividendos en su país de origen, que se transfieren al fondo, y finalmente al inversor. Ojo, que el inversor tendrá que declarar las ganancias en el IRPF y pagar por ellas, eso no está indicado en el diagrama.

- En el primer caso, todos los agentes se encuentran en EEUU, y todos los dividendos que generan las acciones (el 100%) es transferido al fondo sin retención (100%), y finalmente al inversor particular (100%). Este es el caso más sencillo, en el que no se cruzan fronteras. Se muestra el ejemplo con EEUU, pero valdría cualquier otro país, por ejemplo un inversor español, comprando un ETF domiciliado en España, que invierta en empresas españolas.

- En el segundo caso, el inversor final se encuentra en Europa, mientras que el fondo en EEUU. Por tanto, Estados Unidos aplica en principio una retención del 30%, que será del 15% si se envía el impreso W-8BEN. Esta cantidad puede ser reclamada con algo de burocracia, así que al inversor final le llega el 70% o el 85% del dividendo. Al pagar impuestos en su IRPF, el inversor podrá descontar ese 15% ya pagado. Si le toca pagar el 21%, se consideraría el 15% ya pagado y sólo habría que pagar un 6% adicional. Si le han retenido un 30% y le corresponde pagar el 21%, se puede hacer, pero tal vez no le compense.

- En el tercer caso, cada agente se encuentra en un país distinto. Sin embargo, aprovechando que Irlanda (junto con Luxemburgo) no aplica retención sobre los dividendos, al inversor final europeo, donde quiera que esté domiciliado, le llega el 85% de los dividendos generados inicialmente. Este es el caso habitual para la mayoría de los ETFs UCITS.

- En el cuarto caso vemos lo que sucede cuando el fondo no está domiciliado en un país amigable. Se ha elegido Alemania, pero valdría cualquier otro europeo (los países más amigables son Irlanda y Luxemburgo). En este caso tanto EEUU como Alemania cobran retención. Se ha supuesto que el inversor reside en España, pero vale cualquier otro país, con tal de que no sea el mismo país que el de domiciliación del fondo. Al igual que el segundo caso con la retención de EEUU, también se puede declarar que (con matices) lo ya retenido por Alemania cuenta para lo que hay que pagar de IRPF en España.

Este tema de las deducciones de impuestos es complejo porque es muy dependiente de los países involucrados. En principio se aplican unos porcentajes relativamente altos (por ejemplo del 30% para acciones de EEUU), que luego pueden ser devueltos en parte (o a veces en su totalidad) tras reclamarlo. Pero depende de los acuerdos bilaterales entre países. Si se mete en estos temas, pregunte a un asesor.

Los creadores de índices normalmente se ponen en el peor caso cuando calculan sus índices netos, y suponen el pago íntegro de impuestos sin devolución por doble tasación.[29] Pero este es el peor de los casos posibles, y en la práctica los gestores siempre consiguen recuperar parte.

Para evitar estas pérdidas, los gestores de fondos emplean varios sistemas. En primer lugar los ETFs sintéticos, que son los únicos ETFs que pueden seguir a un índice de retorno total bruto. Esto se debe a que los dividendos que estarían pagando impuestos realmente no están ahí. El ETFs sintético compra otras acciones u otros productos financieros.

Por otro lado existe la optimización (*Dividend Optimisation*), que consiste en que un ETF físico presta las acciones que van a dar dividendos a un inversor local. Este inversor local mantiene las acciones un tiempo, recibe el dividendo, y luego devuelve las acciones al gestor del fondo ¿Qué se consigue con esto? Que el inversor local no paga la retención. Solo es necesario que haya un acuerdo entre el gestor del fondo y el inversor local para repartirse el impuesto sobre los dividendos que habría sido pagado. De esta forma el gestor del fondo consigue mas ingresos que el retorno total neto, pero menos que el total bruto.

Hay análisis similares al aquí expuesto disponibles en internet[30]. En general nos encontramos con el problema de que la mayor parte de la literatura sobre ETFs se refiere a EEUU, y que lo que hay sobre Europa está muy fragmentado ya que cada país es ligeramente distinto.

Por cierto, unos ejemplos prácticos sobre el pago de impuestos relativos a dividendos en España se muestran en la web Fiscalidad de Dividendos en España de Don Dividendo, y múltiples temas impositivos en Impuestos Libertad Financiera.

5.11. Gastos y Comisiones Típicos de los ETFs

El objetivo de esta sección es clarificar los gastos en los que incurre un inversor al comprar un ETF, que en gran medida viene comentado en la guía de la CNMV Los Fondos Cotizados (ETF).

Es muy importante que comprendamos los costes, porque son el mayor indicador del retorno que vamos a obtener de la inversión. A mayor coste, menor rentabilidad.[31]

Los ETFs ofrecen grandes ventajas sobre los fondos de inversión tradicionales, pero también trasladan parte de los costes al inversor. Aún así, tras contabilizar todos los costes, éstos suelen ser mucho menores en los ETFs que en los fondos tradicionales (por ejemplo: un típico 0.20% anual del capital invertido en el caso de ETFs, frente al habitual 2% anual para fondos de inversión tradicionales).

Aquí tiene la descripción general, tome ahora los valores que le ofrezca su broker y compare usted mismo.

5.11.1. Gastos por ser Fondos de Inversión

Los ETFs tienen comisiones de gestión y depósito (el TER), que se imputan diariamente *pro rata temporis*, al valor liquidativo de las participaciones del fondo. Valores típicos son 0.10% anual para ETFs grandes (los que nosotros recomendamos), 0.30% para ETFs que siguen al IBEX 35, o hasta 1% para índices esotéricos.

Ejemplo: si usted dispone de 100,000 euros invertidos en un fondo de TER 0.30%, usted está pagando 300 euros anuales al gestor del fondo. Estos 300 euros se descuentan automáticamente de su inversión, de forma trasparente, sin que usted haga nada. Dado que se paga diariamente, considere que su inversión cuesta unos 300 euros/365 días=0.82 euros/día. Es como una lima que poco a poco va lijando el material.

Note que los fondos de inversión tradicionales pueden cobrar comisiones de subscripción (por comprarlos) y reembolso (por venderlos), que pueden ser de hasta el 5%. Estas comisiones no existen para los ETFs.

La información detallada sobre los gastos y comisiones del ETF se puede consultar en el folleto que debe estar disponible en la web de la gestora y en la web del supervisor (en el caso español, la CNMV).

Además, hay que tener en cuenta que al medir empíricamente la diferencia entre el ETF y el índice, a largo plazo podemos encontrar una diferencia. Es la llamada "diferencia de seguimiento", que idealmente es igual al TER, pero puede no serlo, y que está comentada en la Sección 5.4.

Alquiler de Acciones por Parte del Gestor del Fondo

Algunos gestores de ETFs alquilan los activos de sus fondos.[32]

Cuando el partícipe autorizado compra un paquete de acciones del índice y se lo entrega al gestor del ETF, el gestor podría prestárselo a otros inversores (por ejemplo a Fondos de Gestión Alternativa) que desean ir a corto).

¿Qué es ir a corto? Es una operación habitual que consiste en que cuando un inversor cree que el valor de una acción va a bajar, puede pedirle prestadas las acciones al gestor (o a cualquier otro dueño de acciones) a cambio de una pequeña suma, vendérselas a otro inversor, esperar, recomprarlas a cualquier otro inversor a un precio menor, y devolverlas al gestor. Si las acciones bajaron, el inversor que va a corto gana la diferencia entre la venta y la compra menos el coste del alquiler.

El gestor está muy interesado en realizar la operación, porque es dinero seguro y no requiere ninguna acción especial. El gestor incluso sigue percibiendo los dividendos durante el tiempo en el que la acción permanece prestada, dividendos que acumula o distribuye al inversor final.

¿Cuál es el resultado? Que el gestor recibe este beneficio por el alquiler de activos y típicamente comparte parte con los partícipes del fondo, rebajando el TER.

¿Cuál es el problema? Si el que pide las acciones prestadas quiebra durante la operación a corto, el gestor se queda sin acciones, y nosotros compradores del ETF nos quedamos sin parte de la inversión. En principio el gestor del ETF recibe colateral (activos a modo de aval) en exceso a cambio de las acciones, nada tendría que pasar, pero sea consciente de que está tomando un riesgo de contrapartida adicional.

5.11.2. Gastos por Negociarse como las Acciones

Por realizar las operaciones en bolsa a través de un intermediario o entidad financiera, usted tendrá que pagar los llamados "gastos de intermediación". A lo que hay que añadir el "canon de intermediación" y el "canon de liquidación", pagados a la empresa que gestiona el mercado bursátil. Este coste se presenta agrupado por el broker como la comisión de compraventa.

Como ejemplo, si usted compra 1000 euros en acciones de un ETF, puede esperar pagar 10 euros en comisiones (típicamente un 0.10% del valor, con un mínimo de 10 euros). Esto representa un 1% del valor de compra.

Note que sólo se incurre en este coste al comprar o vender. Si usted no realiza ninguna operación, no paga nada. Y en la operación anterior, si usted mantiene la compra a largo plazo, al prorratear el coste (1%) durante por ejemplo 20 años, el equivalente anual es de 0.05%, una cantidad ínfima.

Además, el valor del ETF será ligeramente distinto al del índice debido a dos factores: el partícipe autorizado tiene un coste de operación, y el *spread* (la diferencia) entre el *bid* y el *ask* (los precios de compra y venta). El *spread* de ETFs estadounidenses puede verse en ETF.com (para ETFs grandes y conocidos es del orden de 0.01%). Como ejemplo en Europa, el coste de un ciclo de compraventa en Xetra (Bolsa de Frankfurt) está indicado como el *Xetra Liquidity Measurement*, que para un ETF grande puede ser del orden del 0.20%.

5.11.3. Gastos por Ser Valores Cotizados

Por tener abierta una cuenta de valores con el intermediario, tendrá que pagar gastos de administración y custodia. Esto a veces se cobra sobre el valor nominal de las acciones, otras veces sobre el valor efectivo de los títulos, y otras veces un mínimo por valor o mercado.

Por ejemplo, usted podría pagar un 0.10% anual en concepto de administración y custodia. Eso quiere decir que sobre una inversión de 100,000 euros, usted pagaría 100 euros anuales.

5.11.4. Otros Gastos

Además hay otros gastos adicionales por operaciones concretas, como el cobro de dividendos o mover las acciones a otro intermediario. Estos costes deberán aparecer claramente especificados en el contrato firmado al abrir la cuenta.

5.11.5. Comparativa de Gastos

El siguiente cálculo sencillo permite demostrar que los gastos de invertir con un fondo indexado son similares a los sufridos al comprar acciones que reparten un alto dividendo.

5.11.5.1. Caso 1: Acciones de Dividendos

Imaginemos que ha comprado acciones de empresas cuya rentabilidad por dividendo (suma de los dividendos pagados divididos entre la cotización) es del 4% anual.

Supongamos que son empresas o bien locales, o bien residentes en países de los que se puede recuperar la retención que apliquen a los dividendos.

Supongamos que se paga un 20% de impuestos sobre los dividendos (por simplificar). Por lo tanto, en este supuesto, se sufren pérdidas del **0.80%** anual (=4%x20%).

Tabla 20. Coste anual de invertir en dividendos.

Concepto	Coste
Recibir un 4% de dividendos y pagar un 20% en impuestos, suponiendo que todas retenciones internacionales son recuperables.	0.80%
Coste Total	**0.80%**

5.11.5.2. Caso 2: Fondo Indexado

Supongamos ahora un fondo de inversión global, de acciones de empresas mundiales, indexado, y que acumule los dividendos.

Los fondos que siguen a índices globales (como el MSCI World o el FTSE All-World) reparten anualmente del orden del 2% de su valor de capitalización en dividendos.

En EEUU, los fondos extranjeros sufren una retención del 15% a los dividendos que típicamente no es recuperable. Como las empresas de EEUU reparten en promedio un 2% anual en dividendos, esto implica un **0.30%** de pérdidas anuales no recuperables. Como EEUU es el principal país de estos índices (del orden del 60%), supongamos como aproximación que se aplica también a los demás países. Este es un caso pesimista, porque otros países no cobran tanto (Reino Unido no aplica esta retención), o podríamos evitar esta retención comprando un ETF sintético.

Por otro lado, los fondos de inversión tienen un coste anual, que es su TER. Los fondos indexados son muy baratos. El TER de fondos globales (MSCI World, FTSE All-World, y similares) es del orden de **0.20%**.

Hasta aquí, el coste de un fondo indexado es de alrededor de un 0.50% anual (0.30% por las retenciones internacionales y 0.20% por su TER), frente al coste de 0.80% anual de invertir en empresas dividenderas de un reducido número de países. De aquí se puede deducir que invertir en fondos indexados tiene menores costes asociados.

Pero para ser justos, tenemos que extraer rentas del fondo indexado, al igual que en el ejemplo de los dividendos. Si queremos recibir una renta del 4% anual, tenemos que vender participaciones del fondo (hemos supuesto un fondo de acumulación de dividendos). Supongamos que con el paso de los años el valor de la inversión ha subido un 60% (por decir algo). Si se invirtieron 100,000 euros, hoy valen 160,000 euros. Si vendemos un 4% de participaciones, esto son 2.5% de capital inicial y 1.5% de ganancia de capital (porque 1.5 es el 60% de 2.5). Así que tenemos un 1.5% de ganancia de capital, y podemos suponer que se paga un 20% de impuestos, por lo que eso representa un **0.30%** anual.

¿Cuál es el coste total del fondo indexado, en este ejemplo, si vendemos el 4% anual? 0.30% (pérdidas por retenciones), más 0.20% (TER), más 0.30% (impuesto a las ganancias de capital). Se puede estimar en un valor típico de **0.80%**.

Tabla 21. Coste anual de invertir de manera indexada.

Concepto	Coste
Retenciones internacionales no recuperables. Típicamente el 15% de los dividendos que recibe el gestor. Supongamos que recibe un 2% en dividendos. Nota: Un ETF sintético no sufre estas pérdidas.	0.30%
TER de un fondo de inversión indexado al MSCI World o al FTSE All-World. Nota: Los ETFs físicos pueden prestar sus activos y rebajar este coste.	0.20%
Ganancias de capital suponiendo un fondo de acumulación y una venta del 4% de la inversión con una ganancia del 60%. Nota: Estas pérdidas no se producirían si el inversor no necesitase vender, o si no hubiera ganancias de capital (si el precio de compra fuera igual al precio de venta).	0.30%
Coste Total Típico	**0.80%**
Coste Total Mínimo (ETF sintético sin ganancias de capital)	**0.20%**

5.11.5.3. Conclusión

No hay tanta diferencia, en estos dos ejemplos se acaba pagando un 0.80% anual. Por lo tanto, a no ser que haya alguna razón particular, los impuestos por si mismos no son determinantes para elegir una inversión u otra.

5.12. ¿Cómo Seguir la Evolución de un ETF?

Podemos separar este problema en dos partes, según si nuestro ETF sigue un índice importante (el IBEX 35, Euro STOXX 50, S&P 500, y similares) o no.

En la medida en que el ETF siga a un índice bien conocido, podremos relajar la supervisión y suponer que el error de seguimiento es despreciable. Si el índice es poco conocido, complejo, habrá que ir a la bolsa o al propio gestor.

5.12.1. Periódicos

Seguir la evolución de los grandes índices es algo muy fácil, no requiere ningún esfuerzo especial. Todos los periódicos muestran esta información, tanto en sus versiones impresas como online.

Los periódicos económicos online lo muestran directamente en su cabecera, por ejemplo El Confidencial, El Economista, Expansión, y Cinco Días.

Los periódicos mas generalistas lo muestran en sus respectivas secciones, como El País y El Mundo.

Como la información sobre los índices se encuentra en los periódicos, esto permite comparar fácilmente con las inversiones indexadas de uno mismo. No porque haya que mirarlo con frecuencia (los estudios indican que mirar con frecuencia la cotización de las inversiones lleva a realizar más transacciones, y por tanto una reducción en la rentabilidad a largo plazo), sino porque si hiciera falta saberlo, la información se encuentra sin esfuerzo.

A nivel internacional, periódicos como el Financial Times son muy buenos, porque también incluyen un buscador de ETFs. También The Wall Street Journal incluye una excelente página web sobre el estado de los mercados.

5.12.2. Bolsas de Valores

Las propias bolsas de valores proporcionan toda la información relevante sobre los ETFs en ellas cotizados. En Europa buenos ejemplos son Bolsas y Mercados Españoles, Euronext y Deutsche Boerse. La información de los índices esta directamente en su primera página. Para conocer la evolución de un ETF en particular habrá que buscar por su nombre o ISIN (*International Securities Identification Number*).

Las bolsas de valores son una muy buena fuente de información porque permiten comparar el valor del ETF con el del índice, y comprobar si hubiera alguna diferencia indeseable. También permite ver el libro de órdenes del ETF, que muestra cuántas ofertas de compraventa hay, a qué precio, y por cuánta cantidad de acciones.

Las bolsas de valores pueden tener un app específico. Deutsche Boerse es un buen ejemplo. Permite introducir los índices o acciones a los que se sigue, y los muestra de forma muy fácil para el usuario.

5.12.3. Gestores de ETFs

Como es natural, los propios gestores de cada ETF son los mas interesados en mostrar que el valor liquidativo de su fondo sigue correctamente a su índice respectivo. Y además, gracias a la regulación, los gestores están obligados a proporcionar diversos documentos al inversor, como fichas informativas (*factsheets*, mostrando los datos básicos visualmente), sus datos fundamentales (KIID, *Key Investor Information Document*, breve documento que describe mejor cómo se gestiona el fondo), prospecto (informe detallado del funcionamiento del fondo) y cuentas anuales.

iShares por ejemplo es un gestor de ETFs que muestra todo esto muy bien. En su informe anual comentan cuál ha sido la diferencia entre el ETF y el índice, y las posibles razones. Porque en principio sabemos que el ETF tiene que seguir el valor del índice menos el TER. El ETF podría haberlo hecho peor (por problemas para seguir un índice, o problemas de muestreo al seleccionar algunos y no todos los activos del índice), pero también podría hacerlo mejor (debido a beneficios por el alquiler de acciones, o a que los índices que acumulan dividendos asumen altas retenciones de impuestos que frecuentemente los fondos pueden aminorar).

5.12.4. Nuestro Propio Broker

El propio broker con el que compramos las acciones del ETF también nos muestra su cotización. Este sería el valor más importante, pues es el que representa exactamente a nuestra inversión. Sin embargo, requiere acceder al broker, online en nuestro caso, con usuario y contraseña. Como nos gusta minimizar las veces que escribimos nuestras contraseñas, solo supervisamos nuestro broker online de cuando en cuando, cada vez que compramos mas ETFs.

Los brokers proporcionan su propio app para el móvil o la tablet. Interactive Brokers, Degiro, o ING Direct son ejemplos.

5.12.5. Gestores de Noticias Económicas

Por ejemplo Reuters. Tienen también app, muy cómoda para el móvil.

5.12.6. Aplicaciones para el Teléfono Móvil

Aparte de las aplicaciones para móvil ya indicadas anteriormente (brokers, gestores de noticias, bolsas de valores), hay aplicaciones muy útiles.

- *My Stock Portfolio*. Como los ETFs se compran y venden como acciones, es posible utilizar software diseñado para acciones. Hay que utilizar el *ticker* correspondiente. Este app toma los valores de las acciones de Google y/o Yahoo y permite conocer en tiempo real el estado de las inversiones. Se pueden definir varias carteras, qué acciones componen cada una de ellas, cuántas acciones, cuándo se compraron y a qué precio. El app hace unas cuentas y nos permite conocer nuestro estado en todo momento. Muy sencillo y recomendable.

- *Yahoo Finance*. Como el anterior, quizás algo mejor por ser Yahoo una empresa muy conocida.

- *Financial Calculator*. Tiene un montón de opciones para hacer cuentas, por ejemplo sobre préstamos e hipotecas (responde a preguntas como ¿cuánto acaba uno pagando en una hipoteca según el capital inicial, el tipo de interés y el número de años?), calculadora de interés compuesto, y cosas más específicas de mercados financieros.

5.12.7. Páginas Web Específicas

Hay multitud de páginas web que pueden ser de utilidad. Quizás no tanto por proporcionar datos actuales, sino por proporcionar información relacionada como valores históricos y correlaciones.

- JustETF por ejemplo proporciona valores históricos, recomendaciones de índices para seguir países o sectores en particular, y permite hacer búsquedas de ETFs.

- *Portfolio Visualizer*, que proporciona una gran cantidad de información visual, por ejemplo la frontera eficiente, correlaciones y calcular la rentabilidad histórica que ha proporcionado una cartera formada por unos ETFs particulares.

- *Portfolio Charts* donde el autor, que también está buscando la Libertad Financiera, muestra el análisis que ha realizado de diversas carteras de autores conocidos, o incluso de las definidas por el propio usuario. Especialmente interesante la posibilidad de calcular su Tasa Segura de Retiro (*Safe Withdrawal Rate*, SWR) y su volatilidad. Al fin y al cabo queremos durabilidad y una ruta con pocos baches en el camino.

También existen hojas de cálculo ya preparadas por inversores para llevar sus propias cuentas al día, sobre dividendos e ingresos. En algunas ocasiones han puesto estas hojas de cálculo online a disposición de cualquier persona, como las Utilidades de **Don Dividendo** y el *Dividend Tracker* de *No More Waffles*. Muy de agradecer.

[1] Sobre los fondos de inversión indexados en España, puede ver el post La Sonrojante Oferta de Fondos Índice.

[2] La historia de los ETFs en EEUU se cuenta en el libro *The ETF Book* de Rick Ferri, y en el artículo de la Investopedia *A Brief History Of Exchange-Traded Funds*.

[3] La historia de los ETFs en Europa se cuenta en el libro *Exchange Traded Funds, A Concise Guide to ETFs* de Francis Groves, y en el artículo de Morningstar A Guided Tour of the European ETF Marketplace.

[4] Los activos bajo gestión del ETF SPY se pueden encontrar en su hoja resumen.

[5] El PIB español se puede encontrar en la web de PIB de España - Producto Interior Bruto del periódico Expansión.

[6] Ver información sobre el SPDR Gold Shares en *Key Information*.

[7] Artículo de El Economista: Santander Demuestra su Falta de Fe en los ETF.

[8] Artículo de Cinco Días BBVA revisa su estrategia en ETF y cierra dos fondos en quince días.

[9] Ver el listado en la página web de la Bolsa de Madrid, en el menú: ETFs > Cotizaciones, Precios de la sesión del mercado de ETFs.

[10] Véase la web de Bolsas y Mercados Españoles: Renta Variable, Warrants y Certificados.

[11] Ver información sobre el SPDR S&P 500 en su hoja resumen.

[12] Una buena explicación de cómo están implementados los ETFs europeos se puede encontrar en el libro *Exchange Traded Funds, A Concise Guide to ETFs* de Francis Groves.

[13] Más información sobre los agentes que intervienen en un ETF se puede encontrar en el documento de Bolsas y Mercados Españoles: Modelo de Mercado de ETFs.

[14] Sobre el *Front-Running Arbitrage* se puede leer el artículo de Bloomberg: *The Hugely Profitable, Wholly Legal Way to Game the Stock Market*.

[15] Sobre los ETFs sintéticos puede leer el artículo de Morningstar: *Synthetic ETFs Under the Microscope: A Global Study*.

[16] Para saber más sobre la eficiencia de los ETFs puede leer el artículo de ETF.com *Understanding Tracking Difference And Tracking Error* y el informe de Morningstar *On The Right Track: Measuring Tracking Efficiency in ETFs*.

[17] Artículo de Bloomberg, de 2021, comparando activos bajo gestión activa o indexada: *Passive likely overtakes active by 2026, earlier if bear market* (referido a fondos domiciliados en EEUU).

[18] Esta situación aberrante en la que un fondo/ETF gestiona activos comparables a toda la capitalización de su índice se dió con este ETF de empresas mineras de oro: *How ETF gets too big for its index*.

[19] Sobre los hipotéticos problemas de un exceso de inversores indexados, vea el artículo de Larry Swedroe *What Would Happen if Everyone Indexed?*.

[20] El artículo de Wall Street Journal de 2018 en el que Jack Bogle se muestra preocupado porque los fondos indexados serán propietarios pronto de la mitad de todas las acciones de EEUU: *Bogle Sounds a Warning on Index Funds*.

[21] Más detalles sobre los riesgos de los ETFs en este artículo: *What Risks Are There In ETFs?*

[22] Las formas de calcular índices están comentadas en el libro *Exchange Traded Funds, A Concise Guide to ETFs*, por Francis Groves.

[23] Las hojas informativas de los índices gestionados por Bolsas y Mercados Españoles se pueden encontrar en su web: *Factsheets*.

[24] Sobre las *commodities*, ver el capítulo 15 del libro *The ETF Book* de Rick Ferri.

[25] Sobre los Mercados Emergentes, ver el artículo ¿Qué es un mercado emergente? de Morningstar y el *Market Classification* de MSCI.

[26] Ver el documento de Morningstar *A Global Guide to Strategic-Beta Exchange-Traded Products*.

[27] Sobre el *smart marketing*, vea el artículo del Wall Street Journal: *Smart Beta Is Just Smart Marketing*.

[28] Sobre el efecto de los impuestos en los ETFs, puede leer *How Will Tax Hit Your ETF Holdings*.

[29] Véase por ejemplo el listado de las retenciones aplicadas por países, proporcionado por S&P: *Withholding Tax Rates*.

[30] *Dividend Tax Leakage In Popular Equity Indices* por Paul Amery y *Dividend Tax Leakage*, por Econowiser.

[31] Sobre "a mayor coste de la inversión, menor rentabilidad", vea el vídeo *Sensible Investing - The shocking impact of charges on investment returns*.

[32] Para más información sobre el préstamo de acciones puede mirar el informe de Morningstar *A Guided Tour of the European ETF Marketplace*, el artículo de ETF.com *Understanding Securities Lending*, y el de Rankia ¿Qué es un préstamo de acciones?.

Capítulo 6. Cómo Construir una Cartera de ETFs

Así que ya hemos llegado a la conclusión de que vamos a ahorrar todo lo posible, porque al hacerlo así durante un número de años conseguiremos alcanzar la libertad financiera. De entre todas las formas de inversión, la inversión pasiva parece ser la mejor. Y los ETFs mejor que los fondos de inversión convencionales. Después de analizarlos, hemos visto sus puntos fuertes y sus puntos débiles. Ahora toca utilizar estos bloques de construcción, los ETFs, para construir carteras de inversión que nos proporcionen ingresos pasivos a largo plazo.

Este capítulo está basado en las finanzas académicas, tal y como se estudian en la universidad. Al aplicar estas ideas a los pequeños inversores, surge la comunidad Bogleheads (ya sea la comunidad original Bogleheads.org en EEUU, o Bogleheads.es en España). En ellas hay muchas personas son formación que desinteresadamente explican conceptos y resuelven dudas en los foros. Estas comunidades heredan su nombre de Jack Bogle, creador de la gestora de fondos Vanguard, que es pionera en la inversión pasiva.

Veamos entonces cómo construir una cartera utilizando ETFs indexados, aprovechando que en lo que respecta a los componentes de la cartera, "el conjunto es mejor que la suma de sus partes".

6.1. Sistema Núcleo/Satélite de Inversión

La inversión en núcleo/satélite consiste en dividir la inversión en dos partes: un núcleo (parte principal) y uno o varios satélites.

El núcleo esta conformado por uno o varios fondos indexados, de relativo bajo riesgo, que ofrece un coste reducido y una exposición diversificada respecto índices generales (ver Figura 38). El objetivo del núcleo es proporcionar una rentabilidad acorde con la rentabilidad del mercado (conocido en los mercados financieros como "beta"). Esta será la parte mayoritaria de la inversión.

Aparte, existen satélites: Habitualmente inversiones más especializadas diseñadas para generar beneficios adicionales (conocidos en los mercados financieros como "alfa"). Estos satélites son mas arriesgados, por lo que se espera de ellos que proporcionen más beneficios.

La razón para adoptar un sistema núcleo/satélite es mitigar la volatilidad, asegurando que solo una fracción de la cartera va a estar expuesta a los vaivenes mas extremos del mercado.

Esta forma de inversión está muy extendida entre los fondos de inversión. Un fondo conservador proporciona la parte nuclear y varios fondos arriesgados los satélites. Sin embargo, es con los ETFs con la que esta estrategia brilla, pues los ETFs son unos excelentes elementos con los que construir la parte del núcleo (bajo coste, diversificación), sin quitar por ello para que también proporcionen la parte satélite.

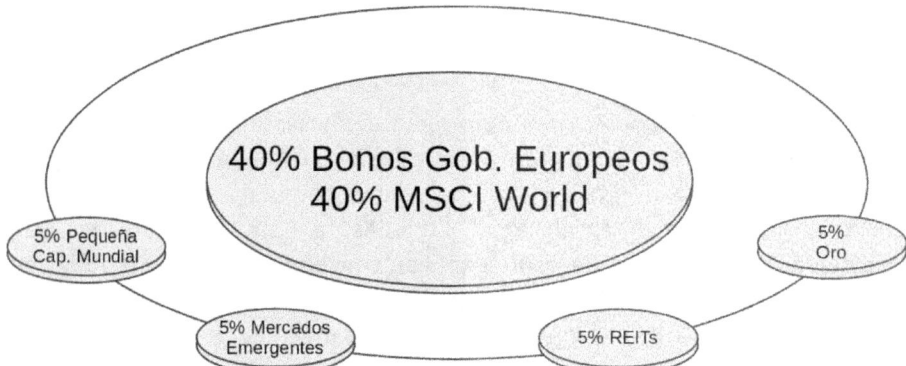

Figura 38. Ejemplo de inversión núcleo/satélite. La mayor parte de la inversión se encuentra en activos seguros (bonos de calidad y acciones globales) y el resto en inversiones con mayor volatilidad. Este es un modelo muy habitual, pero note el lector que puede no ajustarse a su perfil inversor.

6.2. El Largo Plazo

Nadie conoce la rentabilidades futuras. De hecho, la imposibilidad de predecir la rentabilidad es lo que nos ha traído aquí, a la inversión indexada con ETFs. La ausencia de éxito de los gestores de fondos de mejorar los promedios del mercado, o la incapacidad de detectar las crisis.

Esto no solo está en boca de todos, como cuando le preguntaban a John Maynard Keynes por sus predicciones económicas, que respondió en una ocasión "en el largo plazo todos estaremos muertos". Esto además es lo que los reguladores obligan a los fondos de inversión a indicar explícitamente en sus dossieres: "rentabilidades pasadas no garantizan rentabilidades futuras".

A falta de nada mejor, se puede estudiar el comportamiento histórico de diferentes tipos de acciones. Esto se muestra por ejemplo en la siguiente Tabla 22.[1]

Tabla 22. Expectativas de rentabilidad durante 30 años para varios índices, incluyendo crecimiento del capital y dividendos repartidos. Se supone un 3% de inflación anual (valor histórico). Estas cifras son estimaciones, no hay ninguna garantía de que se cumplan en el futuro. Fuente: Portfolio Solutions LLC, via el libro The ETF Book de Rick Ferri, de 2009.

Rentabilidad Anual Esperada a Largo Plazo...	...Tras Descontar Inflación	...Sin Descontar Inflación
Renta fija publica		
Bonos del estado	1.5%	4.5%
Obligaciones del estado	2.0%	5.0%
Renta fija corporativa		
Bonos grado de inversión	2.0%	5.0%
Bonos grado de especulación	4.0%	7.0%
Acciones estadounidenses		
Empresas gran capitalización	5.0%	8.0%
Empresas mediana capitalización	7.0%	10.0%
Empresas pequeñas capitalización	7.0%	10.0%
REITs	5.0%	8.0%
Acciones internacionales		
Países desarrollados, gran capitaliza.	5.0%	8.0%
Países desarrollados, pequeña. cap.	6.0%	9.0%
Países emergentes	7.0%	10.0%
Commodities	0.0%	3.0%

Lo primero que hay que tener en cuenta es la inflación. Ninguna inversión que proporcione *a priori* un beneficio por debajo de la inflación tiene sentido.

La Tabla 22 nos permite estimar que una cartera compuesta por un tercio de renta fija (obligaciones del estado, 2%) y dos tercios de acciones de grandes empresas en países desarrollados (por ejemplo S&P 500 y/o Euro STOXX 50 que rinden un 5%) consigue una rentabilidad esperada del 4% a largo plazo.

España ha tenido una inflación oficial del orden del 3% al año durante el periodo 2000-2020. Esto podría cambiar. En 2023, tras la epidemia del COVID, el bloqueo de las cadenas de suministro, la invasión de Ucrania, la crisis bancaria... se está produciendo un incremento en la inflación. Veremos cómo queda a largo plazo. Podría suceder como a finales de los 70 y principios de los 80, cuando la inflación se mantuvo varios años a niveles del 20%.

En general, los mercados recompensan el riesgo. Aquellos activos que sufren mas los vaivenes del mercado tienen potencialmente unos beneficios mayores. Históricamente las empresas pequeñas han crecido mas que las grandes, del mismo modo que los mercados emergentes tienen la capacidad de crecer mas deprisa que los países desarrollados. Esto puede servir de guía.

Se pueden encontrar cálculos similares en internet. Por ejemplo en el blog de *Political Calculations*, en el que en una de sus entradas nos permite estimar cómo ha sido la evolución del S&P 500 durante largas series de años. Esto nos permite estimar la rentabilidad esperada de las grandes empresas estadounidenses de la Tabla 22. En la tabla se indica el valor 5.0%, pero en las últimas décadas el S&P 500 ha proporcionado una rentabilidad (reinvirtiendo dividendos y descontando inflación) cercana al 8%. Veremos en el futuro si la tabla es pesimista o realista.

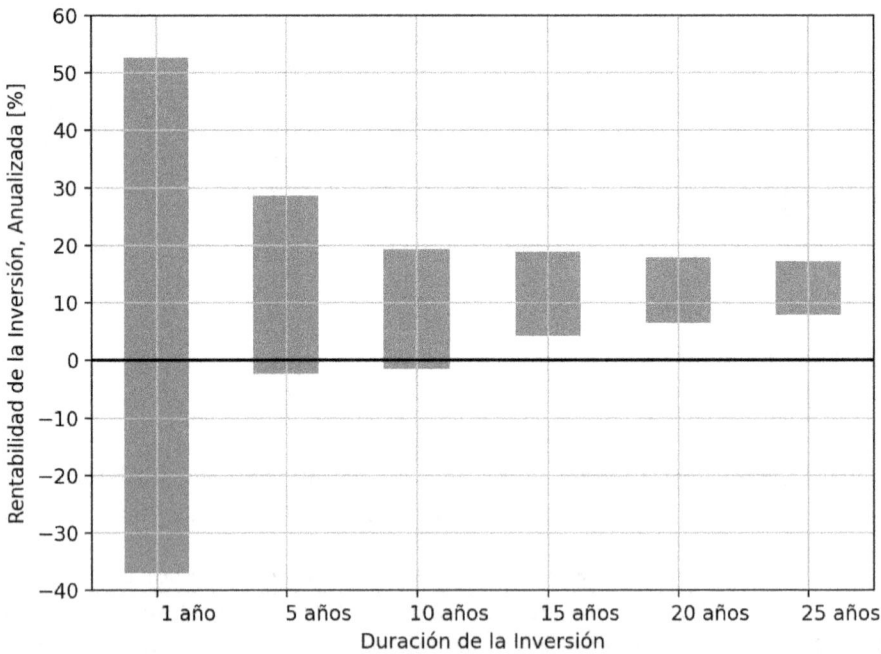

Figura 39. Rango de rentabilidades de carteras típicas estadounidenses (como el S&P 500) durante el periodo comprendido entre 1950 y 2009. Anualizado, sin incluir gastos, impuestos ni inflación. Fuente: Libro "Un Paseo Aleatorio por Wall Street", de Burton G. Malkiel.

La Figura 39 muestra cómo la volatilidad esperada disminuye al promediar periodos de tiempo cada vez más largos. De un año para otro la bolsa es impredecible, puede subir un 53%, pero también puede perder un 37% (eso es lo que le ha sucedido a la bolsa estadounidense entre 1950 y 2009). Sin embargo, a largo plazo, el retorno anualizado se compensa y se vuelve más predecible. Hay periodos de 10 años en los que se pierde dinero, pero también hay periodos de 10 años en los que se ha ganado un 19% anual. A largo plazo los rendimientos se han situado ligeramente por encima del 10%, pero no olvide que hay que descontar gastos, impuestos e inflación.

Ojo que es muy habitual el exceso de confianza e indicar retornos muy altos como algo seguro. Estas cifras son excepcionales, y no el promedio, que es lo que a nosotros nos interesa.

6.3. ¿Cómo de Duradera es la Inversión en Índices?

Hay muchas personas que han conseguido alcanzar la Libertad Financiera, cada una usando el método que les resultaba más cómodo. Y se aprecia que estos métodos han ido evolucionando con el paso de los años, porque lo que funcionaba en el pasado, ya no sirve.

Históricamente se compraban propiedades, y esta es la forma en la cual nuestros padres ahorraron. Pero esta forma de invertir tiene multitud de problemas tal y como vimos en la Sección 4.1.2, y tal y como hemos vivido en la crisis del año 2008. El precio de las casas puede bajar mucho y quedarse largo tiempo en mínimos. Y encima es un activo muy ilíquido, difícil y caro de vender. Comprar casas para alquilarlas puede no ser una buena forma de invertir.

Allá por los años 80 estuvieron de moda en EEUU los Certificados de Depósito (CD). Lo que luego llegó a España como "depósitos a plazo fijo". Este fue el método seguido por Paul Terhorst, comentado en su libro *Cashing in on the American Dream*. En su momento fue un buen método, pero con el paso de los años la inflación acabo siendo superior a los rendimientos que proporcionaban los depósitos a plazo fijo, perdiendo poder adquisitivo año tras año, por lo que ya no tiene sentido invertir así.

Los años 90 fueron la época dorada de los bonos en EEUU (ver la Sección 4.1.5). Vicki Robin y Joe Dominguez así lo comentan en su libro "La Bolsa o la Vida". Sin embargo, durante los últimos años, los principales gobiernos del mundo se han embarcado en una política de tipos de interés bajos para estimular la economía, por lo que los bonos proporcionan menor rendimiento que la inflación. Así que de nuevo, los bonos tampoco son hoy en día una solución.

Más tarde tomaron fuerza aquellos que invierten en acciones que proporcionan dividendos (ver Sección 4.1.6). Muy comentado en multitud de blogs en internet, quizás también porque es la época en la que internet surgió y creció exponencialmente. Esto es posible gracias a los recién surgidos brokers online, de muy bajo coste. Sin embargo, invertir en acciones requiere tiempo y esfuerzo (análisis de que empresas comprar, vigilar las empresas compradas), existe el peligro de la quiebra de la empresa invertida, es difícil comprar en mercados lejanos, etc.

Finalmente, durante los últimos años está pegando fuerte la inversión en fondos que índexados (como hemos comentado en la Sección 4.1.7). En gran medida gracias a libros como "La Guía Boglehead de Inversión" de varios autores de la comunidad Boglehead, *The Simple Path to Wealth* de J.L. Collins, o *How to Make a Million in 10 Years* de Maarten van Lier. Esto mejora la compra de acciones individuales, ofreciendo lo que estas no podían ofrecer: diversificar muchísimo, tanto por numero de empresas (tal vez comprando hasta miles de ellas), como por países (el fondo puede comprar en lugares muy lejanos), comprando empresas donde un pequeño inversor podría no tener acceso (por poca liquidez, países con limitaciones al comercio).

Y aquí estamos ahora, aprovechando los fondos indexados, que son posiblemente la mejor opción para el ciudadano medio.

Es importante notar que ninguna estrategia de ahorro e inversión ha durado eternamente. De esto trata esta sección. Muy posiblemente los fondos indexados serán eficientes muchos años, y de hecho son lo suficientemente robustos como para resistir los futuros "imprevistos previsibles". Lo que no podemos hacer es protegernos de los "imprevistos imprevisibles", así que sea flexible si el día de mañana tiene que cambiar de estrategia.

6.4. Ejemplos de Carteras

En esta sección mostramos varias carteras que sirven de ejemplo. El objetivo es elegir qué proporción del capital invertir en cada tipo de inversión.

En el libro "Carteras para Pequeños Inversores" nos extendemos sobre las posibles carteras disponibles para pequeños inversores, en el sentido de que son pasivas, sencillas, y conocidas. Son carteras sugeridas por diversos autores, cada una con su justificación y consiguiendo unos objetivos particulares (alta rentabilidad, baja volatilidad). Varias conclusiones interesantes son que invertir 100% en acciones no tiene por qué ser la mejor opción, y que diversificar por clases de activos mejora mucho la Tasa Segura de Retiro. Y si quiere, podrá construirse sus propias carteras siguiendo los criterios objetivos y utilizando simuladores de rentabilidades históricas.

Las carteras aquí presentadas son muy sencillas, y usted puede tener la tentación de añadir complejidad. Sin embargo no está nada claro que el incremento en complejidad produzca un incremento en beneficios. Una cartera más compleja tendrá mayores costes tanto en tiempo (pago de impuestos, preocupaciones, estudiar qué comprar) como en dinero (coste de rebalancear, mayores TER), por lo que la sencillez es positiva.

Elegimos en general ETFs de acciones internacionales porque hoy en día no tiene sentido quedarse recluido en las acciones nacionales. Si España representa el 2% de la economía mundial, ¿por qué ignorar el 98% restante?

Se suele decir que hay que tener la edad de uno mismo en renta fija, aunque no está claro que esto siga siendo válido como lo ha sido en el pasado (véase la Sección 6.5 al respecto).

Las acciones tienen unas expectativas de rentabilidad a largo plazo mejores que los bonos. Por otro lado, los bonos del estado son muy estables siendo una especie de almacén para los malos tiempos. Si el día de mañana hay una crisis y el valor de las acciones se desploma un 50%, siempre nos quedarán los bonos. Así ha sido en el pasado. Si estamos en la fase de ahorro, podremos rebalancear, vendiendo bonos y comprando acciones baratas, a la espera de que las acciones recuperen su valor. Si estamos en la fase del gasto, entonces podremos vender bonos, si es que los dividendos no nos son suficientes para vivir, y así no habría que vender acciones devaluadas para pagar nuestros gastos corrientes, que sería todo un desastre económico. Vea la Sección 6.9 al respecto.

Es muy importante elegir formas de inversión de bajo coste. Tome nota del libro "¿Dónde están los yates de los clientes?" de Fred Schwed, cuyo título lo dice todo: Los gestores de nuestros ahorros se compran yates, pero nosotros los clientes no. Así que nunca olvide que "los beneficios que recibe el inversor son los que deja de llevarse el gestor".

Cuando busque índices, puede empezar a buscar por las Guías de Inversión de JustETF, que lista los ETFs domiciliados en Europa. Por ejemplo: *The Best World ETFs*.

Los proveedores de índices más conocidos son FTSE Russell (*Financial Times*

Stock Exchange), MSCI (*Morgan Stanley Capital International*), STOXX, y S&P Dow Jones Indices.

Hay muchas empresas gestoras de ETFs. La mejor forma de encontrarlas es a través de las bolsas de valores en las que ofertan sus productos. Por ejemplo las webs de Bolsas y Mercados Españoles, Xetra, Euronext y Bolsa de Londres tienen páginas al respecto.

También se pueden seleccionar los ETFs a través de webs más especializadas, como Financial Times, JustETF o Morningstar.

Los costes de los fondos (TER) mostrados en las siguientes páginas son valores típicos. No representan a ningún ETF en particular y pueden haber cambiado cuando este libro llegue a sus manos.

Finalmente, puede encontrar recomendaciones sobre en qué fondos en particular invertir en multitud de páginas web. Estas le harán preguntas para valorar cómo reacciona usted ante las pérdidas y qué rendimientos espera obtener a largo plazo, y esto está muy bien porque le obliga a plantearse qué puede suceder, y que se ponga en lo peor (al fin y al cabo, cuando las cosas van bien, no hay nada que replantearse). Infórmese con la Guía Rápida de la CNMV: Conozca su Perfil Como Inversor. Algunas webs con cuestionarios automáticos son: Cuestionario de Indexa Capital, *iShares Core Builder* y Vanguard.

¿En Qué Invierten Will y Fog?

Nosotros hemos decidido invertir de la manera más simple posible, considerando que vamos a largo plazo y que por lo tanto le damos más peso a las acciones que a los bonos.

Seguimos la filosofía Bogleheads. Tras analizar el nivel de riesgo que podemos aceptar, hemos elegido una cartera compuesta por un 70% de acciones mundiales y 30% de bonos gubernamentales europeos.

Todo ello en índices transparentes, a través de ETFs de gestoras conocidas, fondos grandes con muchos activos bajo gestión.

6.4.1. Dos Simples Fondos

Mas sencillo imposible: dos únicos ETFs. Esta cartera está basada en las finanzas académicas, como la Teoría de Carteras Modernas de Harry Markowitz (ganador de Premio Nobel) y muchos otros autores. La comunidad Boglehead es partidaria de carteras de este estilo, tanto Jack Bogle como otros autores como Rick (Richard) Ferri.

La elección de los porcentajes de acciones o bonos depende del riesgo (entendido como volatilidad) que desea el inversor. Si el inversor es joven, sin obligaciones, con una cartera relativamente pequeña, podrá tener más proporción de acciones que de bonos. Si el inversor está jubilado, o tiene obligaciones familiares, o un cartera relativamente grande, podrá tener más proporción de bonos que de acciones.

De todas formas esto va a gusto del inversor. Marcos Luque proporciona una simulación basada en esta cartera: Calculadora Vitae, donde se aprecian rentabilidades a largo plazo por encima del 4% anual tras haber descontado la inflación española.

Gracias a la capacidad de diversificación de los ETFs se pueden comprar productos que equivalen a miles de activos. En este ejemplo, el *All-World* invierte en unas 3,000 empresas de 47 países del mundo, tanto mercados desarrollados como emergentes, y por si esto fuera poco con un TER tan bajo como el 0.22%.

El índice de bonos europeos sigue a un agregado de bonos gubernamentales y corporativos, todo en uno.

Esta es una cartera global, muy diversificada, y su coste promedio es muy bajo: 0.16% anual.

Tabla 23. Típicos pesos de una cartera Bogleheads. Realmente la proporción entre acciones y bonos depende del riesgo que quiera asumir el inversor.

Índice	Peso en Cartera	TER Típico
FTSE All-World	60%	0.22%
Agregado de bonos europeos	40%	0.07%

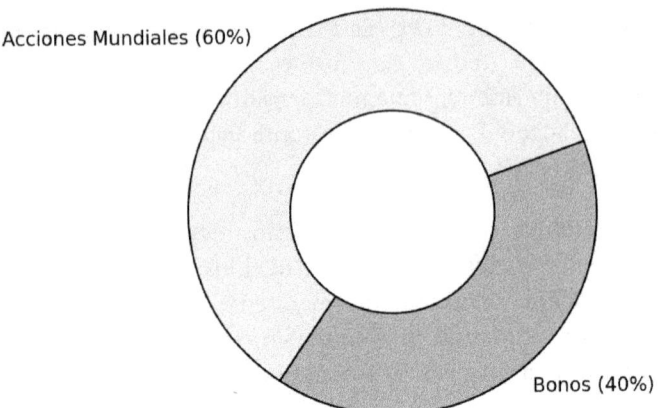

Figura 40. Típica cartera Bogleheads, la "60/40". Es tan común que se sobreentiende que representa a un 60% de acciones mundiales y un 40% de un agregado de bonos. Es la cartera predeterminada en muchos estudios.

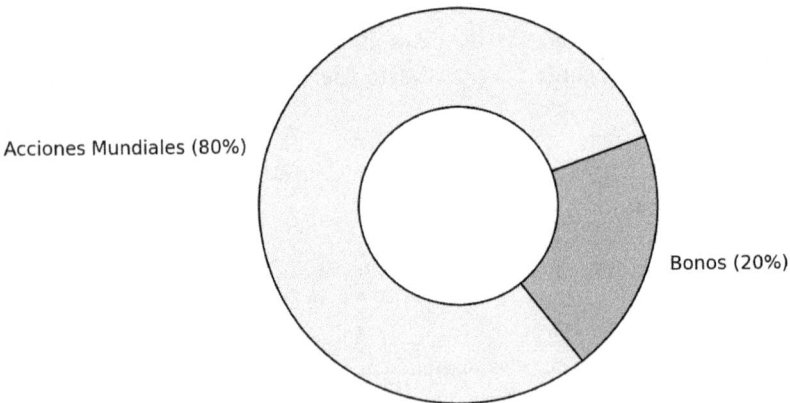

Figura 41. Cartera Bogleheads para alguien que acepta mayor nivel de riesgo que en la Figura 40. En este caso, la proporción de acciones mundiales crece hasta el 80% y la de bonos se reduce hasta el 20%.

6.4.2. Cartera Boglehead's de Tres Fondos

Esta es una mejora de la cartera anterior de dos fondos, y consiste en dividir la contribución de las acciones en dos partes: Una parte de acciones nacionales y otra de acciones de empresas del resto del mundo.

Esto está muy comentado en los foros Bogleheads (Bogleheads.org y Bogleheads.es) y en el libro *The Bogleheads' Guide to the Three-Fund Portfolio* de Taylor Larimore.

El objetivo es evitar lo que sucedió en Japón, cuyo mercado bursátil tuvo un pico máximo en 1990, tras lo que entró en crisis, y hoy en día, 30 años después, a duras penas se ha recuperado. Con dos índices de acciones la probabilidad de que los dos estén en crisis simultáneamente disminuye (aunque en este caso hay una cierta superposición entre ambos índices)

Coste anual de la cartera es de solo 0.20%.

Tabla 24. Típicos pesos de una cartera Bogleheads de 3 Fondos. Realmente la proporción entre acciones y bonos depende del riesgo que quiera asumir el inversor.

Índice	Peso en Cartera	TER Típico
FTSE All-World	33.33%	0.22%
STOXX Europe 600	33.33%	0.30%
Agregado de bonos europeos	33.33%	0.07%

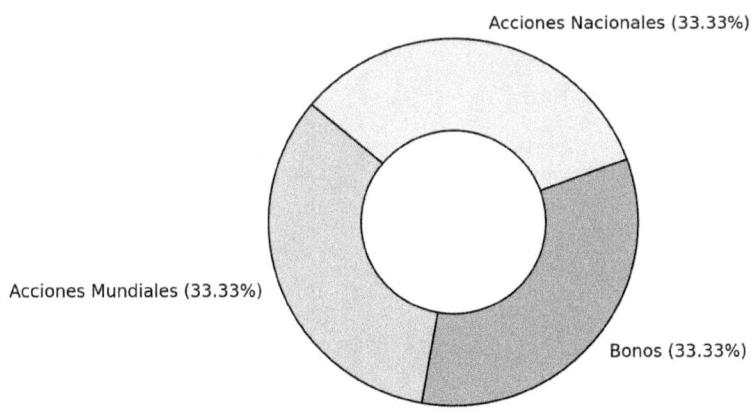

Figura 42. Cartera Bogleheads de 3 Fondos.

6.4.3. Cartera *Core Four* de Rick Ferri

Para Rick Ferri: "sólo se necesitan unas pocas clases de activos en la cartera, añadir más implica rendimientos decrecientes. Los fondos de inversión que usted elija para representar a las clases de activos de su cartera deben ser los fondos de menor costo que usted pueda comprar."

La cartera original está pensada para inversores estadounidenses, y para ello se divide la parte de acciones en dos grupos: "EEUU" y "resto del mundo". En el contexto de un inversor europeo, un equivalente sería "Europa" y "resto del mundo". Pero como no hay fondos de inversión del "resto del mundo excluyendo Europa", una forma de implementarlo es "Europa" y "acciones mundiales".

Además se incluye también un índice de empresas de inversión inmobiliaria (REIT), porque está parcialmente descorrelacionado de los índices generales de capitalización. Por último, una fracción de bonos para disminuir la volatilidad.

Esta es una cartera global, que además diversifica por clases de activos, con un TER del 0.19% anual.

Tabla 25. Típicos pesos de una cartera Core Four de Rick Ferri.

Índice	Peso en Cartera	TER Típico
FTSE All-World	36%	0.22%
STOXX Europe 600	18%	0.30%
FTSE EPRA/NAREIT Eurozone	6%	0.40%
Agregado de bonos europeos	40%	0.07%

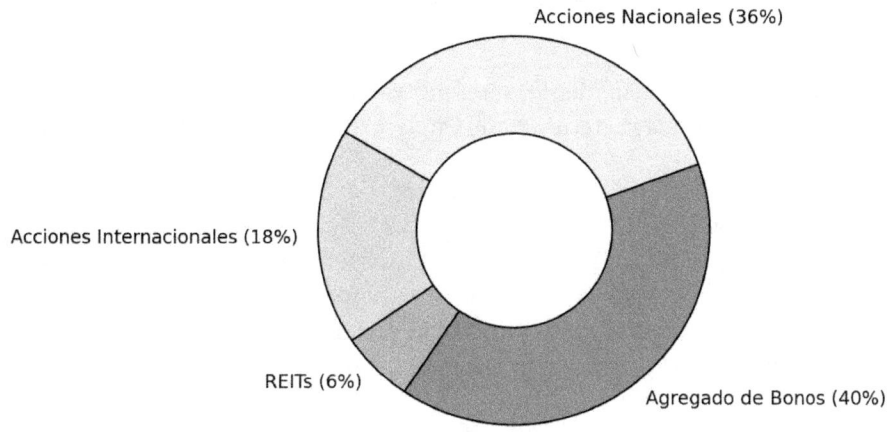

Acciones Nacionales (36%)

Acciones Internacionales (18%)

REITs (6%)

Agregado de Bonos (40%)

Figura 43. Cartera Core Four de Rick Ferri.

6.4.4. Cartera Permanente

Harry Browne fue un escritor, político y asesor financiero estadounidense. Propuso esta cartera por ser simple y diversificada; y es muy conocida entre la comunidad de pequeños inversores (ver por ejemplo las descripciones de Brownehead o Al Fin Libre. La llamó la Cartera Permanente porque el objetivo es que mantenga 4 activos distribuidos en 4 partes iguales. Si un activo crece por encima de los demás, se rebalancea (vendiendo el caro y comprando el barato) para volver a tener 4 partes iguales.

Esta cartera se compone de cuatro tipos de activos que están muy poco correlacionados. De esta forma, se supone que la cartera será capaz de generar rentabilidad en cualquier circunstancia. Las acciones generan rentabilidad en épocas de prosperidad o inflación decreciente. El oro para protegerse de periodos de alta inflación. Bonos a largo plazo para periodos de bajos tipos de interés, especialmente durante deflación. Bonos a corto plazo porque en épocas de crisis, aunque nada se comporta bien, al menos protege la capacidad de compra.

En principio, invertir en oro está desaconsejado porque a largo plazo solo se espera que crezca al ritmo de la inflación (no proporciona interés ni dividendos). Sin embargo, si tiene usted un corazón de economista de la Escuela Austriaca, tal vez quiera hacerle un hueco en su cartera.

Con respecto a la Cartera Permanente, puede leer los foros online *Giroscopic Investing* (en inglés) y CarteraPermanente.org (en español), la web

El libro "La Cartera Permanente" de Craig Rowland y Mike Lawson explica de manera excelente esta cartera y cómo implementarla. Es muy recomendable.

La cartera está creada para un público estadounidense, pensando en ciclos económicos desde el punto de vista de EEUU. De este modo, son acciones de EEUU, deuda pública a largo plazo de EEUU, dólares, y oro. Sin embargo, si consideramos que estamos viviendo en un mundo globalizado y que los agentes económicos están interconectados, podemos suponer que una Cartera Permanente "global" podría estar compuesta según indica la Tabla 26.

Tabla 26. Pesos de la Cartera Permanente.

Índice	Peso en Cartera	TER Típico
FTSE All-World	25%	0.22%
Bonos gubernamentales euro a largo plazo	25%	0.15%
Mercado monetario euro	25%	0.15%
Oro	25%	0.40%

El coste de una Cartera Permanente como esta es del orden de 0.23% al año.

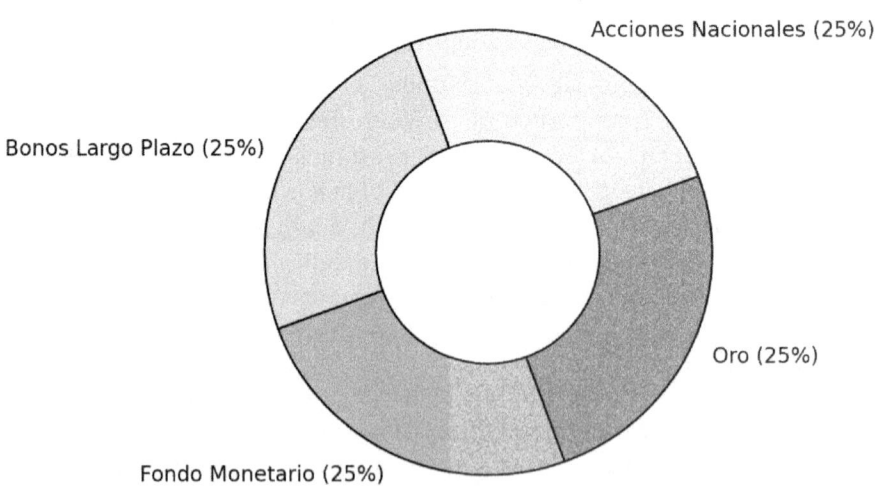

Figura 44. Cartera Permanente de Harry Browne.

6.5. La Edad en Bonos

Existe una recomendación habitual por los asesores profesionales de inversiones, y es el repartir las inversiones en dos grupos principales, acciones y bonos, según unos porcentajes prefijados.

La regla general es, teniendo en cuenta todas nuestras inversiones en bolsa, que el porcentaje de bonos sea igual a nuestra edad y el resto en acciones de empresas cotizadas.

En un sentido amplio, se entiende aquí que tanto "bonos" como "acciones" se refieren a fondos de inversión que inviertan en bonos o en acciones.

Por ejemplo:

- Si tenemos 30 años, la norma indica que tendríamos que comprar un 30% de bonos y el resto (un 70%) en acciones. Esto nos permitiría empezar de jóvenes ahorrando más, porque las acciones tienen una rentabilidad esperada mayor que los bonos.

- Conforme avanzan los años, por ejemplo con 50 años, la cantidad de bonos igualaría a la de acciones, 50% / 50%.

- A los 65 años, al jubilarnos (si es que no hemos alcanzado ya la Libertad Financiera), tendremos un 65% en bonos y un 35% en acciones.

- En el límite, al cumplir 100 años, el 100% de la inversión estaría en bonos.

Esta regla de "la edad en bonos" nos permite de forma natural ajustar nuestras inversiones a nuestro perfil de riesgo. Empezar con activos mas arriesgados siendo jóvenes, pero también con activos de mayor rentabilidad esperada. Con el paso del tiempo iremos comprando mas bonos, que son menos arriesgados (estaremos mejor protegidos contra crisis imprevistas) pero también dan menor rendimiento (que probablemente ya no necesitamos, pues nos basta con que nuestras inversiones simplemente nos aguanten en vida).

¿Y esto cómo se hace? ¿Cómo se mantiene el balance entre ambos tipos de activos? Se compran o se venden activos según estemos en la fase del ahorro o del gasto.

- En la fase de ahorro, se **compra** aquel tipo de activo cuya proporción en la cartera esté por **debajo** de lo que le corresponda.

- En la fase de vivir de las inversiones, se **vende** aquel tipo de activo cuya proporción en la cartera esté por **encima** de lo que le corresponda.

Esta estrategia está muy documentada (por ejemplo en los libros de Bogleheads *The Bogleheads' Guide to Retirement Planning* y *The ETF Book*) porque es la recomendación habitual de los asesores de inversión.

Esta regla está pensada para estadounidenses. Es posible que en Europa, puesto que hay mayor protección del ciudadano (desempleo, sanidad, pensión), no haga falta tanta proporción de bonos. Hay quien recomienda en este caso "la edad menos 10 años, en bonos". De todas formas es una aproximación, no hay que tomar esta regla al pie de la letra.

Esta estrategia tiene varios puntos positivos. Por un lado su sencillez, de forma que cualquiera puede implementarla. y por otro lado que requiere mínimo mantenimiento. Sólo comprar o vender cuando corresponda, tal y como haríamos de cualquier forma.

Con esta estrategia, el inversor compraría índices bien conocidos, con gran liquidez y transparencia. Al calcular los porcentajes para ver qué comprar o vender, tenemos una cierta sensación de estar invirtiendo (y no solo comprando sin mas), cuando realmente lo que estamos haciendo es un sencillo y probado "comprar y mantener" (la conocida expresión en inglés: *buy and hold*).

Una nota curiosa es que existen fondos de inversión que ya implementan esto de manera automática. Son los fondos con fecha objetivo. Véase por ejemplo en Morningstar (seleccionar fondos > búsqueda rápida de fondos > categoría "fecha objetivo"). El inversor compra un único fondo, y el gestor ya se encarga de tener en cuenta los porcentajes, mayor sencillez imposible. En este caso habrá que ver si el TER del fondo es realmente bajo, o si el inversor puede hacer lo mismo por su cuenta ya que al fin y al cabo es muy sencillo. Pueden ser una buena opción para un inversor que no quiera complicarse la vida. Incluso los profesionales los usan, pues un plan de pensiones que tuvimos compraba estos productos internamente.

6.6. ¿Cuántos ETFs en Cartera?

Según lo que estamos viendo, existe una enorme cantidad de posibilidades. Uno podría desear comprar múltiples fondos de inversión, los ETFs en este caso, que sean muy específicos y consigan rendimientos excelentes en nichos específicos del mercado.

Podríamos por tanto preguntarnos si, estadísticamente, merece la pena comprar muchos fondos o si por el contrario es suficiente con una inversión sencilla en dos únicos fondos.

Las personas tendemos a ver la bolsa como una forma de hacerse rico, donde hay que buscar las gangas y aprovechar las ineficiencias para ganar dinero. Comprar barato y vender caro. Esto nos llevaría a ser muy activos en las compras y las ventas.

Sin embargo, en este libro nos interesa el "comprar y mantener", la filosofía de Bogleheads, el comprar hoy y mantener el activo durante muchos años, probablemente para siempre. Cabe preguntarse si simplemente dos fondos de inversión generales son capaces de obtener resultados satisfactorios. Resultados comparables a los proporcionados por una multitud de fondos específicos.

Este ejercicio ha sido realizado por muchas personas, una exposición muy completa la ha realizado el usuario GFierro en Rankia: ¿Cuántos Fondos Necesito en mi Cartera?. GFierro ha simulado grupos formados por entre 2 y 21 fondos (20 carteras simuladas). Los fondos han sido elegidos de entre 93 índices MSCI (considerando que los ETFs sigue fielmente a sus índices). Son índices de renta variable, no se considera aquí la renta fija. Estos índices son de capitalización, de estilo y por regiones. Ejemplos considerados son *small cap value Latam ex-Brazil* y *Eastern Europe Large+Mid Growth*. Como las posibles combinaciones de fondos para cada cartera son enormes, se han realizado miles de simulaciones, tomando nota de la mejor rentabilidad, la rentabilidad promedio, y la mayor pérdida.

La referencia que utiliza son dos fondos generales, uno de mercados desarrollados y otro de mercados emergentes, de grande y mediana capitalización.

Lo asombroso del asunto es que haciendo las cuentas, dos fondos generales de bajo coste proporcionan resultados básicamente iguales a los proporcionados por las simulaciones, o a veces incluso mejores.

Veamos algunas conclusiones:

- Elegir fondos es muy arriesgado. Dos fondos específicos pueden dar rentabilidades anualizadas enormes, de hasta el 26% durante 15 años. Pero es que el problema es el escoger esos dos fondos brillantes, dado que también es cierto que los dos peores fondos proporcionaron pérdidas sistemáticas del 6% anual durante 15 años. Es muy arriesgado.

- Dos fondos diversificados proporcionan rendimientos promedio comparables a combinaciones de fondos, del entorno del 10%. Pero este es el retorno del índice, el del fondo correspondiente será menor por los costes. De hecho, los grandes fondos generalistas tienden a tener TER más baratos que fondos mas pequeños y específicos. Por lo que dos ETFs generales son por lo menos tan buenos como varios específicos.

- Cuantos mas fondos, peor. La simulación muestra que cuantos mas fondos, peor es el rendimiento anualizado promedio. Por ejemplo, en 15 años se puede pasar de un 9.4% invirtiendo en dos fondos aleatorios, a un 8.6% si se invierte en 21 fondos aleatorios. Y a esto hay que añadirle los gastos que conlleva el tener que hacer mas compras y ventas para mantener multitud de fondos en cartera.

- Los 2 fondos generales de referencia, al maximizar la diversificación, minimizan los picos. De esta forma, su rentabilidad máxima o su pérdida máxima están en un promedio. No vamos a hacernos ricos, pero tampoco vamos a perder en exceso.

En resumen, dos fondos bien diversificados obtienen unos resultados igual o mejores en múltiples aspectos que varios fondos exóticos. Por lo tanto no necesitamos complicarnos la vida. Dos fondos sencillos y generales bastan.

6.7. Dividendos ¿Acumulación o Distribución?

Los partícipes de un ETF cuentan con la posibilidad de recibir dividendos. Habitualmente los gestores proporcionan dos ETFs muy similares, que siguen el mismo índice, pero uno de ellos reparte dividendos y el otro los acumula. Repartir dividendos es habitual entre los ETFs, siendo una característica común con las acciones, y que diferencia los ETFs de los fondos tradicionales, para los que es excepcional que se repartan dividendos.

El fondo cotizado podrá retribuir periódicamente (por ejemplo anualmente, semestralmente, trimestralmente) a los inversores con los dividendos distribuidos por las sociedades que componen el índice de referencia. El volumen total a abonar será la diferencia entre el valor liquidativo del fondo y el valor del índice de referencia. Ojo, porque este abono puede implicar el cobro de comisiones por parte del intermediario.

Hay que tener en cuenta que, al igual que sucede con las acciones, el pago de dividendos modifica el valor liquidativo del ETF. Según se distribuye el dividendo (medido en euros por acción), el precio del ETF disminuye en la misma cantidad. Esto es lo que dice la teoría, aunque en la práctica es difícil de apreciarlo por las variaciones diarias en los precios. Además, el dividendo lo cobrará quien se mantenga invertido en la fecha de asignación de derechos, independientemente de la fecha en la que se haya comprado.

Con respecto a la pregunta cabecera de esta sección: ¿es mejor comprar ETFs de acumulación o de distribución de dividendos? Esta respuesta depende de dos factores: de los impuestos y de sus intenciones.

Si usted vive o se plantea vivir en países europeos como Alemania o Suiza, sepa que los fondos de inversión pagan impuestos de manera diferente a como se hace en España. En España, si un fondo acumula los dividendos, no pasa nada. Esos dividendos pasan a formar parte del capital del fondo. Se pagarán los impuestos al vender, al realizar las ganancias (si es que las hay). Esto es positivo porque al retrasar el pago de impuestos, el capital crece más que si se paga año a año. Y además, no hay que volver a pagar al broker por reinvertir los dividendos. En Alemania y Suiza, sin embargo, los gestores de los fondos tienen que reportar las ganancias que han obtenido vía dividendos, y el inversor tiene que pagar por ellas al hacer la declaración anual de impuestos. Por lo tanto, si vive en España puede aprovechar y comprar ETFs de acumulación, pero si está pensando en irse al extranjero, un ETF que distribuya dividendos le hará la vida más sencilla.

Por otro lado está el gusto personal, ya que es un alegría ver llegar los dividendos. Da energía, se ven los resultados, se ve que este método es efectivo para llegar a la Libertad Financiera. Sin dividendos, los fondos acumulan de manera silenciosa, que es positivo y eficiente, pero no entusiasma.

Además, la elección entre fondos de acumulación o de distribución se aplica tanto a la fase de acumulación, como a la de Libertad Financiera. El rendimiento de las inversiones va a ser equiparable en ambos casos, así que tiene que decidir si quiere "vivir de los dividendos" o de la venta periódica del capital de sus inversiones.

Nosotros hemos elegido ETFs que den dividendos, tanto por la posibilidad de viajar por Europa (y querer hacerlo con la mínima complejidad posible), como por ver ingresar los dividendos en la cuenta y tener la seguridad de que todo va bien.

Así que piense en ello, y escoja lo que mejor le convenga.

6.8. Los Beneficios de la Diversificación

Hemos repetido múltiples veces que hay que diversificar, no poner todos los huevos en la misma cesta, repartir las inversiones. Ok, pero ¿qué queremos decir? ¿qué significa "diversificación" en la práctica?

Estas ideas están hoy en día comúnmente aceptadas por el mundo financiero. Encontrará muchos libros al respecto, tanto académicos como de divulgación (como el "Un Paseo Aleatorio por Wall Street" en su capítulo 8, y *The ETF Book* en su capítulo 17), y páginas web para documentarse.

Pero veamos primero una explicación visual.

6.8.1. Una Aproximación Práctica a la Diversificación

Una forma de aproximarse a este problema es imaginar que invertimos en una empresa A durante un año, y simulamos el resultado. En particular cuántas veces se pierde dinero. Perder dinero es el parámetro fundamental. Ganar dinero se nos antoja normal, pero perderlo sienta muy mal.

Supongamos que dentro de un año, A tiene un 50% de probabilidades de crecer en precio +30% y otro 50% de perder un -20%. La mitad de las veces perderemos dinero.

Supongamos ahora que invertimos la mitad en la empresa A anterior, y la otra mitad en otra empresa B. La empresa B tiene un 50% de posibilidades de subir un +20% y otro 50% de posibilidades de perder -10%. Suponiendo esta distribución de probabilidades, ¿qué resultado podemos esperar dentro de un año? Hay 4 posibilidades:

- A sube un +30% y B también sube un +20%. El valor combinado sube un +25%.
- A sube un +30% pero B pierde -10%. El valor combinado sube un +10%.
- A baja un -20% pero B sube un +20%. El valor combinado no cambia.
- A baja un -20% y B pierde un -10%. El valor combinado baja un -15%.

Como ve, en el caso de invertir tanto en A como B a la vez, la probabilidad de tener pérdidas es de una entre cuatro, un 25%. Esta probabilidad es menor que el 50% si solo invirtiéramos en A o solo en B. Esta es la demostración práctica de la utilidad de la diversificación: disminuir la probabilidad de sufrir pérdidas.

Veamos ahora cómo se lleva esto a la práctica: por la cantidad de activos y por el tipo de los activos.

6.8.2. Diversificar por Número de Activos

La idea está en que el precio de los activos en bolsa es en gran medida impredecible. Suben, bajan, y nadie sabe por qué. Nadie puede predecirlo, y una buena forma de verlo es comprobar que los resultados de los fondos de inversión que lo intentan son malos en promedio.

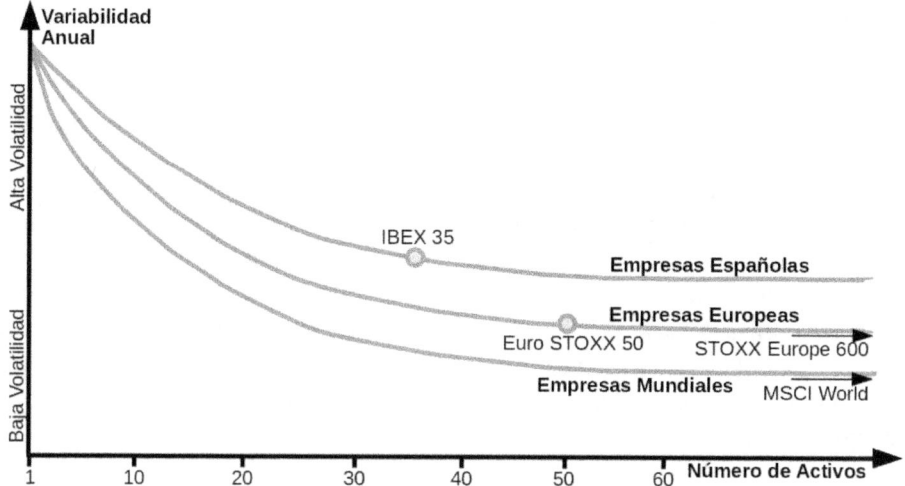

Figura 45. Diagrama figurado que muestra los beneficios de la diversificación. Cuantos más activos en el índice, menor volatilidad, pero a partir de un cierto número de activos (30-50) no se obtiene mejora apreciable. La rentabilidad de la inversión será el que sea, pero cuanto mayor sea el número de activos menos variable será ese rentabilidad año a año. Además, como veremos en la sección siguiente (diversificación por tipos de activos), cuánto más independientes sean los activos del índice, menor volatilidad. En resumen, siempre habrá volatilidad en el valor de los activos, pero al menos podemos minimizarlo seleccionando índices amplios.

¿Y si el precio de las acciones tuviera una componente impredecible (matemáticamente aleatoria), y otra del "mercado" (igual para todas las acciones de ese mercado)? La parte aleatoria representa la imposibilidad de saber cómo se van a comportar los inversores, que pueden ser muchos e independientes. La parte de mercado representa la macroeconomía y cambios que afectan a todas las empresas en conjunto, como nuevas medidas fiscales tomadas por un gobierno.

En este caso podríamos reducir el riesgo (la variabilidad en el precio) de nuestra inversión simplemente repartiendo la inversión entre más activos. Fíjese que no nos interesa la rentabilidad de la inversión, sino si esta rentabilidad es muy variable o no.

Al contabilizar la variabilidad de un grupo de activos, la parte del "mercado" es igual para todos, pero la parte aleatoria tiende a compensarse (en un momento dado, una empresa puede encarecerse y otra volverse más barata).

Cuantos más activos se acumulen, más probable será que el efecto aleatorio se compense entre sí, quedando sólo la variabilidad del mercado.

Así que cuando el número de activos es suficientemente largo, sólo nos queda la variabilidad del mercado. De manera práctica, suele decirse que a partir de 30-50 activos, la variabilidad de los activos individuales se puede ignorar. Esta es la razón por la cual los índices suelen tener este número (o mas) de activos.

La Figura 45 muestra gráficamente esta argumentación. Para un grupo de empresas dadas (o españolas o europeas en general), la variabilidad decrece al incluir más empresas en el índice, porque las componentes aleatorias se cancelan. Pero hay una parte que no desaparece, y es la componente macroeconómica. Por otro lado, note que le viene mejor invertir en empresas europeas en general, y no solo en españolas, porque las empresas son mas independientes, sus variaciones son mas aleatorias y tienden a cancelarse entre sí mejor.

6.8.3. Diversificar por Tipos de Activos

Cuando se compran activos, o cuando diferentes activos forman parte de un índice, conviene que estén poco correlacionados (que suban o bajen de manera independiente). O en el mejor de los casos, que estén anticorrelacionados (que cuando un activo suba el otro baje, y viceversa).

Cuando varios activos están correlacionados (por ejemplo empresas del mismo país y mismo sector económico), es suficiente con comprar uno de ellos. Comprar varios activos muy correlacionados entre sí no añade valor, porque todos se comportan igual (vea la Figura 46). De este modo, no merece la pena comprar un ETF que siga al MSCI Europe y otro que siga al STOXX Europe 600, porque ambos representan a las empresas cotizadas europeas.

Sin embargo, si los activos están anticorrelacionados, suceden cosas beneficiosas para el inversor. Por un lado, las variaciones se amortiguan, porque cuando un activo sube el otro baja. Esto no son mas que matemáticas sencillas.

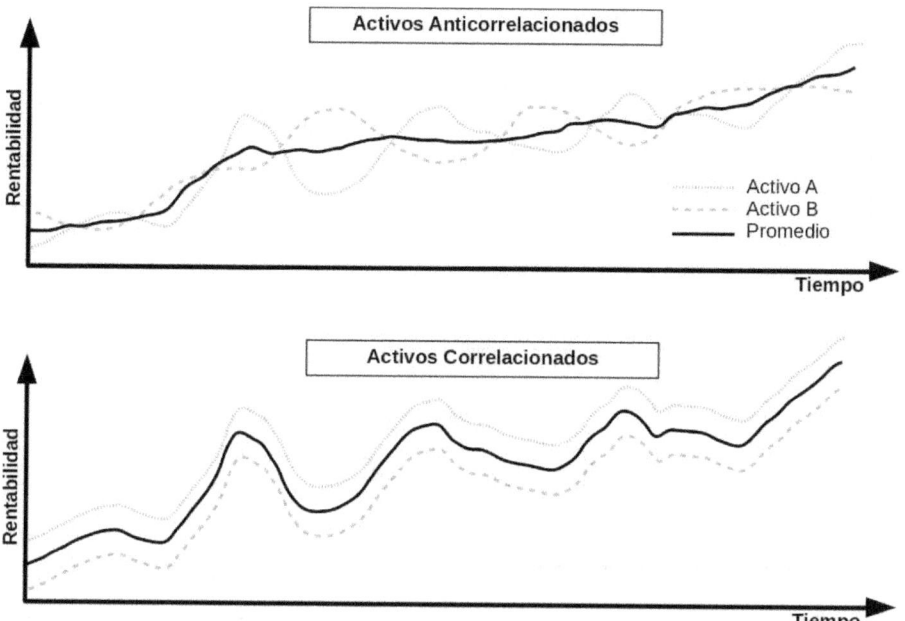

Figura 46. Estas gráficas muestran el comportamiento promedio de dos activos. El activo A y el B pueden estar anticorrelacionados (gráfica superior), o correlacionados (gráfica inferior). Fíjese que cuando los activos están correlacionados, le da prácticamente igual haber comprado A, o B, o A+B. La volatilidad es la misma. Sin embargo cuando A y B están anticorrelacionados, su rentabilidad promedio es más constante, y por tanto la volatilidad menor.

Cuando dos activos están anticorrelacionados el efecto combinado es muy positivo para el inversor, pues disminuye el riesgo. El ejemplo clásico es el caso de acciones y bonos, pues se supone que están relativamente anticorreladas (así al menos ha sido en el pasado). Vea la Figura 47.

Si lo que queremos es obtener la máxima rentabilidad a largo plazo, uno podría comprar sólo acciones. Pero esto tiene un problema, que es que también tiene el máximo riesgo de pérdidas (mayor volatilidad).

En el otro extremo, podríamos invertir solamente en bonos, lo cual nos da una volatilidad muy baja, pero al mismo tiempo muy baja rentabilidad ¿Hay alguna opción mejor?

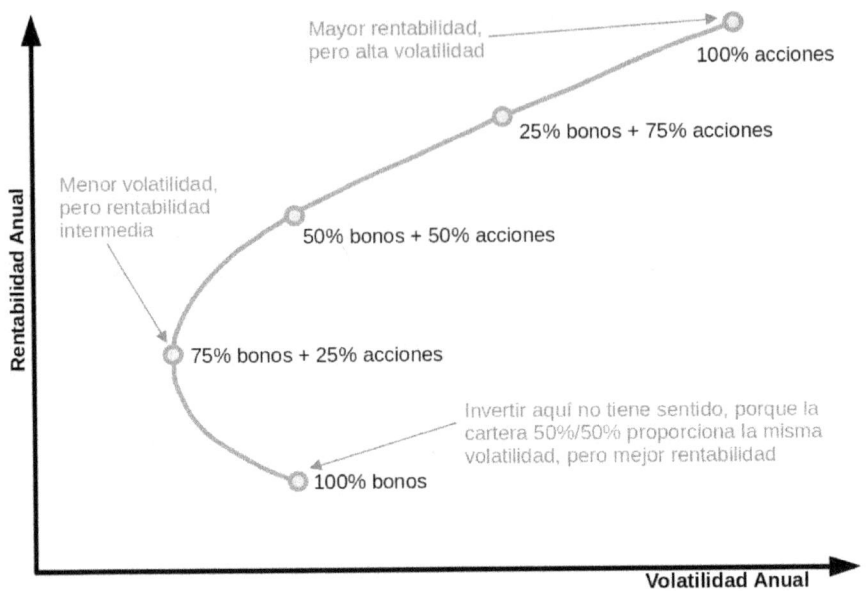

Figura 47. *Cuando dos activos están anticorrelacionados, comprar una combinación de ambos hace que se consigan unos resultados que pueden ser mejores que comprando sólo uno o sólo el otro de los activos. Por ejemplo, en este caso se obtiene la menor volatilidad con una combinación de 75% bonos y 25% acciones.*

Si consideramos el objetivo de obtener la mejor combinación posible de rentabilidad y riesgo, lo que tendremos que hacer es invertir en una parte de cada. En el caso mostrado en la Figura 47, la combinación de un 75% de bonos (gubernamentales, de la máxima calidad crediticia) y 25% de acciones consigue la menor volatilidad posible. Si lo que usted busca es tranquilidad, esto es lo que tiene que elegir.

En cualquier caso, incluso si busca mínimo riesgo, no le conviene invertir de manera mayoritaria en bonos, porque para un mismo riesgo, una pequeña cantidad de acciones le proporcionan un poco más de rendimiento con el mismo riesgo. Vea por ejemplo que en el caso que nos ocupa, invertir un 50% en bonos y un 50% en acciones proporciona a largo plazo el mismo riesgo que un 100% en bonos, pero con mayor rentabilidad.

Normalmente usted querrá evitar los extremos y encontrarse en un lugar intermedio. 50%/50%, o con una cantidad de bonos según su edad (ver Sección 6.5). Si quiere alta rentabilidad, pruebe 75% acciones y 25% bonos, pues la rentabilidad a largo plazo es un poco menor que 100% acciones, pero el riesgo es menor. O si quiere la mayor estabilidad posible, invierta un 25% en acciones y 75% en bonos, porque así conseguirá el menor riesgo posible (pero ojo, porque aún tendrá una cierta volatilidad, siempre hay algo de riesgo).

La curva que muestra la Figura 47 es la llamada "Frontera Eficiente"(Frontera Eficiente). Todas las carteras posibles, todas las combinaciones posibles de activos, dan lugar a carteras cuyas rentabilidades y volatilidades se encuentran a la derecha de esta línea. Esta idea se encuadra dentro de la llamada Teoría de Carteras Moderna por la cual Harry Markowitz obtuvo el Premio Nobel de Economía en 1990. Es una idea muy utilizada en el mundo de las finanzas, así que encontrará muchos libros y webs que lo explican.

6.9. Los Beneficios del Rebalanceo

Probablemente el mayor problema de los pequeños inversores es que somos como pequeñas barcas arrastradas por los vientos y las corrientes de las noticias y las grandes instituciones financieras. Los estudios recalcan que los inversores que consiguen minimizar sus compras y ventas, minimizar sus gastos, que consiguen aislarse de las noticias y mantienen su rumbo incluso en épocas de crisis, esos son los inversores a los que les va mejor.

La idea de que los inversores solemos "comprar caro y vender barato" es una de las frases más repetidas. Todos la conocen, pero al final todos terminamos cayendo en alguna ocasión. Puede parecerle lejano ahora, pero en medio de la tormenta, cuando el valor de sus inversiones se haya desplomado, sentirá la tentación de vender. Justo en el peor momento.

¿Cómo luchar contra este error? Por un lado, puede ser razonable vender las acciones de una empresa si a esa empresa le va mal. Sin embargo, al invertir en índices amplios, estamos más protegidos contra la quiebra de empresas en particular, y esto ya es una mejora.

Por otro lado, existe el llamado "rebalanceo". El rebalanceo consiste en "comprar barato y vender caro", justo lo contrario que habíamos comentado antes. Y hacerlo sin pensar, sin tener que tomar decisiones, sin la tensión de poder equivocarse. Entonces ¿Dónde está el truco?

La solución está en establecer desde el principio unos porcentajes para cada tipo de activo. Por ejemplo, 50% en acciones y 50% en bonos. Si el valor de las acciones sube con respecto a los bonos, tendrá que vender acciones y comprar bonos. Y viceversa, si el valor de las acciones baja con respecto a los bonos, tendrá que vender bonos y comprar acciones. En la práctica todo es más sencillo, porque si está en la fase de ahorro, no tendrá que vender nada, sólo comprar el activo "barato". Y si está en la fase de Libertad Financiera, no tendrá que comprar nada, solo vender el activo "caro". En cualquier caso, siempre con la intención de que los porcentajes sean otra vez los iniciales, 50%/50% en este caso.

Para que tenga efecto, habría que rebalancear con mayor frecuencia que la duración típica de las crisis. Pero no tan frecuentemente que incurramos en costes por las transacciones. Una vez al año es un periodo típico de tiempo.

Las siguientes Figura 48, Figura 49 y Figura 50 muestran la diferencia entre rebalancear o no en una cartera compuesta por un 50% del índice MSCI World y el otro 50% por un agregado de bonos europeos gubernamentales. Todas estas gráficas asumen la reinversión de los dividendos netos (tras pago de impuestos), en euros, y su valor comienza por convenio en el valor 100 en diciembre de 1998, acabando la serie en enero de 2023.

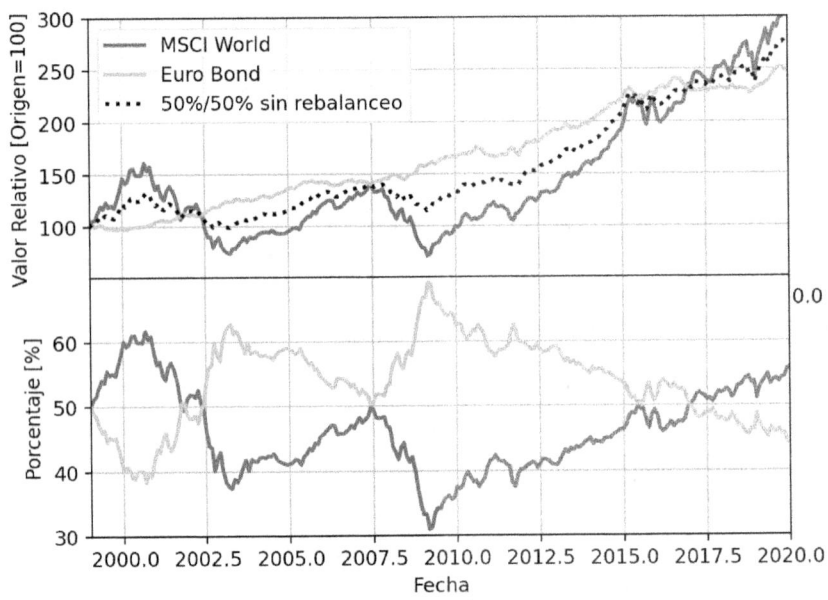

*Figura 48. Gráficas que muestran la evolución con los años de la inversión de dos fondos pasivos, por un lado el MSCI World y por otro lado un agregado de bonos gubernamentales europeos. **Sin rebalancear**. Se muestra también la inversión en una cartera con un peso inicial 50% para cada componente. No se realizan más compras, sólo se deja evolucionar la inversión inicial.*

Note en la gráfica inferior de la Figura 48 que si bien la distribución inicial es de 50%/50% en cada componente, enseguida las acciones suben de valor y toman un mayor peso en la cartera. El MSCI World muestra grandes variaciones, mientras que los bonos son más constantes. Fíjese en cómo las crisis de 2008, 2010, y 2020 son claramente visibles. Al tomar una parte de cada activo, la evolución del valor de la cartera se suaviza

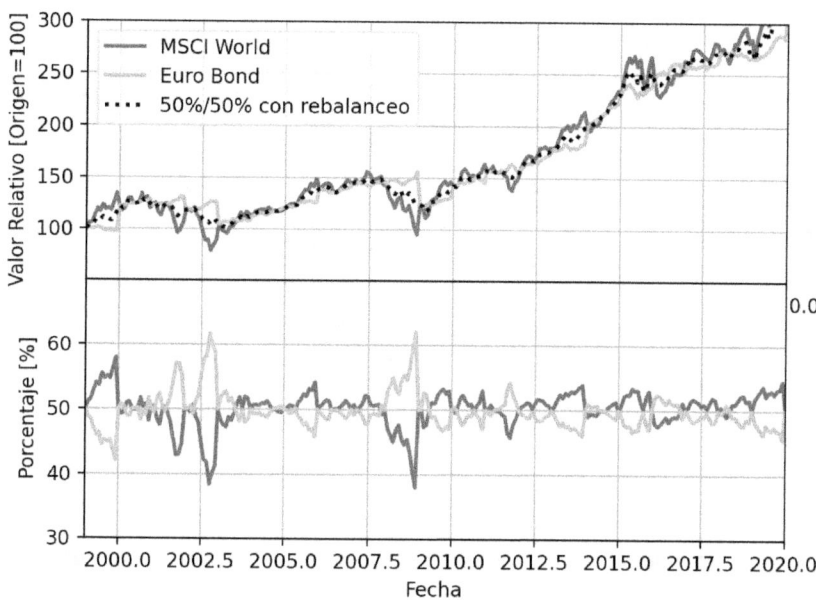

Figura 49. Estas gráficas muestran la misma información que la Figura 48, pero en este caso se rebalancea cada año. El peso de las acciones y de los bonos se ajusta (vendiendo y comprando) a final de año para volver a ser 50%/50%. Este rebalanceo implica una mejora en el rendimiento, porque de forma natural obliga a vender caro y comprar barato. Por cierto, aquí no se ha tenido en cuenta la fiscalidad, que implica tener que pagar por las ganancias de capital.

Fíjese que en la Figura 49 cada año hay que vender un poco del activo caro (en promedio el 3% al año), para comprar el activo barato. Esto es un 6% anual de compraventas, que al cabo de 24 años implica haber comprado o vendido mas o menos el 150% de la cartera. Como el coste típico de una operación con un broker puede ser el mas o menos del 0.25% de la operación, eso quiere decir que al cabo de los 24 años habríamos pagado el 0.35% del valor de la cartera (= 150% x 6% x 24 años).

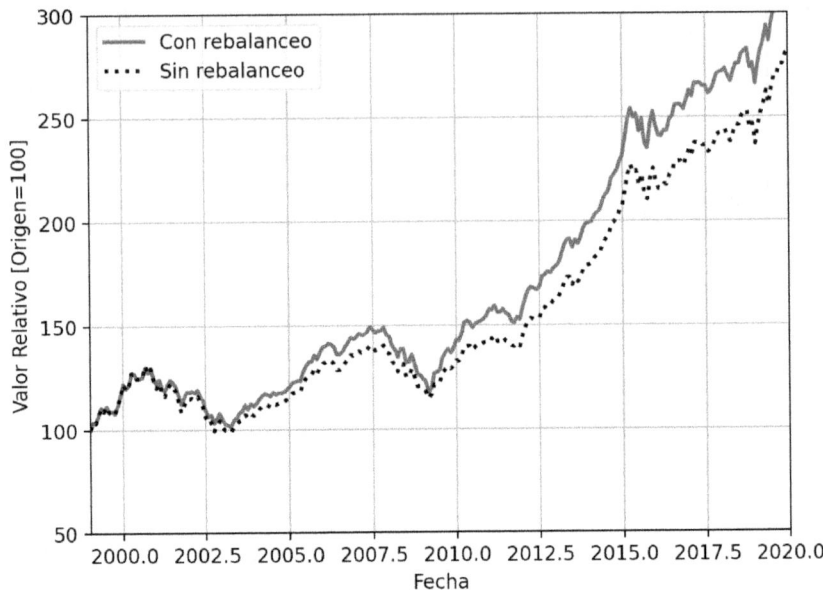

Figura 50. Esta gráfica muestra la diferencia que habría habido entre rebalancear o no una cartera compuesta por dos fondos, el 50% del MSCI World y el 50% de un agregado de fondos europeos (es la diferencia entre las carteras de la Figura 48 y la Figura 49).

Fíjese en la Figura 50 que al rebalancear se mejora ligeramente la rentabilidad de la cartera. La rentabilidad mejora del 6.1% anual al 6.4% anual, aproximadamente un 0.3% anual. Una mejora del 7.9% tras 24 años. Quizás le parezca un pequeño crecimiento pero note que ha sido muy fácil de conseguir, solo se necesita un rebalanceo más o menos automático una vez al año.

Tras 24 años, esta rentabilidad extra por el rebalanceo (7.9%) es unas 20 veces mayor que el coste del rebalanceo (0.35% de coste), por lo que merece la pena.

La Década Perdida

La Expresión "Década Perdida" se empezó a usar en Japón en referencia a su crisis económica de la década de 1990-2000, aunque dado su estancamiento *sine die* también se puede extender a la siguiente década. También se puede aplicar a EEUU desde el año 2000 al 2009, por las recesiones al principio y al final del periodo.

El índice MSCI World también muestra una Década Perdida entre el pico de 2001 y la recuperación de ese valor en 2013 (ver Figura 48, panel superior, al fin y al cabo la economía estadounidense representa aproximadamente la mitad de la economía mundial).

Pero fíjese que si usted espera lo suficiente, las inversiones siempre han acabado por recuperar su valor. Tardarán, pasaran muchos años, pero en 2017 el índice MSCI World está al doble de valor que durante la Década Perdida.

Además, no invierta todo su capital en activos arriesgados, compre una parte de bonos que le ayudarán a balancear en tiempos de crisis.

En resumen, prepárese para las crisis. Si usted espera vivir hasta los 100 años, y contando con una crisis importante cada 10 años, haga sus cuentas de cuántas crisis va a vivir. Y no olvide que siempre "esta vez es distinto" y "es la peor crisis de la historia".

6.10. ¿Qué ETF de Renta Fija Elegir?

Los índices de renta fija son un poco distintos de los índices de acciones. En los índices de acciones de capitalización, que son los más habituales, el peso de una empresa en el índice crece cuando crece el valor de una empresa en bolsa. Cuanto mejor le va a la empresa, mayor representación tiene en el índice. Esto es lo que sucede con los índices mas sencillos.

De una manera similar, los índices de bonos también consideran el precio de los bonos. El problema surge porque cuanto más se endeudan las empresas, más bonos emiten, y mayor peso toman en el índice. Esto es, los índices de renta fija dan preponderancia a los países o empresas que están peor, que están más cerca de la quiebra. Pero para dar seguridad a una cartera sólo tienen sentido los bonos de calidad de inversión (*investment grade*), no los de alto rendimiento (bonos basura, o *high yield*). De este modo, si una empresa que emite bonos de calidad de inversión se endeuda demasiado, quedando cerca de la quiebra, sufrirá un empeoramiento de su calificación, pasando a ser considerada de alto riesgo (alto rendimiento), dejando de formar parte del índice, y protegiendo así a los inversores del índice.

La renta fija es importante porque está (en general) anticorrelacionada con las acciones, y esto añade importantes características a la cartera (ver Sección 6.8). Pero es que además los bonos son importantes porque nos permiten no perder capital durante las crisis de la renta variable (como hemos visto en la Sección 6.9).

La renta fija es la parte estable de la cartera. Podemos aceptar bajos rendimientos a cambio de saber que en lo peor de una crisis no habrá perdido valor. Eso sí, una idea importante es que no nos vale cualquier renta fija. Veamos algunos ejemplos:

- La renta corporativa, por ejemplo, está relativamente correlacionada con el valor de las acciones, por lo que no se aplicaría lo comentado anteriormente. Así que bonos corporativos no son exactamente lo que buscamos.

- La renta fija internacional está sometida a los vaivenes del cambio de moneda. Esto puede ser aceptable porque añade diversificación, pero puede que nuestra moneda se devalúe con respecto a otras, que el ETF baje por tanto de valor, y que perdamos la tan ansiada estabilidad cuando la necesitemos. Si lo que queremos es exposición internacional, es mejor un ETF de acciones, porque es más barato y da mayor rendimiento.

- La deuda pública de larga duración (en el caso de España, bonos y obligaciones). Es lo que buscamos, pero por la duración de la cartera puede ser muy sensible a los cambios de los tipos de interés de los bancos centrales.

- La deuda pública de corta duración (en España, letras del tesoro). Es lo que buscamos, pero es tan a corto plazo que el rendimiento es prácticamente nulo, probablemente negativo teniendo en cuenta el TER.

En general la comunidad Bogleheads recomienda un agregado sencillo de bonos gubernamentales (sencillo y barato). También hay que profesionales que recomiendan mejor deuda pública a corto plazo, porque es más estable.

Warren Buffett por ejemplo indicó en su carta a los inversores de Berkshire Hathaway de 2013 que en su testamento ha dispuesto que su esposa reciba una cartera compuesta por un 90% el S&P 500 y 10% bonos de EEUU a corto plazo.

Por otro lado, la Cartera Permanente (ver Sección 6.4.4) incluye bonos gubernamentales de la máxima calidad crediticia, pero a largo plazo (20 años y más). El "largo plazo" es importante, porque hace que esos bonos sean tan volátiles como las acciones. Los bonos en la Cartera Permanente no están para dar tranquilidad, sino para aprovechar su anticorrelación con las acciones y crear una cartera más estable en su conjunto.

Por cierto, aunque nos centramos mucho en Europa, un lector hispano actuaría de una forma similar. Quizás una idea interesante es que le conviene estar invertido en una moneda fuerte. En Europa es fácil y conveniente el euro, en EEUU el dólar, y para otros países tendrá que ver qué le resulta más cómodo. En México y el resto de Latinoamérica probablemente el dólar. Nos vale cualquier moneda fiable que nos aleje del riesgo de que el gobierno la devalúe.

6.11. Errores Emocionales y Contrato Inversionista

Uno de los problemas básicos a la hora de invertir es el ser arrastrado por los medios de comunicación, de sentir la pulsión de comprar o vender al ritmo que marcan las noticias. Ya hemos visto en este capítulo que no es razonable esperar hacerse rico comprando y vendiendo en el corto plazo. Y mucho menos nosotros, no siendo profesionales.

Tenemos que ser fuertes y resistir las emociones. No vender cuando los medios de comunicación dicen que estamos envueltos en una crisis y la bolsa se ha derrumbado, porque estaremos vendiendo barato. No comprar cuando parece que todo va bien y la bolsa está en máximos, pues estaremos comprando caro. Hay que trazar un rumbo y seguirlo.

Los errores emocionales que cometemos los inversores están muy bien tratados por Bogleheads en el capítulo 19 de "La Guía Boglehead de Inversión". He aquí un resumen:

- **Exceso de confianza**
  Todos nos creemos muy sabios y que controlamos lo que hacemos. Pero no está de más echar siempre un paso atrás y ser más humilde. Esto está muy relacionado con esas encuestas en las que se pregunta a una persona que compare sus capacidades (por ejemplo para conducir un coche o hacer operaciones matemáticas sencillas) con un ciudadano medio, y la mayor parte de los encuestados responden que ellos están por encima de la media, lo cual es obviamente imposible. Tomamos decisiones de compra o venta pensando que tenemos todo bajo control, pero la bolsa es incontrolable.

- **Aversión a las pérdidas**
  Esto nos puede hacer vender cuando el valor de las acciones se ha desplomado, para no tener aún más pérdidas. Y probablemente lo siguiente que suceda es que las acciones suban. Recuerde que el mercado es impredecible.

- **Parálisis por análisis**
  La cantidad de opciones disponibles (empresas cotizadas, fondos de

inversión) es enorme, y también lo son las cosas a tener en cuenta (impuestos, legislación). El querer elegir la mejor opción puede dejarnos parados, cuando una inversión sencilla puede ser suficiente. Sobre todo teniendo en cuenta que la mejor opción hoy puede ser mediocre mañana.

- **La costumbre**
La cercanía en el día a día puede hacer que se invierta en cosas que no tienen por qué ser las mejores. Esto sucede por ejemplo si compramos una casa por ser lo que hacen todas las familias, o si invertimos en un índice poco diversificado como el IBEX 35 teniendo disponibles otros índices mucho mejores.

- **Seguir a la mayoría**
Actuar en grupo tiene la ventaja de poder comparar con las demás personas de alrededor. Si al grupo le va bien, todos contentos; si al grupo le va mal, pues al menos nos va a todos igual de mal. Este pensamiento es habitual entre gestores de fondos de inversión, y por eso se esfuerzan tanto en seguir los índices (aunque se les paga para que no lo hagan). Y es que si toman decisiones y se equivocan, tendrán pérdidas y serán amonestados; pero mientras sigan de cerca a su índice de referencia, ya sea subiendo o bajando, conservarán su puesto de trabajo.

- **Anclaje emocional**
Podemos tomar referencias sentimentales que nos impiden cambiar aún cuando puede haber buenas razones para hacerlo. Un ejemplo es ser dueño de una casa después de la burbuja inmobiliaria, en el caso de que haya buenas razones para venderla (por ejemplo, porque ya no quiere vivir allí). Su valor puede haberse desplomado ¿Calcularía las pérdidas que está dispuesto a aceptar? ¿O esperaría a que "el precio se recupere", tal vez 10 años?

Para evitar estos problemas, se recomienda realizar un "Contrato Inversionista". Este "contrato" no es mas que dejar por escrito las ideas del inversor: qué se quiere conseguir, cuánto se quiere invertir, cómo se quiere invertir, con qué frecuencia hacerlo.

El objetivo es fijar un rumbo, obligarse a seguirlo, y evitar así los riesgos de los errores emocionales indicados anteriormente. Ya no hay que tomar decisiones en el día a día. Habiendo un plan, lo que corresponde es seguirlo, no plantearse si este mes está barato el oro o si conviene vender inversiones en Japón.

Escríbalo y si quiere darle más seriedad fírmelo. En la Sección 8.3 encontrará un ejemplo.

De cuando en cuando, no más frecuentemente que una vez al año, puede revisarlo. Tal vez quiera modificar los porcentajes de bonos/acciones o algo por el estilo. Y una vez tomada la decisión, sígala y no se deje llevar por las emociones.

6.12. Métodos para Retirar Capital una vez Alcanzada la Libertad Financiera

Una vez que se ha alcanzado la Libertad Financiera, tenemos que pensar cómo vamos a extraer las rentas del capital acumulado. Esta sección da una introducción a este tema. Por cierto, recalcamos que aquí consideramos indistintamente dividendos y ganancias de capital, tal y como es habitual en los estudios formales de finanzas.

Este tema lo hemos comentado largo y tendido en nuestro libro "Estrategias para Vivir de las Inversiones". Mucha información se ha extraído de las webs de Bogleheads[2] y *Portfolio Charts*.[3] En *Portfolio Charts* podrá incluso definir su cartera y ver qué habría sucedido desde los años 70 hasta el presente.

Supongamos que usted ha estado ahorrando durante muchos años y finalmente ha conseguido llegar a la Libertad Financiera. Supongamos que lo invierte de manera sencilla (por ejemplo con la inversión pasiva). Estas inversiones le proporcionan dividendos y ganancias de capital a largo plazo. La pregunta es, ¿cómo exactamente podría vivir de ese rendimiento? ¿de qué rentas estamos hablando?

Normalmente se considera que hay que extraer no más del 4% del capital total acumulado (el llamado *Safe Withdrawal Rate*, como ya se vio en la Sección 3.5). En el momento que nuestros gastos sean el 4% de nuestra cartera, o dicho de otro modo, que hayamos acumulado 25 veces nuestros gastos anuales, uno puede elegir dejar de trabajar. La cartera nunca se agotará. Note que estos son resultados "a posteriori", léase por tanto "una cartera con determinadas condiciones no se habría agotado durante 30 años, según ha sido el comportamiento de la bolsa durante los últimos 40 o 100 años".

Este 4% de Tasa Segura de Retiro es una regla muy sencilla y puede detallarse mejor. Hay múltiples formas de extraer el dinero una vez que se está viviendo de lo acumulado. La realidad será siempre más compleja que lo que aquí expongamos, por un lado porque seguramente tengamos ingresos adicionales (por ejemplo, una pensión de jubilación), o quizás todo lo contrario (gastos sanitarios extras por tener mala salud). Y sea como sea, hay que tener en cuenta los gastos de gestión e impuestos.

Esta es una explicación con datos históricos, recuerde que "rendimientos pasados no aseguran rendimientos futuros".

Las siguientes formas de retirar el capital pueden servir de guía inicial.

6.12.1. Extraer "El Inverso Del Número de Años Que Nos Quedan De Vida"

Este método consiste gastar nuestro capital poco a poco, cada año una parte proporcional, hasta que a una fecha dada no quede nada.

Por ejemplo, si tenemos 60 años y estimamos que vamos a vivir hasta los 90, entonces tenemos que gastar lo ahorrado durante 30 años. Así que cada año extraeremos 1/30 del capital inicial. Si tenemos hoy, con 60 años, 300,000 euros, entonces cada año extraeremos 10,000 euros.

Fíjese que la cantidad se ajusta cada año, de forma que cuando hayan transcurrido 20 años, y queden entonces 10 años para la fecha límite, entonces extraeremos 1/10 del capital restante. Una proporción relativamente grande de la cartera restante.

Esta aproximación tiene varios puntos oscuros. En primer lugar porque al gastarlo todo a una fecha dada, cosa que puede ser peligrosa si tuviéramos una salud excepcionalmente buena y nos quedáramos con la bolsa vacía y muchos años por delante. Por otro lado, es de suponer que el valor de la inversión siga creciendo (a no ser que la inversión se componga de bonos gubernamentales a corto plazo). Y si la inversión sigue creciendo, esto implica que vamos a gastar mucho al final con respecto a lo que se empieza gastando al principio.

6.12.2. Extraer A "Capacidad de Compra Constante"

El primer año se decide la cantidad a extraer, y a partir de ahí se mantiene ya para siempre. Simplemente se ajusta por inflación cada año, porque el objetivo es que la capacidad de compra sea constante. Que en el futuro seamos capaces de pagar los mismos bienes y servicios que podamos pagar el primer año. Esta cantidad es independiente del valor que tome la cartera en el futuro.

Por ejemplo, si usted acumula 300,000 euros y elige una Tasa Segura de Retiro del 4%, el primer año usted extraerá 12,000 euros. El segundo año corregirá la cantidad extraída por la inflación. Si ha sido por ejemplo del 2%, entonces ese segundo año extraerá 12,240 euros. Y así los años sucesivos, independientemente del valor de la cartera, independientemente de que su valor suba o baje.

Este es el método habitual usado en la mayoría de los estudios. Por ello, a falta de otra indicación, este es el método predeterminado.

6.12.3. Extraer Un "Porcentaje Constante De La Cartera"

Se elije el porcentaje, y se aplica cada año, según sea el valor de la cartera. De este modo, extraeremos una cantidad que fluctuará arriba o abajo según la evolución de los mercados.

Este método tiene un efecto curioso, y es que matemáticamente nunca se agota. Si el valor de la cartera cae mucho, también se extraerá muy poco. Esto es muy seguro, pero a cambio de esta seguridad se tiene que ser capaz de recortar enormemente los gastos, si fuera necesario. Esto es matemáticamente sencillo, pero puede ser imposible en la vida real.

Por ejemplo, si usted tiene una cartera de 300,000 euros, y decide extraer cada año el 4%, extraerá el primer año 12,000 euros. Ok, hasta aquí, es como en el caso anterior. Si el segundo año el valor de la cartera sube a 350,000 euros, entonces extraerá 14,000 euros. Pero si al siguiente el valor cae a 200,000 euros, entonces tendrá que extraer solo 8,000 euros ese año. Vea que su capacidad de compra va a la par que la volatilidad de la cartera.

6.12.4. Método Combinado

En este caso, actuamos de manera diferente según el valor de la cartera suba o baje de un año para otro.

El primer año asumimos una Tasa Segura de Retiro. El que sea, por ejemplo del 4%. En los años sucesivos:

- Si la cartera ha bajado de valor, mantenemos el la capacidad de compra del año anterior, como en el caso de "capacidad de compra constante" (simplemente corregimos la cantidad del año anterior con la inflación).

- Si la cartera ha subido de valor, recalculamos la Tasa Segura de Retiro (el 4% de la cartera en ese momento), como en el caso de "porcentaje constante de la cartera".

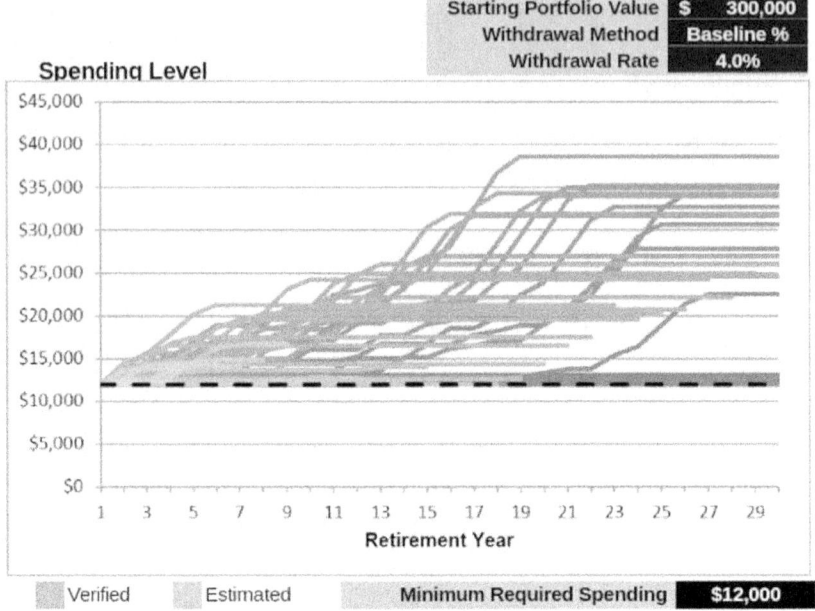

Figura 51. Ejemplo de evolución del gasto (Spending Level), en función del año en el que se jubila (Retirement Year), según el método combinado. El gasto crece mientras la bolsa sube, y cuando la bolsa baja el gasto se queda constante. Fuente: Ejemplo con datos históricos de Portfolio Charts.

En la práctica, lo que hacemos es recalcular el 4% de Tasa Segura de Retiro para cada año bueno, manteniéndolo en los años malos. En las gráficas lo que se aprecia es que el gasto se incrementa en los años buenos (curvas ascendentes), y luego se mantiene a ese nivel máximo en los años malos (rectas horizontales). Vea como ejemplo la Figura 51. Acuda a la web para hacer pruebas usted mismo y ver la evolución del capital total (que por cierto, no cambia tanto comparado con el método habitual "a capacidad de compra constante", razón: el factor principal es si al año siguiente de empezar llega una crisis mundial).

Por ejemplo, usted tiene una cartera de 300,000 euros y el primer año extrae el 4%, 12,000 euros. Si el segundo año el valor de la cartera sube a 350,000 euros, usted extraerá el 4%, 14,000 euros. Esta cantidad ya no puede bajar. Si al año siguiente la bolsa baja, pongamos que a 200,000 euros, usted seguiría extrayendo el 4% del máximo (corregido por inflación), que en este caso corresponde con el año anterior, 14,000 euros.

Este método es menos confiable que el de "capacidad de compra constante", que es el que está más estudiado.

6.12.5. Retirada De Porcentaje Variable

Este es un método relativamente complejo propuesto por el miembro "Longinvest" de la comunidad Bogleheads.org. El objetivo es maximizar la cantidad que se puede retirar anualmente, con la condición de que el capital tiene que aguantar exactamente un número determinado de años, que es la esperanza de vida del inversor. Tras la muerte del inversor, no quedará nada de capital invertido. De esta forma el inversor habrá maximizado el uso del capital. Esto se consigue teniendo en cuenta los años restantes, las clases de activos, y el retorno esperado de las inversiones. Vea el hilo de Bogleheads al respecto.[4]

[1] Otra descripción de las rentabilidades históricas la proporciona la presentación de Raymond James *Long-Term Investment Performance*.

[2] Ver *Safe withdrawal rates* de Bogleheads.org

[3] Ver **Portfolio Charts**: *retirement spending methodology*.

[4] *Variable Percentage Withdrawal (VPW)*.

Capítulo 7. Crisis

Compre sólo aquello que le gustaría poseer si los mercados cerrasen durante 10 años.

— Warren Buffett (1930-), posiblemente el inversor más exitoso del mundo.

El tema de cómo afrontar una crisis es tan importante que se merece un capítulo entero.

Hasta ahora hemos demostrado que "en teoría" se puede vivir de las rentas, vivir de las ganancias generadas por las inversiones. Sin embargo esto no es suficiente, queremos la máxima seguridad de que todo va a ir bien, queremos certeza "en la práctica".

Además, es un hecho que hay crisis periódicas, quizás más que nunca porque en este mundo globalizado estamos todos conectados con todos, para lo bueno y para lo malo. Las crisis no van a desaparecer, y lo que tenemos que hacer es dimensionar nuestras inversiones de forma que podamos protegernos cuando las cosas vayan mal (que van a ir mal, seguro).

Si ha llegado hasta aquí pensando en encontrar el Santo Grial que le permitirá resistir cualquier crisis, desengáñese, no existe. Las pérdidas se pueden minimizar, pero no evitar. Va a haber temporadas en las que lo invertido valga menos que lo que ha pagado, es así. A pesar de que la rentabilidad esperada a largo plazo pueda ser alta.

Como nuestro interés es el largo plazo, dese cuenta de que va a atravesar muchas crisis, cada pocos años. Eche le vista atrás, a las crisis del pasado, y sea consciente de ello. Mire por ejemplo la "Década Perdida" en la Sección 6.9.

Para hacerse una idea de las pérdidas que va a tener, puede mirar las volatilidades anuales esperadas en sus inversiones, que para índices grandes suele ser del orden del 10% o 20% (vea la Tabla 9 por ejemplo). Así que póngase en situación, e imagínese que un año normal el valor puede subir o bajar (que es lo que nos interesa ahora) un 10% o 20%. Y piense ahora que tiene 100,000 o 1 millón de euros, los cambios que eso supone en la cartera. Los años que hay que trabajar para compensar esa volatilidad. Si esto le preocupa, que es lo normal, procure disminuir la volatilidad de su cartera (con activos independientes, en particular con bonos gubernamentales). Si cree que en este entorno de incertidumbre usted puede seguir adelante hacia la Libertad Financiera, enhorabuena, allí nos encontraremos.

7.1. ¿Cuándo Llegará la Siguiente Crisis?

La idea de crisis da lugar a pensar en algo excepcional, en una catástrofe sobrevenida, algo improbable e inevitable. Pero no es así, crisis las hay continuamente. Mayores o menores, pero en un mundo globalizado siempre hay una crisis en alguna parte. Incluso si no hay nominalmente una crisis, pregunte usted a su alrededor y verá que todo el mundo tiene la sensación de estar viviendo una crisis.

Retrocedamos a los últimos 40 años ¿Ha habido alguna crisis de resonancia mundial?

- La crisis del petróleo de los años 70, con las altas tasas de inflación que trajo.
- El crash de 1987, con el llamado *Black Monday*, la peor bajada en la historia de la bolsa estadounidense (el Dow Jones Industrial Average (DJIA) bajó un 22.6% en un día).
- La crisis inmobiliaria de Japón de finales de los 80 (y de la que todavía no se han recuperado).
- La crisis internacional a principios de los 90, y especialmente en Reino Unido e Italia (sacando sus monedas del Sistema Monetario Europeo) y las sucesivas devaluaciones de la peseta.
- La crisis económica mexicana de 1994 y su "Efecto Tequila".
- La crisis financiera asiática de 1997, cuando cayeron los "Tigres Asiáticos".
- La crisis de deuda rusa de 1998, donde se devaluó el rublo y el gobierno dejó de pagar a sus acreedores.
- La crisis de deuda argentina de 1998 y su consiguiente corralito.
- La crisis de las PuntoCom en el año 2000 y siguientes.
- La gran crisis financiera internacional de 2008.
- La crisis de deuda griega y su primer rescate en 2009.
- La crisis de deuda europea, especialmente la griega y su segundo rescate en 2012.
- La crisis financiera rusa de 2014 por la invasión de Ucrania.
- La crisis de deuda griega y su tercer rescate en 2015.
- La crisis bursátil china de 2015.
- La crisis deuda en Turquía y su alta inflación en 2018 y siguientes años.

- La crisis de 2020 por el COVID, el cierre de la economía global y la ruptura de las cadenas de suministro.

- La crisis del sector inmobiliario en China 2020-2022.

- La crisis por la invasión rusa de Ucrania en 2022.

Unas 19 crisis relevantes en 40 años, mas o menos una cada dos años ¿Qué se le ocurre? ¿Cuándo llegará la siguiente? ¿Cuántas crisis va a vivir en su vida?

Y podemos retroceder más en el tiempo. Se estima que hasta el final de la Edad Media había unas 25 hambrunas por siglo ¡Eso sí que eran crisis!

Así que relájese y tómeselo con calma. A pesar de todas estas crisis, las bolsas siempre se han recuperado y han mejorado precios pasados.

De hecho, visto en retrospectiva, si usted pudiera viajar en el tiempo ¿no volvería al pasado e invertiría en esas economías en crisis? Al fin y al cabo sabemos *a posteriori* que se van a recuperar. La crisis es el momento perfecto para comprar barato, pero eso sólo se sabe tras pasar la crisis, no durante.

Recesión vs Depresión

Son dos términos relacionados. Ambos términos indican una crisis económica, siendo la depresión mas pronunciada que la recesión.

Existe una broma entre economistas que dice que una recesión es cuando tu vecino pierde el trabajo, y una depresión es cuando tú lo pierdes.

Hay varias formas de definir una recesión. Con frecuencia se utiliza una definición rápida y sencilla, que es considerar recesión a dos trimestres consecutivos en los que el PIB real (ajustado por la inflación) ha caído.

Finalmente se llama depresión a la recesión económica severa (el PIB cae un 10%) o prolongada (3 o 4 años).

7.2. Ideas para Protegernos de las Crisis

Hay varios comentarios que se pueden hacer sobre cómo sobrevivir a las diferentes crisis que se van presentando:

- Diversificación, no poner todos los huevos en la misma cesta. Ya sea a través de ETFs que estén muy diversificados, por ejemplo siguiendo el

MSCI World, comprando acciones y bonos, y por ejemplo siendo propietario de un piso y alquilándolo. Esto permite no depender de una única fuente de ingresos.

- A largo plazo, en la fase de extracción de la riqueza, la mayor parte del fondo debería de estar en inversiones relativamente seguras. Por ejemplo en bonos del estado. Históricamente han funcionado bien.

- Las cuentas están hechas con valores históricos. Por tanto, las Tasas Seguras de Retiro ya tienen en cuenta todas las crisis, como el COVID, la crisis de la deuda europea de 2011-2012, la crisis global de 2008, etc. Las crisis ya están incorporadas en los cálculos. Incluir consideraciones adicionales en el cálculo puede estar bien para añadir seguridad, pero nótese que implica considerar las crisis por duplicado.

- Repartir la inversión durante periodos de tiempo relativamente largos (es el llamado DCA, *Dollar Cost Average*). Consiste en comprar periódicamente (por ejemplo cada mes) una cantidad fija (por ejemplo 500 euros) de acciones o participaciones en un fondo. Cuando el precio baja se compran más acciones, y cuando sube se compran menos. Así promediamos las compras en largos periodos de tiempo, y el precio que pagamos por las acciones es un promedio ni muy caro ni muy barato.

- El hecho de que la bolsa baje no es algo negativo, es una oportunidad de comprar barato.[1] Si durante el tiempo en el que la bolsa estuvo en mínimos hubiéramos comprado acciones, esas acciones nos habrían costado relativamente baratas. Después sabemos que se han revalorizado. Fíjese que si usted va a comprar esas acciones igualmente, ¿qué mejor momento que cuando son baratas? Esas acciones han tenido un valor mayor en el pasado, así que cabe esperar que se recuperen en el largo plazo, por lo que es perfecto. No es un problema, ¡es más bien una bendición!

- El objetivo de la inversión debe ser cabalgar a lomos de la economía mundial. Si hay alguien generando riqueza en algún rincón del planeta, en alguna empresa cotizada, hay que comprar una parte de ese negocio. "Compre el mundo", que suele decirse. Y para medir nuestra parte de la propiedad de la capitalización global, se puede usar el nano-World (nW), siguiendo una sugerencia de Marcos Luque (@Marcos_Luque_ en Twitter). En 2023, un nano-World equivale a unos 70,000 euros. De este modo, no importa si la bolsa sube o baja, porque usted seguirá siendo propietario de la misma proporción de la economía mundial, la misma cantidad de nano-Worlds.

- Ser capaz de minimizar los gastos durante el tiempo que dure la crisis. Esto es importante no solo porque permite rescatar menos capital del fondo, sino porque en crisis el valor de las acciones se desploma, y podríamos vernos vendiendo a precios muy bajos. De todas formas, esta idea de ser capaz de ajustar gastos depende mucho de la persona, de sus problemas médicos, hijos, etc.

- Si las cosas se ponen realmente mal, siempre se puede volver a trabajar para tener ingresos adicionales. Pero note el lector la sutil diferencia entre haber pasado años de libertad y volver a trabajar para complementar los ingresos, comparado con otra persona que simplemente se haya pasado toda la vida trabajando. Más vale haberlo intentado y quizás fracasar, que no intentarlo por si acaso se fracasa. Elija usted.

- Durante las grandes crisis, se pasan etapas de deflación, de bajadas de precios. Así fue durante la crisis de 1929 y la de 2008. Este es un efecto pequeño, cierto, pero viene a nuestro favor. Esto nos permite un leve respiro, porque con la misma cantidad de moneda podremos comprar más bienes y servicios. Y esta ayuda nos llega durante una crisis, cuando más falta nos hace.

- Uno podría preocuparse por periodos de hiperinflación, donde los precios crecen sin control. Esto sucedió en la Alemania de los años 20, Hungría tras la Segunda Guerra Mundial, Zimbawe en 2008, Venezuela en 2017-2019. En Hungría y Zimbabue los precios se llegaron a duplicar diariamente[2] ¿Cómo podemos protegernos de la hiperinflación? Pues por un lado comprando bienes internacionales, que no dependan de la moneda local. Por otro lado, comprando un resguardo como el oro o su equivalente moderno, el Bitcoin (en esto consiste la Cartera Permanente de Harry Browne, mostrada en la Tabla 26).

- La seguridad absoluta no se puede conseguir. Se puede argumentar que el sistema podría resistir el peor caso conocido, empeorado con un cierto margen de seguridad. Pero siempre podría suceder un Cisne Negro, como en el caso del accidente de la central nuclear de Fukushima de Japón en 2011, donde el segundo mayor terremoto conocido en la historia de la humanidad fue seguido por la ola de un tsunami de unos 4 pisos de altura ¿Podía haberse diseñado la central para aguantar? Y del mismo modo ¿Puede uno protegerse de la crisis de 1929 o la de 2008? ¿Y de si le cae una maceta en la cabeza paseando por la acera? Uno debe de hacer todo lo posible por protegerse, pero difícilmente será perfecto. La seguridad absoluta no existe.

- Algo que empeora las crisis es que las informaciones que nos llegan siempre son pesimistas, y hay que tener calma y mantener el rumbo. Cuando llegó la crisis de 2008, el punto más bajo se produjo a primeros de 2009, cuando muchos índices bajaron a la mitad de su pico anterior. Eso es malo. Pero es peor que los medios de comunicación daban por sentado que iban a seguir bajando, que era un desastre aún mayor. En ese momento lo más fácil es tirar la toalla y vender a pérdidas. Sin embargo, fíjese dónde estamos ahora. Siempre hay quien dirá que "había visto la crisis venir", pero tenga en cuenta que todos los días innumerables profesionales de las inversiones dan recomendaciones. Alguno habrá que acierte. Es como jugar a la lotería, siempre hay alguien que acierta el número, pero no por saber más que los demás sino por azar. No pierda la cabeza, tenga calma, siga adelante.

- Es verdad que el valor de las acciones en bolsa se desploma en caso de crisis, y eso es un problema. Pero es que esa no es la cuestión. Realmente hay que preguntarse si es que hay acaso otra opción mejor que podamos elegir. La bolsa no es un elemento aislado de la economía del país. Si hay una crisis mundial seguro que las bolsas mundiales se resentirán, cierto, pero también subirá el desempleo, empeorarán las pensiones publicas, y caerá el precio de las casas. Estará todo mal, y no está claro que las acciones se comporten peor. Por lo tanto las acciones son una vía razonable para ahorrar, no son peores que otras vías.

- Y finalmente, quizás lo que hay que hacer es darle la vuelta a la pregunta. No se trata de ver qué hacer para evitar las crisis, sino de qué hacer para no cometer errores. El IBEX 35 se creó en 1989 con un valor base de 3,000 y en 2023 vale unos 9,000 puntos, el triple. Más un 4% de dividendo que ha repartido anualmente. Lo raro debería de ser encontrar alguien que haya perdido dinero en estos 28 años. No se desvele por buscar cómo ganar más, por cuándo comprar y vender, sino en qué hacer para no perder el rendimiento del IBEX 35, y eso es independiente de las crisis.

[1] La idea de comprar barato durante las crisis está comentada por ejemplo por Benjamin Graham en su libro "El Inversor Inteligente".

[2] Ver un listado de países que han sufrido hiperinflación en la tabla de Hanke-Krus.

Capítulo 8. Recetario

Este apéndice muestra diferentes listas de pasos a seguir para la compra de ETFs. Son sólo recomendaciones que nos han sido útiles, modifíquelas a su gusto. Encontrará más información en las Guías y Guías Rápidas de la CNMV, en particular en la que trata de los Fondos Cotizados en Bolsa (ETF).

8.1. Pasos a Seguir

Las siguientes son las tareas que nosotros estamos realizando para conseguir la Libertad Financiera. Hay que realizar algunas tareas periódicas y otras puntuales.

- Una vez al principio, al empezar esta ruta hacia la Libertad Financiera.
  - Elegir el broker online (ver Sección 8.2).
  - Prepare un "Contrato Inversionista" donde deje claro cuáles son sus intenciones (ver Sección 8.3). No hace falta que lo escriba, basta con que sea capaz de argumentarlo. Aquí puede explicar la bolsa en la que quiere operar (ver Sección 8.4), los índices que quiere seguir (ver Sección 8.5), el ETF en particular que sigue el índice deseado (ver Sección 8.6), y asegurarse de que entiende la información disponible (ver Sección 8.7).

- Periódicamente (mensual, trimestralmente, etc.) comprar acciones. Al acumular cada trimestre conseguimos disminuir el coste de la compra, porque los brokers tienen un coste mínimo que suele ser de 10 euros, independientemente de lo comprado. Por eso conviene ahorrar durante 3 meses (por ejemplo unos 330 euros/mes) e invertir unos 1000 euros de una vez. El coste del broker puede ser equivalente al 1% de lo invertido, una cantidad aceptable. Vea cómo hacer la compra en la Sección 8.8. Al comprar hay que intentar mantener un balance entre diferentes ETFs, países desarrollados y en desarrollo, acciones y bonos (ver ejemplos de carteras en Sección 6.4).

- Periódicamente (por ejemplo una vez al mes, o cada varios meses) es recomendable entrar en la cuenta del broker online y comprobar que todo va bien. Que no hay sorpresas. Por ejemplo que no ha habido ninguna liquidación de ETF, y cuyo valor de las acciones por tanto no se actualizaría. Imprimir un resumen del estado de la cartera según lo proporciona el broker es una buena idea.

- En caso de necesidad, a final de año puede comprar o vender alguno de sus activos. El objetivo es compensar ganancias o pérdidas para minimizar su pago de impuesto del IRPF. El llamado *Tax Harvesting* en inglés. Si uno va a largo plazo, no tiene por qué hacer falta.

La mayor parte de las tareas son de supervisión. La idea es que esto requiera un mínimo esfuerzo, no mas que hacer una transferencia periódica y comprobar de cuando en cuando que todo va bien.

Recomendaciones Generales

Una vez más, por favor sea cuidadoso. Tenga aquí un pequeño listado de precauciones que pueden serle útiles.

- No invierta en nada que no entienda. Nosotros proponemos los ETFs indexados más sencillos precisamente para evitar problemas. Si no lo entiende, no compre.

- Contraste la información. Recuerde que las empresas financieras generan enormes cantidades de dinero... y tienen el máximo interés en quedárselo para ellas. Si no está seguro, no compre.

- Invierta sólo el dinero que no necesite. Si cree que lo puede necesitar a no mucho tardar, no se meta.

- Como corolario de lo anterior: no invierta a crédito (también llamado apalancamiento). Hay quien propone que si está seguro de sí mismo, invierta a crédito, y así multiplicará las ganancias. No olvide que también multiplicará las pérdidas, pudiendo perder incluso más de lo invertido. Haga unas cuentas y verá que no le interesa.

- No piense en lo que podría ganar, sino en lo que podría perder. Porque durante largas temporadas va a perder dinero, seguro. Y si no puede aceptar una crisis, no invierta.

- Calcule los gastos por adelantado, antes de hacer nada. Que la factura no le pille por sorpresa.

- Sea razonable con sus expectativas. No espere rentabilidades imposibles ni volatilidad nula. Y recuerde: "rentabilidades pasadas no aseguran rentabilidades futuras".

¿Qué Acciones Vender?

Imagínese que usted ha ido comprando acciones todos los meses durante los últimos años. En un momento dado se plantea vender algunas de ellas ¿Pero cuáles? ¿Las que uno quiera? Esto es importante, porque según qué acciones escojamos, así será su precio, y por tanto las ganancias o pérdidas. La legislación española es clara y estricta, se utiliza el método FIFO (*First In First Out*), en el que las primeras acciones en ser compradas serán las primeras en ser vendidas. Así que es sencillo, venda la más antigua. Simplemente lleve la cuenta de qué compró, cuándo y a qué precio.

8.2. ¿Cómo Elegir Broker Online?

Se presenta en esta sección una lista de ideas que conviene tener en cuenta al elegir un broker con el que vayamos a operar en bolsa.

Esta es una tarea que en principio solo se realiza una vez, al principio. O al menos muy ocasionalmente.

Lo que se hará es crear una cuenta de banco, desde donde se realizaran las operaciones de compra y venta. Esta cuenta puede recibir y enviar dinero o bien a través de una cuenta única autorizada, o bien cuentas que estén a nuestro nombre (obligatorio por las normas contra el blanqueo de capitales de terceras personas).

- En primer lugar no debemos olvidar que tenemos que seleccionar una empresa que nos de confianza, que no sea un chiringuito financiero. La CNMV da algunas ideas al respecto en sus guías:
  - Chiringuitos Financieros
  - Las Empersas de Servicios de Inversión
  - Estafas y Fraudes
- Son mejores los brokers online en vez de los bancos tradicionales. Las sucursales hay que pagarlas, y eso hace que sean más caros aún proporcionando un mismo servicio. Un banco convencional puede servir para empezar, para practicar y sentirse cómodo al principio.
- Abrir cuentas es básicamente gratis, así que siempre se puede probar con un broker o con un banco convencional. Si uno quiere cambiar, no hay problema con transferir después las acciones a otra cuenta definitiva.

- Un primer lugar donde buscar puede ser la web de Bolsas y Mercados Españoles (BME), donde se pueden encontrar las empresas que son intermediarios autorizados con respecto a ETFs. Son empresas bien conocidas y con reputación.

- Hay muchas páginas en internet donde se comparan brokers. Esta información cambia muy deprisa, nuevos brokers aparecen todos los años.

- Hay brokers que pueden proporcionar el servicio en inglés, por si se va a ser residente en el extranjero (por ejemplo Interactive Brokers y Saxo Bank).

- Los propios brokers suelen tener webs específicas sobre ETFs, donde muestran las peculiaridades tanto del producto como de lo que ofrecen.

- Varios brokers disponen de simuladores para practicar antes de abrir una cuenta (por ejemplo Renta 4 y Saxo Bank).

- Algunas empresas subcontratan a otras (por ejemplo el servicio de ING es realmente proporcionado por Renta 4).

- Algunos brokers ofrecen muchos mas productos y servicios de los que necesitamos, lo cual puede añadir complejidad innecesaria para un usuario principiante. Por ejemplo, Saxo Bank se centra mucho en CFDs (*Contract For Differences*) y otros derivados financieros.

- Algunos brokers proporcionan múltiple material informativo (webs, vídeos) sobre su uso (ver por ejemplo Renta 4 y Saxo Bank).

- Los gastos típicos suelen ser los de compraventa de acciones (típicamente 0.10%-0.25% del valor de la operación, aunque hay brokers como Degiro que aparentemente no cobran comisión pero cuyas horquillas *bid&ask* empeoran de manera similar), comisión de custodia (que habitualmente no se aplica si se realiza alguna operación cada cierto tiempo), comisión de cambio de moneda (que se puede evitar comprando siempre ETFs en euros pero que operen en otras monedas, en otras palabras, el cambio de moneda lo paga el ETF internamente), y traspaso de las acciones a otra entidad (algo que no tenemos por qué necesitar).

- Ojo, si no somos residentes en España hay que indicarlo (esto es, abrir cuenta para "no residentes").

- La entidad tiene el deber de identificar qué tipo de usuario somos, si clientes profesionales o un cliente al por menor. Para ello nos hará preguntas y nos pedirá que nos definamos explícitamente, ya sea una única vez al principio, o cada vez que accedamos a la página web. Esto se debe a la directiva europea MiFID (ver caja de texto).

En resumen, uno puede empezar con un broker que le resulte cercano y de confianza, por ejemplo nuestro banco habitual. En el futuro, si uno quiere cambiar, se pueden traspasar los valores a otro broker.

8.3. Ejemplo de Contrato Inversionista

Si usted deja por escrito sus objetivos y cómo va a conseguirlos, estará clarificando sus ideas y evitando complicaciones por errores emocionales. Este es uno de los riesgos principales para un pequeño inversor, que nos llevaría a seguir las noticias y al consenso, comprando caro y vendiendo barato. Vea la Sección 6.11 para más detalles.

Mostramos aquí un documento que a nosotros nos ha sido de ayuda.[1] Tómelo como ejemplo y modifíquelo a su gusto.

Fíjese que este documento deja las cosas muy claras, para evitar de este modo el tener que pensar y tomar decisiones. Las decisiones se toman una vez al año y luego se siguen mes a mes. Claro está que si hubiera una causa de fuerza mayor, este contrato dejaría de tener sentido, pero a nosotros nos ha servido para guiarnos cuando hemos tenido dudas.

Una versión en español y más elaborada se muestra en la página web de **Rankia** Recopilación con lo mejor de la gestión pasiva. En ella el autor detalla sus objetivos y la forma de conseguirlos. Todo muy bien definido, para evitar tomar decisiones en caliente. Muy recomendable.

Contrato Inversionista

- **Filosofía de inversión**

  Somos una pareja que en este año 2023 nos encontramos en fase de ahorro. Vamos a ahorrar un tercio de nuestros ingresos netos. En estos momentos nuestros ingresos conjuntos son de 3000 euros al mes, así que invertiremos 1000 euros al mes.

- **Cuándo invertir**

  En conjunto invertiremos todos los meses, pero en vez de que cada uno de nosotros invierta cada mes 500 euros en su cuenta, nos esperaremos dos meses. Esto es, un mes invertirá uno de nosotros 1000 euros, y el mes siguiente el otro.

- **En qué invertir**

  Como somos jóvenes y estamos en la fase de ahorro, podemos aceptar volatilidad en las inversiones a cambio de mayor rentabilidad esperada a largo plazo. Lo que nos lleva a invertir mayoritariamente en acciones. Además minimizamos los bonos del estado porque proporcionan un rendimiento muy bajo. Por ello, decidimos invertir un 70% en un ETF que siga a un índice global de todo el mundo y un 30% en bonos gubernamentales europeos. Similar a la cartera de "dos simples fondos" (ver Sección 6.4.1). A largo plazo incrementaremos el porcentaje en bonos en un 1% anual. Compraremos ETFs que distribuyan dividendos, no de acumulación. Son menos eficientes fiscalmente, pero son mas sencillos en caso de cambiar de residencia y pagar impuestos en otros países.

- **Rebalanceo**

  En el momento de hacer la compra mensual, calcularemos los porcentajes, y compraremos el ETF que corresponda (acciones o bonos) para mantener los porcentajes lo más cercanos a 70%/20% posible. Para minimizar los costes, sólo realizaremos una compra al mes.

- **Ingresos adicionales**

  Cualquier ingreso adicional, aumento de salario, dividendos, paga extra o devolución de la renta, será invertido siguiendo estas normas (salvo causa justificada).

- **Revisión de este contrato**

  Este contrato inversionista será revisado una vez al año, en Navidades.

8.4. ¿Cómo Elegir en qué Bolsa Operar?

Dependiendo de en qué país vivamos, la elección natural sería elegir la bolsa local. Por ejemplo si vivimos España la primera opción es la bolsa española. Esto hace todo mas fácil, por el idioma y la cercanía en caso de problemas.

Sin embargo lo más probable es que el ETF que busque solo se oferte en una bolsa extranjera (comprando en euros, típicamente en las bolsas de Xetra/Frankfurt o Euronext/Amsterdam).

Puede comprar en cualquiera. Vea por ejemplo la Tabla 27, que muestra los 14 mercados mas importantes del mundo.

En la tabla, "Capitalización" se refiere a toda la capitalización de las empresas listadas en la bolsa. Se muestra en billones europeos (trillones en EEUU).

Tabla 27. Los 14 principales mercados de valores del mundo, ordenados según su capitalización a fecha Octubre/2022. Fuente: Statista.

#	Mercado de Valores	País	Capitaliz. [billones]	Horario [UTC]
1	New York Stock Exchange (NYSE)	EEUU	22.77	14:30-21:00
2	NASDAQ	EEUU	16.24	14:30-21:00
3	Shanghai Stock Exchange (SSE)	China	6.74	01:30-07:00
4	Euronext	Bélgica, Francia, Italia, Noruega, Países Bajos, Portugal	6.06	08:00-16:30
5	Japan Exchange Group	Japón	5.38	00:00-06:00
6	Shenzhen Stock Exchange	China	4.70	01:30-07:00
7	Hong Kong Stock Exchange	China	4.56	01:15-08:00
8	National Stock Exchange of India	India	3.34	03:45-10:00
9	London Stock Exchange Group	Reino Unido	3.10	08:00-16:30
10	TMX Group	Canadá	2.68	14:30-21:00

#	Mercado de Valores	País	Capitaliz. [billones]	Horario [UTC]
11	Saudi Stock Exchange (Tadawul)	Arabia Saudí	2.38	07:00-12:10
12	Deutsche Boerse AG	Alemania	1.89	08:00-16:30
13	Nasdaq Nordic and Baltics	Dinamarca, Suecia, Finlandia, Islandia, Lituania, Letonia, Estonia	1.86	Depende del país
14	SIX Swiss Exchange	Suiza, España[2]	1.83	08:00-16:30

Veamos las condiciones que podemos imponer:

- Tenemos que elegir un país estable, con tradición de proteger la propiedad privada, que nos de tranquilidad a largo plazo.

- En principio preferiremos invertir en un mercado de valores grande en vez de uno pequeño. Dentro de la Unión Europea las dificultades para mover capitales son mínimas, por lo que podríamos elegir o bien Euronext, la bolsa de Londres o la Deutsche Boerse. Si compramos en una bolsa con poco movimiento, podríamos llegar a enviar órdenes de compra y venta mayores que las habituales del mercado, por lo que podríamos llegar a pagar un poco más por la baja liquidez (ver ejemplo mostrado con las Figura 52 y Figura 53).

- Información disponible. Deseamos que la bolsa proporcione mucha información sobre los valores que en ella se ofertan, especialmente a través de una página web. Ejemplos serían Bolsas y Mercados Españoles, Euronext o Xetra. En general la información que proporcionan es similar, pero alguna puede extenderse más. Xetra por ejemplo proporciona el iNAV (*Indicative Net Asset Value*), una medida del valor de las acciones subyacentes del ETF, que idealmente tiene que ser muy cercano al valor del ETF)[3] y el *Xetra Liquidity Measure*[4] (una medida del coste de un ciclo de compra y venta de la misma acción).

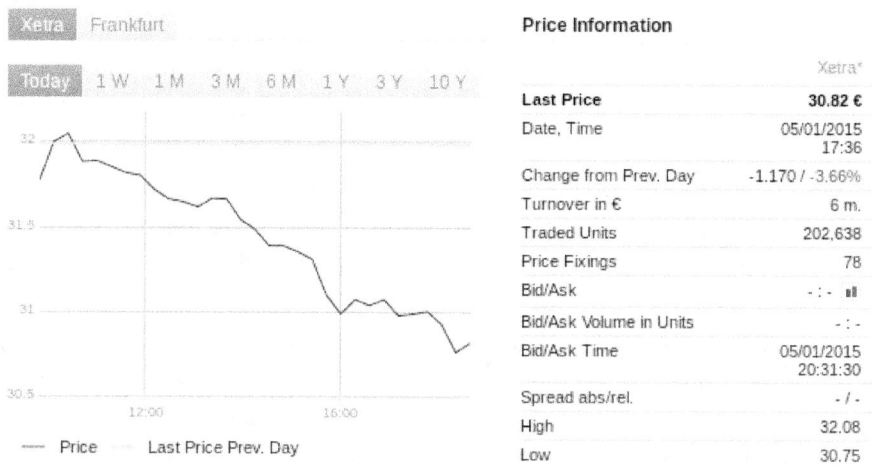

Price Information

	Xetra*
Last Price	**30.82 €**
Date, Time	05/01/2015 17:36
Change from Prev. Day	-1.170 / -3.66%
Turnover in €	6 m.
Traded Units	202,638
Price Fixings	78
Bid/Ask	- : -
Bid/Ask Volume in Units	- : -
Bid/Ask Time	05/01/2015 20:31:30
Spread abs/rel.	- / -
High	32.08
Low	30.75

Figura 52. Captura de pantalla del Xtrackers Euro STOXX 50 UCITS ETF (DR), ofertado en la bolsa de Frankfurt. Ese día se produjeron 78 operaciones, con 202,638 acciones vendidas, con un volumen de unos 6 millones de euros.

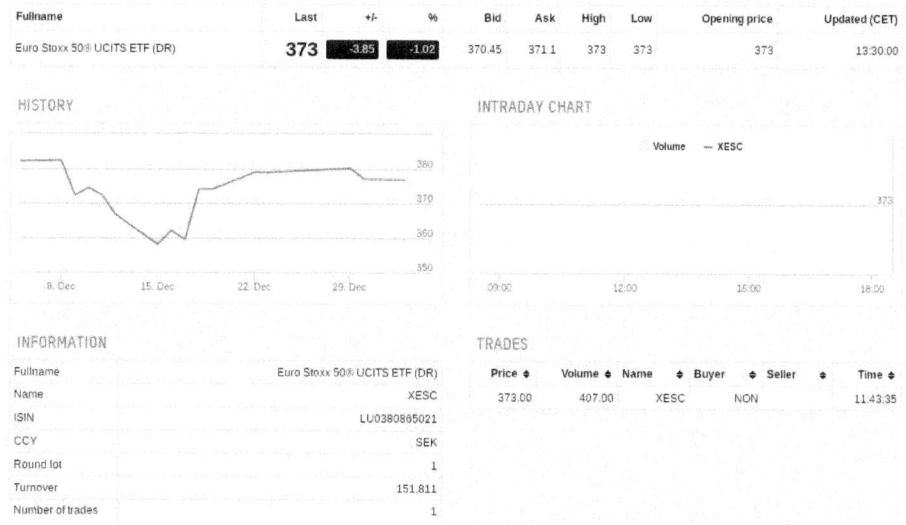

Figura 53. Captura de pantalla de Xtrackers Euro STOXX 50 UCITS ETF (DR) -el mismo ETF de la imagen anterior-, ofertado en el Nasdaq Nordic, y el mismo día. Solo se ha producido una compraventa de 407 acciones, por un valor de 151,811 SEK, que equivale a unos 16,000 euros. Hay mucho menos volumen que en la bolsa de Frankfurt.

- La moneda en circulación, que en nuestro caso será el euro. El Reino Unido utiliza la libra como moneda, pero sin embargo la bolsa de Londres acepta euros en muchos de sus productos (esto viene indicado). Se dice que Londres es el mayor mercado en euros del mundo... fuera de la zona euro.

- El coste de operar en bolsa. Cada broker tiene unos precios para operar dependiendo del mercado. Normalmente el país donde se localiza el broker será más barato, y gracias a la zona euro todas las bolsas europeas cuestan lo mismo.

- Impuestos. Cada país puede imponer impuestos específicos a las compraventas en bolsa. En inglés es el llamado *Stamp Duty*. En general no existe en la mayoría de las bolsas, pero en en España es del 0.2%, en el Reino Unido[5] del 0.5%, y en Irlanda[6] del 1%. Afortunadamente solo se aplica a las acciones, no a la compra de ETFs. Aunque este coste lo paga el gestor del fondo al realizar cada transacción de acciones, la inversión indexada consigue pagar el menor *Stamp Duty* posible al minimizar las transacciones. Existe la posibilidad de que se implante la llamada Tasa Tobin en la Unión Europea (véase caja de texto siguiente).

Tasa Tobin

La Tasa Tobin fue sugerida por el Premio Nobel de Economía James Tobin, originariamente pensada para el mercado de divisas, para evitar las operaciones especulativas a corto plazo. Con el tiempo, este impuesto a las divisas ha derivado en un impuesto mas general dedicado a las transacciones financieras (por ejemplo, compraventa de acciones). De hecho, al final de su vida el propio James Tobin se distanció de esta evolución.

Existe debate sobre si una Tasa Tobin conseguiría lo que se propone, y en este sentido el caso de Suecia es paradigmático. Allí se implementó a mediados de los 80, para luego eliminarla a principios de los 90.

- A la hora de comprar y vender, es importante fijarse en los horarios de las bolsas de valores. Los precios son mas líquidos a mitad de sesión, y es entonces donde queremos operar. Si enviamos una orden a las horas en las que la bolsa está cerrada, la operación la realizará el algoritmo de casamiento al abrirse la bolsa la mañana siguiente. Esto no es un problema, pero corremos el riesgo de alejarnos del precio de cierre del día anterior por que no haya suficientes agentes en el mercado. Por tanto, siempre mejor a mitad de jornada.

- Los gestores de ETFs grandes, internacionales (iShares, Xtrackers, Vanguard, etc.) ofertan sus ETFs en múltiples bolsas. Otros, como el caso del IBEX 35 de BBVA, solo se oferta en BME.[7]

En resumen, para un inversor español es muy fácil operar en la bolsa española. Se dispone de mucha información específica, pero sin embargo hay muy pocos ETFs ofertados[8]. Las grandes bolsas europeas son una mejor opción por tener mayor variedad de fondos y liquidez que la española. Bolsas mas alejadas, como las estadounidenses, pueden ser problemáticas tanto por el cambio de moneda como por los impuestos.

Códigos de Bolsas

Normalmente el broker permite comprar el mismo activo en varias bolsas. Cada bolsa se diferencia por un código identificador. Los siguientes son algunos códigos europeos.[9]

Tabla 28. Códigos de bolsas.

Bolsa	Código en Interactive Brokers	Código en Google Finance	Otros Códigos
Bolsa de Madrid	BM	BME	MC, MCE
Borsa Italiana / Milan	BVME	BIT	MI
Deutsche Boerse / Xetra	IBIS		
Euronext / Amsterdam	AEB	AMS	AS
Frankfurt Stock Exchange	FWB	DE	DE
GETTEX / Munich	GETTEX		
London Stock Exchange	LSE	LON	L
SIX Swiss Exchange	EBS	SWX	S
Stuttgart Stock Exchange	SWB		
Swedish Stock Exchange	SFB		

8.5. ¿Cómo Elegir un Índice a Seguir?

Existen infinidad de índices, y los mejores lugares para informarse sobre ellos es en las páginas web de los propios proveedores. De ellos los más conocidos son:

- FTSE (*Financial Times Stock Exchange*)
  Para renta variable internacional. Los utilizados por el gestor de fondos Vanguard.

- MSCI (*Morgan Stanley Capital International*)
  Para renta variable internacional. Los utilizados por el gestor de fondos iShares.

- S&P Dow Jones (*Standard & Poor's Dow Jones*)
  Muy conocido en EEUU porque proporciona, entre otros muchos, los índices S&P 500 (las 500 mayores empresas estadounidenses) y Dow Jones Industrial Average (las 30 mayores empresas industriales estadounidenses).

- STOXX
  Basada en Zürich, en Suiza. Muy utilizados sus índices europeos STOXX Europe 600 y Euro STOXX 50.

- Barclays
  Para renta fija.

Pero aunque haya mucho donde elegir, no todo vale. Tenemos que descartar todos los ETFs que no nos convienen, que son la mayoría. Deseamos un índice que cumpla las siguientes condiciones:

- Un índice del que sea fácil obtener información. Que por ejemplo salga en los periódicos y en la televisión.

- Un índice que sea pasivo en sentido estricto, que requiera mínima intervención por parte del gestor. El gestor solo tiene que comprar acciones y mantenerlas. De esta forma conseguiremos abaratar costes (los costes por las transacciones que tentría que pagar el gestor del fondo).

- Un índice para invertir a largo plazo esperando que la bolsa suba, y no a corto plazo esperando que la bolsa baje. Esto permite que no haya que estar día tras día preocupado por la evolución de la bolsa.

- Un índice no apalancado. Estos índices se suelen representar con multiplicadores (por ejemplo x2 y x3), y pueden ser apalancados o inversos (a la baja del mercado). Lo que hacen es comprar derivados financieros para amplificar las variaciones. Son productos con mucho riesgo y por lo tanto no nos interesan.

* Un índice que tenga una gran diversificación. En principio cuantas más empresas formen parte del índice, mejor. Unas decenas de activos están bien, varios miles mucho mejor. El IBEX 35 es aceptable, el Euro STOXX 50 está bien, el STOXX Europe 600 está mejor, y el MSCI World es excelente.

* Un índice de acciones o de bonos, según lo que deseemos (ver carteras de ejemplo en sección Sección 6.4).

* Un índice que siga a un país o región en la que podamos confiar nuestro dinero y que tengamos esperanzas a largo plazo. Esto se ve mucho con los llamados mercados emergentes, o mejor aún con su extremo los mercados frontera ¿Confía usted en que Argentina no vuelva a quebrar en los próximos años? ¿Invertiría los ahorros de su vida en los países de Oriente Próximo?

Si vive en España tal vez le resulte fácil comenzar con el IBEX 35. Es fácil obtener información tanto sobre el índice como sobre las empresas que forman parte del índice, es pasivo, con razonables expectativas a largo plazo. Tiene el problema de estar muy poco diversificado, porque 35 empresas de un único país es poco, pero vale para empezar. En cuanto se sienta seguro podrá pasar a índices globales.

8.6. ¿Cómo Elegir un ETF que Sigue un Índice Determinado?

Una vez que hemos decidido qué índice seguir (ver Sección 8.5), tenemos que elegir el ETFs en sí.[10]

Vamos a suponer que nos interesa el MSCI World: Las empresas cotizadas de los países desarrollados.

La Tabla 30 muestra un grupo de ETFs que siguen al MSCI World. Indica su nombre, su ISIN de identificación, los activos gestionados (medidos en millones de euros), el TER, la rentabilidad durante el último año (a fecha marzo/2023), si acumula o distribuye dividendos, el país donde el fondo está domiciliado, y el método de replicación del índice.

ISIN

ISIN es el acrónimo de *International Securities Identification Number* (vea más información en su web). Es un código único de 12 caracteres que sirve para especificar de forma unívoca productos financieros, como bonos, acciones y derivados. Está compuesto por 2 letras para indicar el país, 9 caracteres que especifican el producto, y un carácter mas de control.

Una forma rápida de obtener información de un ETF o fondo puede ser buscar en internet directamente por su ISIN.

Un mismo producto financiero puede ser vendido en múltiples bolsas de valores. En cada uno de estos mercados, el ETF (o acción, o bono, etc.) tendrá un código (*ticker*) distinto asociado a la bolsa, pero siempre el mismo ISIN.

Valores típicos de los códigos de los países en los que el ETF está domiciliado son: ES (España), LU (Luxemburgo), FR (Francia) e IE (Irlanda).

Ticker

El símbolo del ETF o *ticker* es el indicador de un ETF en una bolsa de valores particular. Es lo mismo que se usa para las acciones individuales. Veamos un ejemplo en la Tabla 29.

Tabla 29. Tickets de iShares Core MSCI World UCITS ETF (Acc), de ISIN IE00B4L5Y983.

Bolsa	*Ticker*	Divisa
Bolsa Mexicana de Valores	IWDA	MXM
Borsa Italiana	SWDA	EUR
Deutsche Boerse / Xetra	EUNL	EUR
Euronext Amsterdam	IWDA	EUR
London Stock Exchange	SWDA	GBP
London Stock Exchange	IWDA	USD
SIX Swiss Exchange	SWDA	USD

Note que el ETF se ofrece en 7 bolsas y en 4 divisas distintas. Se puede comprar con euros en 3 bolsas. En la bolsa de Londres se puede comprar tanto con libras como con dólares. Y el *ticker* a veces coincide entre bolsas, y a veces no.

Tabla 30. Algunos de los ETFs que siguen al índice MSCI World, a fecha abril/2023. Fuente: JustETF: MSCI World ETFs.

ETF, ISIN	Activ. [mill. EUR]	TER	Renta. Último año	Gest. Divi.	Dom.	Método Replicac.
iShares Core MSCI World UCITS ETF USD (Acc), IE00B4L5Y983	43,681	0.20%	-2.17%	Acu.	IE	Físico Optimiz.
Xtrackers MSCI World UCITS ETF 1C, IE00BJ0KDQ92	7,933	0.19%	-2.21%	Acu.	IE	Físico Optimiz.
iShares MSCI World UCITS ETF (Dist), IE00B0M62Q58	5,009	0.50%	-2.44%	Dist.	IE	Físico Optimiz.
HSBC MSCI World UCITS ETF USD, IE00B4X9L533	4,598	0.15%	-2.19%	Dist.	IE	Físico Optimiz.
Lyxor MSCI World UCITS ETF - Dist, FR0010315770	3,718	0.30%	-1.76%	Dist.	FR	Sintético Unfunded
Xtrackers MSCI World Swap UCITS ETF 1C, LU0274208692	2,929	0.45%	-2.34%	Acu.	LU	Sintético Unfunded
Lyxor Core MSCI World (DR) UCITS ETF - Acc, LU1781541179	2,394	0.12%	-2.38%	Acu.	LU	Físico Optimiz.
Amundi MSCI World UCITS ETF EUR, LU1681043599	2,229	0.38%	-1.97%	Acu.	LU	Sintético Unfunded

Estos ETFs de la Tabla 30 son todos similares entre sí y seguramente cualquiera nos valdría, pero vamos a elegir cuál nos interesa mas.

Activos Bajo Gestión

La Tabla 30 está ordenada por los activos bajo gestión de cada ETF, de mayor a menor. Típicamente se considera que los ETFs con menos de 100 millones de euros bajo gestión están en riesgo de cierre por no ser rentables para su gestora. Sin embargo, todos estos ETF son suficientemente grandes.

Además, como parte de los gastos del gestor son fijos y no proporcionales a los activos bajo gestión (pago al proveedor del índice, contabilidad de la empresa), es de suponer que estos gastos representan una parte menor en el TER del fondo cuando el fondo es muy grande. Por lo tanto, suponiendo economía de escala, los ETFs grandes se espera que tengan menor TER.

TER

Hay grandes diferencias en el TER de los fondos. iShares por ejemplo sigue al mismo índice con 2 ETFs de TER muy distinto: 0.20% (el primer ETF) y 0.50% (el tercer ETF). El caro cuesta más del doble que el barato.

Y hay varios ETFs con TER de 0.12%, que es 4 veces menos que el TER más caro. Esta es una diferencia enorme.

Seguir a un índice es como comprar un kilo de sal, poca diferencia hay entre diferentes marcas. Como el producto ha de ser prácticamente el mismo, nos vamos a quedar con los más ETFs más baratos, los de coste 0.20% o menor. Descartamos los de mayor TER.

Más importante que el TER es la Diferencia de Seguimiento (la diferencia a largo plazo entre el valor del índice y el ETF, como se ha comentado en la Sección 5.4). El TER es el principal componente de la Diferencia de Seguimiento, pero hay otros factores como las pérdidas por retenciones internacionales, o ganancias por alquilar activos, que pueden hacer que un ETF con un TER caro tenga menor Diferencia de Seguimiento que un ETF con TER barato. Veremos la rentabilidad en el siguiente apartado.

Rentabilidad Último Año

Vamos a comparar medidas de rentabilidad durante el último año. Como ha sido un año de pérdidas, las rentabilidades son negativas, así que las mejores son las "menos negativas" y cuanto "más negativas" peor. Para tener mejores cifras habría que tomar un tiempo más largo y anualizar las rentabilidades.

Se aprecia que todos los ETFs obtienen rentabilidades similares. Los sintéticos parecen obtener rentabilidades ligeramente mejores (gracias a no tener pérdidas por las retenciones internacionales de los dividendos).

A mayor TER, menor rentabilidad. Esto se aprecia bien con los dos ETFs de iShares, cuya diferencia de rentabilidad (0.27%) es casi completamente debida a la diferencia en el TER (0.30%).

Gestión de los Dividendos: Acumulación o Distribución

Esto depende del pago de impuestos y de sus necesidades, pero lo normal es acumular los dividendos para retrasar así el pago de impuestos.

Por lo tanto, en este ejemplo, nos quedamos con los ETFs que acumulan los dividendos y descartamos los de distribución.

Fíjese que el nombre de los ETFs suele indicar si acumulan dividendos ("Acc", "C") o si los distribuyen ("Dist", "D").

Domicilio del Fondo

El ISIN del fondo ya indica en qué país está domiciliado. En este caso tenemos IE (Irlanda), LU (Luxemburgo), FR (Francia), y podríamos tener ES (España).

Irlanda y Luxemburgo son los países preferidos porque no aplican retenciones a los dividendos proporcionados por el fondo que está allí domiciliado. No hay que reclamar nada, nuestra vida es más fácil. Por eso, descartamos el ETF domiciliado en Francia.

Estructura del ETF: Físico o Sintético

En principio preferimos un ETF físico porque es más transparente, y porque un ETF sintético implica riesgos adicionales que no tenemos por qué correr. Nos quedamos por tanto con los ETFs físicos.

Otros factores

Hay que buscar que el ETF tenga mucha liquidez en la bolsa.

En principio la liquidez de los ETFs está más relacionada con la de los activos subyacentes. Un índice general de empresas de gran capitalización es siempre mejor que uno nicho de pequeña capitalización, porque el gestor nunca tendrá problema en comprar o vender los activos subyacentes.

Pero como norma general uno desea que haya liquidez suficiente para cualquier operación que se quiera realizar. No vaya a ser que el Creador de Mercado solo se comprometa a dar liquidez a operaciones relativamente pequeñas (por ejemplo: 15,000 euros). Si realizara una transacción por un valor superior, podría pagar una prima por la baja liquidez.

Esto se puede observar por el libro de órdenes en la bolsa de valores, cuántas acciones del ETF y a qué precios se están negociando.

Otro factor muy relacionado con la liquidez es que el *bid&ask* (*spread*) sea lo más pequeño posible. Esto está relacionado con el Error de Seguimiento (ver Sección 5.4), y cuanto menor sea, más fiel será el ETF a su índice. El Creador de Mercado se encarga de que este valor sea pequeño.

Conclusión

Tras estudiar las características de los ETFs según los puntos nombrados anteriormente, elegiremos el que mejor se ajuste a nuestras necesidades.

Finalmente hay tres ETFs que cumplen las condiciones que hemos puesto. Cualquiera de los tres nos vale.

- iShares Core MSCI World UCITS ETF USD (Acc)
- Xtrackers MSCI World UCITS ETF 1C
- Lyxor Core MSCI World (DR) UCITS ETF - Acc

A falta de otros argumentos que decanten la decisión (como por ejemplo si su broker le permite comprar alguno de estos ETFs sin pagar comisión), podemos quedarnos con el primero porque es el más grande y conocido.

Aún nos queda leer pormenorizadamente una ficha de ETF, para entender todos los detalles, tarea que se explica en la siguiente sección.

8.7. ¿Cómo Descifrar la Ficha de un ETF?

Una vez que tenemos una idea del ETF o los ETFs que queremos, tenemos que documentarnos. Tenemos que leer la información proporcionada por el gestor del fondo.

Los ETFs están obligados a proporcionar, entre otros documentos, una ficha con la información correspondiente. Tanto una hoja resumen por las dos caras, como un documento mas completo. Una forma fácil de buscar información es poner el nombre del ETF en un buscador de internet. La Figura 54 proporciona un ejemplo típico. Veamos la información que proporciona punto por punto.

Nombre del fondo UCITS ETF

Objetivo
Aquí se proporciona una explicación general de lo que hace este fondo de inversión, cuál es su índice y cómo consigue seguirlo.

Datos clave

Domicilio	Irlanda
UCITS compliant	Si
Ticker	XYWZ
Clase de activos	Renta variable
Cobertura divisa	No
Comisión de gestión (TER)	0.10%
Rentabilidad préstamo valores	0.04%
Divisa base	EUR
Fecha de inicio	17/06/2010
Frecuencia de rebalance	Trimestal
Estructura del producto	Físico
Metodología del producto	Réplica
Frecuencia de distribución	Trimestral
Aplicación de los ingresos	Distribución

Detalles del producto

Gestor del fondo	Management Ltd
Empresa emisora	Mi Partícipe Autorizado
Administrador	Sagaz Auditores
Custodio	Cajas Fuertes & Co
Licencia del Producto	Grandes Índices SA
Cuotas de inscripción	No
Comisiones de salida	No
Comisiones de rentabilidad	No
Compra mínima	1 acción

Información del índice

Nombre del índice	IBEX 35
Proveedor del índice	Grandes Índices SA
Divisa del índice	EUR
Tipo de índice	Precio
Ticker del índice total return	XYWX
Ticker del precio del índice	XYWY

Informacion sobre valor liquidativo

NAV (Valor liquidativo)	314.16
Cambio del NAV diario	1.41
Cambio del NAV diario [%]	0.45%
Activos totales [millón EUR]	2,718.282
Acciones de la emisión	8,652,540

Información del rendimiento

Frecuencia de distribución	Trimestral
Aplicación de los ingresos	Distribución
Final del ejercicio fiscal	31/07/2016
Divisa	EUR

Bolsa de Madrid

ISIN	IE0000000000
Código Bloomberg	XYWZ MC
Símbolo del producto	XYWZ
Moneda de cotización	EUR
Fecha de inicio de cotización	01/01/2011

Creadorers de Mercado en bolsa
Markets Reunidos SA
Somos Makers SA
MM International SA

Países registrados

Alemania	Italia
Austria	Luxemburgo
Dianamrca	Noruega
España	Países Bajos
Finlandia	Reino Unido
Francia	Suecia
Irlanda	Suiza

Figura 54. Ejemplo de ficha resumen de un ETF. Véase la explicación de los diferentes elementos en el texto.

- Nombre del ETF. La normativa UCITS obliga a que las etiquetas UCITS y ETF figuren en el nombre. Esta es una indicación indispensable, pues nos asegura que el ETF es reconocido en toda la Unión Europea. Para más información sobre UCITS, ver la caja de texto en la Sección 4.1.4.1.

- Explicación del objetivo del ETF. Aquí se proporciona una somera descripción del producto. Tenemos que comprobar que se ajusta a lo que deseamos. Los parámetros siguientes serán mas explícitos, pero aquí ya podemos encontrar palabras clave que nos indicarán si es o no apropiado para nuestros intereses.

- Datos clave del fondo. Este es un resumen de lo que muestran las demás partes de la hoja informativa.

  - El domicilio se refiere a la localización de la empresa gestora del fondo. Dentro de la Unión Europea, Irlanda y Luxemburgo son lugares habituales.

  - La comisión de gestión (conocida como TER, *Total Expense Ratio*. Este parámetro indica el coste total anual del ETF, e incluye los gastos del gestor, costes de transacción del fondo, gastos legales, auditores y gastos similares. Nótese que otros gastos no están incluidos en el TER, por ser ajenos al gestor del ETF, por ejemplo la comisión de compra de las acciones por parte del broker. Obviamente tenemos que seleccionar un fondo con un TER bajo, cuanto mas bajo mejor. Los ETFs más grandes y generales tienen TER del orden de 0.10%-0.20% (¡los recomendables!), otros más específicos (por ejemplo de países en particular) pueden costar del orden de 0.30%-0.50%. ETFs de gestión activa pueden costar 0.5%-1%. Fondos de inversión convencionales y planes de pensiones están típicamente en el rango 1%-3%. Se pueden ver estas cifras en el buscador de fondos de la web de Morningstar.

  - La rentabilidad por préstamo de valores es la ganancia que recibe el inversor a cambio del riesgo de prestar los activos del fondo (ver caja de texto en la Sección 5.12.3). Como en este caso el TER es de 0.10% y la rentabilidad del préstamo de valores es 0.04%, es de esperar que la Diferencia de Seguimiento (ver Sección 5.4) del ETF sea de 0.06% anual.

  - Divisa base, en la cual se negocian las acciones de las empresas subyacentes. Si no fuera en euros implicaría un riesgo de cambio de divisa, porque esa moneda se podría devaluar frente al euro y por tanto la inversión perdería valor. Aunque también podría suceder lo contrario, que el euro se devalúe frente al dólar, por lo que la inversión realizada en dólares tendría mas valor que en el momento de la inversión. Para evitar este riesgo de de cambio de divisa, el ETF podría tener "cobertura de divisa", con un costo algo mayor, pero este no es el caso aquí.

  - La fecha de inicio se refiere a cuándo se creó este fondo. Como los ETFs son relativamente modernos, raro será que tenga más de 10 años de antigüedad. A mayor edad, mayor estabilidad y seguridad.

  - La frecuencia de rebalanceo indica cuándo recalcula el proveedor del índice los diferentes pesos de las empresas en el índice. Si es muy frecuente, el índice será muy exacto, pero será más caro de seguir por parte del ETF.

◦ Estructura del producto. Es el llamado método de replicación, que puede ser físico o sintético (ver Sección 5.3). La replicación física es más transparente, y la replicación sintética puede obtener una ligera rentabilidad extra a cambio de un riesgo adicional.

◦ Metodología del producto indica cómo se implementa el ETF. En este caso, "réplica" se refiere a "replicación completa", donde se compran todos los activos del índice (podría ser también "muestreado" u "optimizado").

◦ La aplicación de los ingresos podría ser "acumulación" (los dividendos de las empresas del índice se acumulan, se reinvierten en el propio ETF) o "distribución" (los dividendos se distribuyen a los inversores). Normalmente se considera que es mejor acumular los dividendos, porque así se retrasa el pago de impuestos y la inversión crece más por el interés compuesto. En este caso, se distribuyen cada tres meses.

• Los detalles del producto muestran dos tipos de información: Las empresas involucradas en proporcionar este ETF (ver Tabla 12), y las comisiones aplicables (que son ninguna en caso de ETFs, sólo se suelen indicar por similitud con los fondos de inversión convencionales).

• Información sobre el índice que el ETF está siguiendo: ¿Cuál es su nombre? ¿Quién lo proporciona? ¿En qué divisa se calcula el índice (ojo a la evolución de los tipos de cambio)? ¿Qué tipo de índice según su tratamiento de los dividendos (ver Sección 5.8.2)? Nótese que en este caso el índice es de "precio" (no tiene en cuenta los dividendos). Si quisiéramos conocer las rentabilidades pasadas incluyendo dividendos se puede mirar el *ticker* correspondiente.

• Información sobre el valor liquidativo, el valor de los activos del fondo. Esta información depende del día en que se visualice la hoja informativa. Si el tamaño del fondo es muy pequeño (por ejemplo menor que 100 millones de euros), entonces el gestor del fondo a duras penas obtendrá beneficios, y puede decidir cerrarlo. Nos conviene por tanto invertir en fondos grandes, de cientos de millones de euros de activos, para estar seguros de que son rentables. En este caso, sus activos son enormes, del orden de 2,718 millones de euros.

• Identificación del ETF (ISIN y *tickers*, ver cajas de texto en Sección 8.6) e información sobre las bolsas de valores en las que se oferta este ETF.

• Creadores de mercado del ETF, que proporcionan liquidez y una contrapartida segura cada vez que se quiere hacer una operación. Ver Tabla 12.

• Para evitar pagar impuestos de más, es importante que el ETF este registrado en el país en el que residimos, o en su defecto en un país amigable a nivel impuestos, como Irlanda o Luxemburgo.

Los puntos anteriores permiten comprender la información presentada en una ficha de un ETF. Pero ¿dónde se pueden encontrar más fichas? ¿Dónde se puede encontrar mas información sobre ETFs? Los siguientes son algunos lugares donde buscar:

- En las propias webs de los gestores de los fondos. Por ejemplo iShares, Xtrackers y Vanguard.

- En web generales como Morningstar, que es toda una referencia, y JustETF.

- En buscadores, que tienen apartados para el mundo financiero. Por ejemplo Google Finance y Yahoo Finance. Se puede poner el *ticker* del fondo (o la acción) y dan información al momento (en la zona izquierda de la pantalla).

8.8. ¿Cómo Hacer la Compra de un ETF?

Una vez hemos elegido el ETF, tenemos que realizar la compra de las acciones.

Es una buena idea apuntarse a un simulador para practicar las primeras compras. Son gratis y no obligan a nada; Renta 4 y Saxo Bank los ofrecen.

Si compráramos frecuentemente, los gastos del broker podrían ser relativamente altos (porque normalmente hay un gasto mínimo por operación de unos 10 euros). Por eso lo habitual es acumular y comprar con menos frecuencia, por ejemplo cada trimestre.

Se describe en esta sección cómo hacer la compra de la acción del ETF. Esto es extensible a cualquier acción de cualquier bolsa de valores.

Recopilar la información relevante
Antes de empezar la compra, hay que tener la información básica a mano: nombre e ISIN del ETF a comprar. Y muy recomendable también tener delante el folleto explicativo, por si tuviéramos que mirar alguna información (por ejemplo, en qué bolsas se oferta).

Entrar en la cuenta del broker online
Esto requerirá el correspondiente usuario y contraseña.

Es recomendable comprar en horas centrales del día
Esto es porque es cuando hay mas compradores y habrá por tanto mas

liquidez. Si es un ETF que compra activos de otro país (por ejemplo, comprando el S&P 500 desde Europa), también puede ser conveniente ejecutar la compra cuando la bolsa de EEUU esté abierta, porque así les es más fácil a los Partícipes Autorizados operar con las acciones del subyacente. De esta forma fomentamos estar en las mejores condiciones para minimizar que el precio del ETF se desvíe de su índice. De todas formas esto no es muy importante para pequeños inversores como nosotros porque la cantidad que vamos a comprar es mucho menor que el volumen habitual.

Ver las órdenes en cola

Es recomendable ver las órdenes que están en cola para ser realizadas (importante: los brokers suelen presentar la información con un retraso de 15 minutos, no en tiempo real). Idealmente habrá varias y además cambiarán rápidamente. De lo contrario lo que pasará es que sólo estarán disponibles las órdenes del Partícipe Autorizado: una de compra y otra de venta, por unas cantidades relativamente grandes. Ojo porque el Partícipe Autorizado se compromete a comprar y vender en cualquier momento, cierto, pero a una distancia del Valor Liquidativo preestablecido, que puede ser relativamente grande, por ejemplo del 0.5%. Por ello, en ese caso, el usuario puede llegar a pagar un 0.5% de mas (o de menos). Deutsche Boerse muestra la lista de operaciones en cola para ser realizadas (ver Figura 55). Nótese que realmente se está comprando a un precio ligeramente mas caro que al que se podría vender (por el llamado *spread*).

Bid Vol	Bid	Ask	Ask Vol
599	71.708	71.72	1,239
599	71.706	71.722	5,799
599	71.704	71.724	2,099
303	71.702	71.726	9,875
15,773	71.70	71.728	1,210
1,300	71.698	71.73	599
1,300	71.696	71.732	1,210
1,300	71.694	71.734	599

Figura 55. Captura de pantalla del libro de órdenes del iShares Core MSCI World UCITS ETF en Deutsche Boerse/Xetra. Se muestra a la izquierda a los que quieren comprar, con unos precios Bid de 71.708 euros por acción o más barato, y con el volumen de acciones que les interesa. A la derecha se muestra a quienes quieren vender, que ofrecen a un precio Ask de 71.72 euros por acción o más caras, y la cantidad que ofertan. La diferencia entre el Bid y el Ask, 0.012 euros (el 0.02% del valor de la acción), es el llamado spread.

Es importante tener en cuenta el diferencial de precio (*spread*), porque es asimilable a un sobrecoste a pagar por el inversor al comprar y vender. Nuestro objetivo es el largo plazo, y por ello este coste queda minimizado, pero no conviene olvidarlo. De este modo cuando haga la compra compruebe la diferencia entre el *bid* y el *ask*. Como información adicional, si compra en Xetra puede mirar el *Xetra Liquidity Measure* o en EEUU la web de ETF.com proporciona los *spread* de los ETFs estadounidenses. Fíjese que para los índices grandes se miden en centésimas de porcentaje, y que para el más grande (SPDR S&P 500 ETF), es incluso menor que 0.01%.

Calcular el número de acciones que queremos comprar

Por ejemplo, supongamos que tenemos 1500 euros ahorrados y queremos comprar con ellos acciones del "iShares". Podemos ver el precio al que se oferta (*ask*) en la web de iShares Core MSCI World UCITS ETF en Xetra, que resulta ser de 71.720 euros. 1500 euros dividido entre 71.720 euros/accion equivale a 20.915 acciones. Como en principio no hay acciones fraccionarias, tiene que se un número entero, y escogemos el mas bajo, 20 acciones.

Calcular cuanto va a costar la compra

20 acciones a 71.720 euros/acción son 1434.40 euros. Pero a esto hay que sumarle los gastos de compra que pueden ser un 0.20%, con un mínimo de 10 euros. El 0.20% de 1434.40 euros son 2.87 euros. Como es menor que el mínimo de 10 euros, se pagan 10 euros. En total, acciones mas comisión de compra, son 1444.40 euros.

Enviar la operación de compra

Para esto hay tres tipos de órdenes generalmente aceptadas. Diferentes bolsas de valores o intermediarios pueden implementar otras órdenes, pero no son relevantes ahora (por ejemplo, las órdenes *stop-loss*).

- **Orden Limitada**

  Son las más recomendables. Permiten fijar el precio de la operación. Esto es, un precio máximo para la compra o mínimo para la venta. De esta forma se evita que pudiéramos pagar un precio absurdo, debido a que el precio puede variar (seguramente el precio nos venga dado por el intermediario con 15 minutos de retraso). Por ejemplo, si una acción tiene un valor ahora de 100.00 euros, podríamos aceptar comprarla un 0.5% mas cara (por un precio máximo de 100.50 euros). De esta forma, la compra solo se realizaría si hubiera una contrapartida igual o más barata (..., 99.00 euros, 100.00 euros, o 100.50 euros), pero si fuera aún más cara (ejemplo: 100.60 euros), la compra no se realizaría y la orden quedaría en espera por un tiempo (que depende del intermediario, posiblemente un día). Además, una orden limitada se puede ejecutar total o parcialmente.

Si es parcialmente, habrá varios grupos de acciones comprados a precios distintos, a vendedores distintos. Por ejemplo: si queremos comprar 10 acciones a un máximo de 100.50 euros, podríamos acabar comprando 8 acciones a 100.40 euros y 2 acciones a 100.50 euros). Ante la posibilidad de que las órdenes se ejecuten en distintos tramos a distintos precios, el inversor debe informarse de las comisiones que generaría esta operativa, porque normalmente el intermediario considera cada grupo de acciones como una operación independiente.

- **Orden A Mercado**
En éstas órdenes no se especifica el precio, por lo que se negocia al mejor precio que ofrezca la parte contraria en el momento en que se introduzca la orden. El riesgo para el inversor es que no se controla el precio de ejecución. Si no puede ejecutarse en su totalidad contra la mejor orden del lado contrario, lo que reste se seguirá ejecutando a los siguientes precios ofrecidos, en tantos tramos como sea necesario hasta que se complete. Estas órdenes son útiles cuando el inversor está más interesado en realizar la operación cuanto antes que en tratar de obtener un precio favorable. Normalmente los creadores de mercado se encargan de que el precio del ETF se encuentre siempre muy cercano a su valor liquidativo, por lo que en principio las órdenes "a mercado" serían seguras. Pese a ello, se recomienda no correr riesgos y utilizar órdenes "limitadas".

- **Orden Por lo mejor**
Son órdenes que se introducen sin precio, similares a las órdenes "a mercado". Sin embargo, la diferencia se encuentra en qué sucede cuando no hay suficiente contrapartida en el momento de la ejecución de la orden. En este caso, las órdenes "a mercado" siguen barriendo el libro de órdenes, buscando las siguientes ofertas, hasta completarse. Sin embargo, las órdenes "por lo mejor" se quedan en la primera oferta. Ejemplo: si queremos comprar 10 acciones con una orden "por lo mejor", estando disponibles 8 acciones a 100.40 euros y 20 acciones a 100.50 euros, solo se realizaría la compra de 8 acciones a 100.40 euros, quedando las otras 2 acciones deseadas en espera a ese mismo precio (equivalente a una orden "limitada" a ese precio). La orden "por lo mejor" se utiliza cuando el inversor quiere asegurarse una ejecución inmediata, pero también quiere ejercer cierto control sobre el precio, evitando que la orden se ejecute a varios precios.

[1] Este Contrato Inversionista está basado en el capítulo 9 del libro *The Bogleheads' Guide to Retirement Planning*.

[2] SIX compró BME (Bolsas y Mercados Españoles) en 2020: *SIX Successfully Completes Acquisition of Controlling Stake in BME*.

[3] Ver descripción en la Investopedia del *Net Asset Value*, el valor liquidativo.

[4] Ver en la web de Xetra la descripción del *Xetra Liquidity Measure* (XLM).

[5] *Stamp Duty* en el Reino Unido: *Tax When You Buy Shares*.

[6] *Stamp Duty* en Irlanda: *Stocks and Marketable Securities*.

[7] Vea los ETFs cotizados en Bolsas y Mercados Españoles en su web Cotizaciones.

[8] ETFs Cotizados en la Bolsa Española, por BME.

[9] Los códigos que utiliza Interactive Brokers para referirse a las bolsas se pueden encontrar en: *Exchange Listings*.

[10] Una fuente de información adicional que explica cómo seleccionar ETFs es la web de *Banker on Wheels*: *How to Choose ETFs*.

Capítulo 9. Panteón de Personas Ilustres

Este apéndice está creado pensando en el Panteón de Paris o en el Panteón de España, donde se encuentran enterradas las grandes personalidades.

Las siguientes personas han sido importantes para nosotros en temas de inversiones o Libertad Financiera. Hay que agradecerles su labor porque estamos aupados a hombros de gigantes, disponemos de lo que estas grandes personas han creado, que no tuvieron disponible generaciones anteriores.

Tabla 31. Listado de Personas Ilustres.[1]

 **John C. Bogle**	También conocido como Jack Bogle [https://en.wikipedia.org/wiki/John_C._Bogle] (1929-2019), fue un inversor y filántropo estadounidense fundador y principal ejecutivo de Vanguard. Su visión de las inversiones es un fondo indexado barato, mantenido a muy largo plazo, reinvirtiendo los dividendos, y comprando utilizando el método del *Dollar Cost Average* [https://en.wikipedia.org/wiki/Dollar_cost_averaging]. Gran divulgador, ha escrito varios libros como el *Common Sense on Mutual Funds*. Tiene un nutrido grupo de seguidores, los Bogleheads, que siguen su filosofía de inversión. Ver los foros Bogleheads.org [https://bogleheads.org/] (en inglés) y Bogleheads.es [https://bogleheads.es/] (en español).

Harry Browne

Harry Browne [https://en.wikipedia.org/wiki/Harry_Browne] (1933-2006) fue un escritor, político, y asesor financiero estadounidense. Fue una persona muy carismática, candidato a presidente de EEUU por el Partido Libertario.

En el tema que nos ocupa, es el creador de la Cartera Permanente. Su web personal HarryBrowne.org [http://harrybrowne.org/] sigue estando activa, y tiene muchos escritos y los audios de un podcast disponibles.

Harry Browne, y por extensión la Cartera Permanente, tiene muchos seguidores. El foro (en inglés) GiroscopicInvesting.com [https://www.gyroscopicinvesting.com/forum/index.php], en español CarteraPermanente.org [https://www.carterapermanente.org], y Al Fin Libre [https://alfinlibre.net/curso-cartera-permanente/].

Warren Buffett

El archiconocido Warren Buffett [https://en.wikipedia.org/wiki/Warren_Buffett] (1930-) es un magnate de los negocios, inversor y filántropo de EEUU. Su conglomerado empresarial Berkshire Hathaway es una gran historia de éxito.

Es un promotor de aplicar el sentido común para los pequeños inversores, y es comúnmente referido como el "Oráculo de Omaha" por sus aforismos.

J.L. Collins

J.L. Collins es un conocido promotor de la Libertad Financiera en EEUU, de la inversión indexada, invertir de manera sencilla, la Regla del 4%, y del "hágalo usted mismo". Además es el creador de la expresión "F-you money"

Ha escrito el influyente libro *The Simple Path to Wealth*, y tiene su propio blog JLCollinsnh.com [https://jlcollinsnh.com/] donde puede leer sus ideas.

Jake Desyllas

Jake es una persona que fundó una empresa y la vendió con gran éxito. Posteriormente se dedicó a escribir sus impresiones y crear un podcast llamado *The Voluntary Life* [https://www.thevoluntarylife.com/].

Es una persona con muchas inquietudes, trata temas como la Cartera Permanente, *slow travel* (pasar temporadas viviendo en diferentes lugares), digitalizar todos sus papeles (documentos y libros), etc.

Rick Ferri

Rick es un influyente autor del grupo de los Bogleheads. Es un asesor financiero profesional que hace mucha divulgación para pequeños inversores, tanto con su web RickFerri.com [https://rickferri.com/], sus libros (*All About Asset Allocation*, *The ETF Book*, etc.), y su podcast *Bogleheads on Investing* [https://rickferri.com/podcast/].

Jacob Lund Fisker

Creador de la web *Early Retirement Extreme* [https://earlyretirementextreme.com/], cuyos textos trasladó posteriormente a un libro. Es un gran promotor de FIRE (*Financial Independence Retirement Early* [https://www.investopedia.com/terms/f/financial-independence-retire-early-fire.asp]) y de ser un sabio renacentista con multitud de habilidades. Es una persona muy curiosa: doctor en astrofísica, y danés viviendo en EEUU.

Josan Jarque

Posiblemente el mayor proponente de la Independencia Financiera en España. Es el promotor de las Jornadas de Independencia Financiera de Valencia, multitud de veces entrevistado, y autor de libros como "Cómo Vivir de las Rentas". Su web Enorme Piedra Redonda [https://www.enormepiedraredonda.com/] es muy inspiradora.

Leer a autores de EEUU ahorrando e invirtiendo tiene un toque utópico por las excepcionales condiciones allí, pero Josan consigue mostrar que tiene sentido en España.

Burton Malkiel

Burton Gordon Malkiel (1932-) es un economista estadounidense, muy conocido por haber escrito el libro "Un Paseo Aleatorio por Wall Street". Este libro es la gran justificación de la inversión pasiva. Al estar escrito por un académico, es muy metódico al presentar todos los argumentos imaginables.

Mr Money Mustache

Mr Money Mustache, de nombre real Peter Adeney, es un gran promotor de la comunidad FIRE y el minimalismo en EEUU. Él mismo alcanzó la Libertad Financiera a los 30 años, siendo un ingeniero de software en EEUU. Su web Mr Money Mustache [https://www.mrmoneymustache.com/] es conocidísima.

Vicki Robin

Su nombre completo es Victoria Marie Robin (1945-). Su libro "La Bolsa o la Vida" es muy conocido y revelador. Entre otros temas trata la equivalencia entre tiempo y dinero, el coste que tienen nuestras actividades diarias (como el ir a trabajar), y promueve la frugalidad y vivir de manera sencilla.

Su web es VickiRobin.com [https://vickirobin.com/].

David Swensen

David F. Swensen [https://en.wikipedia.org/wiki/David_F._Swensen] (1954-2021) fue un famoso inversor estadounidense, que dirigió las inversiones de la fundación de la Universidad de Yale (*Yale Endowment* [https://en.wikipedia.org/wiki/David_F._Swensen#The_Yale_Model]).

Escribió el libro *Unconventional Success* [https://en.wikipedia.org/wiki/David_F._Swensen#Unconventional_success], donde plasma sus ideas sobre inversiones (pasivas, diversificadas por clases de activos) de una forma que es muy fácil de utilizar por pequeños inversores.

[1] Fuentes de las imágenes de las Personas Ilustres: Jack Bogle (Medjedxv via Wikipedia), Harry Browne (Campaña presidencial del Partido Libertario de EEUU en 2000), Warren Buffett (*SelectUSA Investment Summit* 2015, dominio público), J.L.Collins (*Talks at Google*), Jake Desyllas (su página web pública), Rick Ferri (su página web pública), Josan Jarque (Eva Máñez, vía entrevista en Alicante Plaza), Burton Malkiel (John Abbott/Corbis, via Forbes India), Mr Money Mustache (entrevista *Mr Money Mustache's guide to badass frugality and retiring at 30* en CBC), Vicki Robin (su página web pública), David Swensen (YaleNews, *Yale's David Swensen dies at 67*).

Epílogo

En este libro hemos comentado mucho de lo que hemos aprendido durante los últimos años. Esperamos que el lector saque partido de ello y lo aproveche. Que vaya con energía, con buen ánimo, porque hacen falta muchas fuerzas para continuar por esta ruta de la Libertad Financiera. Recuerde que el esfuerzo tiene al final su recompensa.

Quizás convenga reseñar que esto de comprar acciones es solo posible en países "ricos" donde hay seguridad jurídica y se pueden hacer planes a largo plazo. Creemos que aunque en principio este libro puede parecer lejano a personas que vivan en países en desarrollo, en realidad no lo es. El mundo cambia con gran rapidez, y para cuando este libro sea leído, el coste de comprar y vender acciones o fondos habrá bajado aún mas. Siendo mas barato, fácil, y seguro, lo que este libro expone no puede mas que extenderse a lo largo y ancho del planeta.

Es posible que el lector tenga otras ideas. Puede ser que en vez de comprar ETFs decida comprar fondos de inversión convencionales, acciones que proporcionen dividendos, casas para luego alquilarlas, o cualquier otra forma de ingresos pasivos que surja. Busque, compare, y si encuentra algo mejor, aprovéchelo. Hará bien el lector en sacar el mejor partido de su entorno. Nosotros hemos elegido inversión indexada con ETFs, pero para usted puede haber cosas mejores.

Estaría bien además que este libro sirva de guía para introducir ciertos criterios económicos en nuestras vidas. Que se plantee el precio de las cosas, el tiempo que emplea en diferentes actividades, qué otras cosas podría haber elegido. Es algo que nosotros no nos planteábamos cuando empezamos, y ahora estos conceptos nos ayudan a tomar decisiones, somos conscientes de ellos y los utilizamos.

Finalmente, este libro es también el resultado del "hágalo usted mismo". La revolución tecnológica ha traído consigo otra revolución, la de entregarle el poder al ciudadano. Poder para aprender, conocer, viajar, actuar sobre el entorno. Aprovéchelo, pues nadie lo va a hacer por usted.

Bibliografía

Los siguientes han sido libros que hemos usado para escribir este otro libro. Algunos están aquí por tratar temas de inversión, otros por aspectos prácticos sobre la Libertad Financiera. Son todos muy interesantes, muy recomendables.

Se muestran en orden alfabético.

- CNMV. *Guías de Educación Financiera* y *Guías Rápidas* (Varias). Disponibles online en su web.
- Collins, J.L. *The Simple Path to Wealth*. 2016.
- Ferri, Richard A. *All About Asset Allocation*. Ed. por MC Graw Hill. 2009.
- Ferri, Richard A. *The ETF Book*. Ed. por Wiley. 2009.
- Fisker, Jacob Lund. *Early Retirement Extreme*. 2010.
- Groves, Francis. *Exchange Traded Funds, A Concise Guide to ETFs*. Ed. por Harriman House Ltd. 2011.
- Hallam, Andrew. *Millionaire Expat*. Ed. por Wiley & Sons Inc. 2018.
- Jarque, Josan. Cómo Vivir de las Rentas. Ed. Martínez Roca. 2020.
- Kiyosaki, Robert. Padre Rico Padre Pobre. 2000.
- Knop, Roberto. Manual de Instrumentos Derivados. 2013.
- Larimore, Taylor. *The Bogleheads' Guide to the Three-Fund Portfolio*. Ed. por Wiley. 2018.
- Larimore, Taylor y col. *The Bogleheads' Guide to Retirement Planning*. Ed. por Wiley. 2009.
- Lindauer, Mel; Larimore, Taylor; y LeBoeuf, Michael. La Guía de Inversión. Ed. por Wiley. 2014.
- Malkiel, Burton G.. Un Paseo Aleatorio por Wall Street. Ed. por W.W. Norton & Company. 2012.
- Robin, Vicki; Dominguez, Joe; y Tilford, Monique. La Bolsa o la Vida. Ed. por Penguin Books. Dic. de 2008.
- Rowland, Craig; y Lawson, Mike. La Cartera Permanente. Ed. por Baelo. 2012.
- Schwed, Fred. *Where Are the Customers' Yachts?: or A Good Hard Look at Wall Street*. Ed. por Wiley. Dic. de 2005.
- Swensen, David F. *Unconventional Success*. Ed. por Free Press. 2005.

- Terhorst, Paul. *Cashing in on the American Dream*. Ed. por Bantam Books. Feb. de 1990.

- van Lier, Maarten. *How to Make a Million in 10 years*. Ed. por Amazon. 2014.

Y tratando el tema de la Libertad Financiera, nosotros mismos hemos publicado los siguientes dos libros que expanden las ideas aquí mostradas:

- Willyfog. Carteras para Pequeños Inversores. Ed. por Amazon. 2022.

- Willyfog. Estrategias para Vivir de las Inversiones. Ed. por Amazon. 2022.

Agradecimientos

Este libro ha sido el resultado del esfuerzo continuado de Will y Fog durante un par de años. Querríamos agradecer a varias personas e instituciones que, tal vez sin saberlo, han contribuido a que este libro haya visto la luz.

En primer lugar a Bogleheads.org y Bogleheads.es, Jacob Lund Fisker, Mr. Money Mustache, y el podcast de *The Voluntary Life* de Jake Desyllas; porque ellos prendieron la chispa que empezó todo.

A Martín Huete, los foreros del hilo de gestión pasiva de la web Rankia, los blogeros que buscan ingresos pasivos; que con sus ideas nos hicieron pensar que esto que hemos hecho y descrito es posible.

Al Funambulista Kantiano, por haber sido el primer lector, y haber contribuido tanto al libro desde un plano espiritual.

A Roberto el terrateniente, por haber sido un ejemplo real. Que sigue trabajando "para poder tomarse un café con los compañeros".

A Álvaro el japonés, porque nos ha dado una visión del mundo que de forma natural nos ha llevado a la Libertad Financiera.

A Josan Jarque y Jesús de Al Fin Libre por haber sido ejemplos palpables y haber divulgado sobre la Libertad Financiera.

A las quedadas y las conversaciones que de allí surgieron con Homo Investor, Super Mario, al Vikingo en Madrid, y *Cheese Finance*. A las Jornadas de Independencia Financiera de Valencia, tanto organizadores y como asistentes.

A los que han leído el libro, han encontrado gazapos, y nos los han hecho saber. Gracias Luis Alberto.

Al Código Abierto, a GNU/Linux, AsciiDoc, LaTeX, y a Python, por haber dado tanto a cambio de tan poco.

A nuestros padres, a los cuales queremos mucho, que sin quererlo nos han enseñado lo que son las malas inversiones.

Y a todos aquellos que en nuestra vida nos dijeron que "eso no vas a poder hacerlo", ellos nos dieron la fuerza para levantarnos por las mañanas y seguir adelante día tras día.

Contacto con los Autores

Si encuentra errores en este libro, cosas por mejorar, o simplemente le ha parecido interesante y quiere comentarlo; puede contactar con los autores a través de la siguiente dirección de correo electrónico:

willyfog@tutanota.com

O también en la siguiente cuenta de Twitter:

@willyfogLF

Si quiere saber más acerca de lo que se le pasa por la cabeza a los autores, puede pasarse por el siguiente blog donde escribimos de vez en cuando:

https://losrevisionistas.wordpress.com

Y finalmente, si le ha gustado mucho el libro, lo mejor que puede hacer es hacerlo saber. Deje un comentario en la web donde lo compró o a través de las redes sociales que utilice.

Figura 56. Código QR que contiene enlace a este libro en Amazon.

Índice Alfabético

www.ingramcontent.com/pod-product-compliance
Lightning Source LLC
Chambersburg PA
CBHW061435180526

45170CB00004B/1417